ÍNDICE

FIN

0- Introducción

Sobre la Constitución Española de 1978 este autor ha elaborado dos libros:

* Uno, publicado en Amazon en Noviembre 2015, titulado:
    "Reforma de la Constitución - Políticos contra Ciudadanos".
En ese libro se analiza la Constitución de 1978 desde su gestación inicial hasta el uso de la misma en esos 37 años de vida.
En el mismo se afirma que los españoles tenemos suerte de tener una Constitución (porque es mucho mejor que no tenerla), y también se afirma que es técnica y políticamente mala en aspectos esenciales, por lo que debe ser reformada en muchos de sus artículos. Y que cada modificación de la misma debe ser aprobada por al menos la mayoría absoluta de los ciudadanos españoles, en referendos de obligado cumplimiento.
Se entra en gran detalle, presentando más de ochenta cambios constitucionales que deben realizarse, razonando el porqué de los mismos, y exponiendo el texto alternativo que debe ser sometido a referendo, y si es aprobado incorporarse a la Constitución.

* Otro, el presente libro, que será también publicado en Amazon después de que haya sido registrado, que entra en detalle en lo que se debe hacer para corregir la mala situación política, económica, y social que atraviesa España desde hace años hasta hoy. Se afirma que ello es fundamentalmente debido a que la Constitución vigente es técnica, política y socialmente mala, y a una legislación que a la sombra de ella se ha desarrollado en los últimos 41 años que permite la mala situación actual en que se vive en España.
Se afirma que la Constitución de 1978 no fue buena para la ciudadanía española, sino únicamente para los políticos de izquierda y de derecha que influyeron en el texto de la misma, con lo que consiguieron ventajas para ellos y sus partidos, ventajas ilegítimas que no hubiesen conseguido si a la ciudadanía se le hubiese explicado en detalle el texto, que solo se le permitió votar en bloque en el referendo que se efectuó, y en la que muchos de sus artículos no se habrían aprobado si la misma se hubiese votado artículo por artículo, o al menos capítulo por capítulo.
Se afirma que si no hay un cambio profundo, dentro de cinco años la situación será mucho peor que hoy, con perspectivas de empeorar hacia delante.
En el presente libro se exponen claramente los cambios constitucionales importantes que deben realizarse a corto y medio plazos para que se pare en la actual cuesta abajo, de forma que en pocos años España quede homologada social, política, y económicamente con países plenamente democráticos, como son Dinamarca, Finlandia, Canadá, y similares.
Este libro pretende exponer en forma sencilla y clara lo más importante que es necesario reformar, a corto y medio plazos, en la Constitución de 1978 con objeto de que España se acerque pronto al ideal de democracia perfecta.
Si ello se lograse, si pronto se reformase la Constitución en ese sentido, se habría avanzado un paso importantísimo. Quedaría después el que la misma se cumpliese en

el día a día, para lo cual se necesitarían dirigentes, en el Gobierno y en la oposición, que tengan talla de verdaderos estadistas. Así lo deseamos.

A lo largo de este libro podrá comprobar el lector si la afirmación que aquí se ha hecho de que España está hoy muy lejos de ese ideal de una democracia perfecta, es algo gratuito expresado por el autor, o existen razones de peso que la apoyan.

En este libro se exponen solo los cambios importantes, que como se verá son 32. Los no tan importantes, que no se incluyen en este libro, pueden verse (junto con los que se exponen en este libro) en el libro publicado por este autor en Amazon en Noviembre 2015 que se ha mencionado antes.

En el presente libro se afirma que los cambios constitucionales que de vez en cuando mencionan los líderes políticos del Gobierno y de la oposición en los medios de comunicación, suelen diferir bastante de los que aquí se recomiendan. Ello es debido a que en este libro se recomiendan cambios que son de interés para la inmensa mayoría de la ciudadanía, y los que mencionan los políticos son los que a ellos personalmente o a sus partidos les interesan.

1- Problemas fundamentales actuales que deben resolverse con la reforma de la Constitución

La Constitución es un instrumento fundamental para resolver los problemas más importantes de un país, especialmente cuando, como en España en estos momentos, se atraviesa una situación de fuerte crisis en aspectos diversos de la vida política, económica, y social del mismo.

Reflejando solo los más importantes, España tiene actualmente los siguientes problemas:

El reto de los líderes políticos nacionalistas independentistas catalanes y vascos, y especialmente de los catalanes, ha llegado a un punto tan grave, al filo del punto sin retorno (bien lograr la independencia, bien que surja grave violencia en Cataluña, o bien que se produzca un golpe de estado en España), que requiere un cambio profundo en el régimen autonómico que diseñó la Constitución de 1978.

La credibilidad de España como país está en duda tanto en la Unión Europea, como en los principales países del Mundo, lo que ha empezado a tener, y se incrementará si no se le da adecuada respuesta, consecuencias importantes en cuanto a las relaciones económicas, financieras, y políticas con esos países. Especialmente respecto a inversiones (de extranjeros en España, o de millonarios españoles en España) pronto se notará que disminuyen sensiblemente, lo cual tendrá la consecuencia de disminuir el PIB y de impedir que se cree la enorme cantidad de empleo que actualmente es necesaria.

Sin duda, España, en su conjunto, sufrirá. Pero mucho menos que Cataluña. No hay que ser adivino para darse cuenta de que Cataluña dentro de un lustro será una sombra de su pasado, con un PIB per cápita de sus habitantes bastante menor del actual. Y ello sucederá si no se enmienda inmediatamente el demencial camino por el que están llevando a su región los políticos nacionalistas independentistas catalanes (por sus acciones), y los líderes del PP y del PSOE por su falta de acción ejecutiva para parar esta sediciosa trayectoria.

A cortísima distancia de la gravedad del problema anterior está el dramático problema del enorme desempleo que sigue existiendo en España. Se necesitan cambios en la Constitución, que antes deberán ser debatidos ampliamente en el país, y después aprobados en referendos de obligado cumplimiento, cuyo resultado deberá incorporarse a la Constitución.

En este libro se expone en detalle que estamos absolutamente en contra de que los políticos de los diversos partidos negocien la revisión de la Constitución vigente, lleguen a un acuerdo entre ellos, y sometan ese texto a los ciudadanos españoles en forma global. Es previsible que si así lo hicieren, repetirían la forma en que fue aprobada la Constitución vigente en 1978, en que en la campaña previa electoral no se debatió cada uno de los temas de los muchos que contiene, sino que vendieron al país que ellos habían llegado a un acuerdo muy bueno para los ciudadanos españoles, y que debíamos confiar en ellos dándoles el aprobado a lo que habían guisado sin conocer los ingredientes del guiso, y basando nuestro voto en una confianza ciega en lo que ellos a sí mismos se hicieron llamar "los padres de la Constitución", utilizando subliminalmente la positiva idea que la inmensa mayoría de mortales tienen respecto a la honradez, sentido común, y honorabilidad de sus padres propios.

Como se verá más adelante, somos partidarios de que los españoles decidan sobre cada asunto importante de este país, haciendo valer el Artículo 1 punto 2 de la actual Constitución, que dice *"La soberanía nacional reside en el pueblo español, del que emanan los poderes del Estado"*.
Y consecuentemente somos partidarios de que el pueblo español se pronuncie en varias docenas de referendos de obligado cumplimiento sobre determinados Artículos de la Constitución actual que deben ser reformados.

Todos esos referendos se pueden y deben incluir en no más de seis convocatorias electorales, a realizar dos cada año de 2019 a 2021. Se propone que se haga en tres años para que el debate sea muy amplio, y con ello se logre que los españoles de ahora en adelante se involucren activamente en las decisiones importantes del país, tomando el protagonismo, que quitarán a los políticos, para que los ciudadanos decidan y los políticos en adelante se conviertan en meros gestores de esas decisiones.

Eso no es tratar a los políticos como meros comparsas, sino hacer que ocupen el papel que siempre debieron tener, y del que se extralimitaron. Utilizando el símil empresarial, el Consejo de Administración de una gran empresa (el Gobierno de España) está formado por señores muy importantes, de gran status, respetables, y de gran sueldo. No obstante, ese Consejo debe rendir periódicamente cuentas detalladas a su Junta General de Accionistas (la totalidad de la ciudadanía española) en la que se aprueba o no la estrategia seguida, y se decide la futura. Y no vale decir que hay empresas en que los Consejos manipulan a las Juntas, hurtándoles datos e informaciones para lograr dirigir la empresa en la forma que desea el grupo minoritario que controla el Consejo. Y no vale porque realmente en las empresas en que sus Consejos funcionan así se están cometiendo delitos que si son denunciados y probados por los accionistas engañados suponen el que un Juez meta entre rejas a esos delincuentes consejeros.

2- Diferentes tipos de democracia

Hoy está de moda que las personas físicas en España se califiquen así mismas de demócratas, aunque lo que hacen y dicen esté muy lejos de ese calificativo.

Hoy en día en España queda muy bien, social y políticamente, que le tengan a uno por demócrata. Aunque cualquier observador independiente no se dejará engañar. No atenderá a lo que el sujeto dice, y se centrará en conocer sus actos, y en adivinar sus intenciones. Y esto es lo que le dirá realmente si se encuentra frente a un verdadero demócrata, o ante un fascista, un comunista, o un pervertido social.

Lo mismo para el sistema político que rige en un país.

Decir que España es una democracia porque cada cuatro años los ciudadanos votan, eligen a sus representantes, y durante ese largo período estos "interpretan" cuál es el mandato del pueblo y gobiernan sin consultar a sus representados, es mucho decir.

Sin duda España está hoy más cerca de una democracia que de una dictadura. Pero para hablar con precisión es necesario decir que hoy en día en el mundo existen democracias de varios niveles. No pueden ponerse en el mismo nivel a las democracias de Suiza, Dinamarca, Reino Unido, USA, España, Italia, México, Brasil, Egipto, o Marruecos.

En este libro no nos interesan los regímenes democráticos de niveles por debajo del primero. En este se encuentran Suiza y menos de una decena de países adicionales.

A continuación exponemos algo de Suiza. Y lo hacemos para demostrar que lo que propugnamos en este libro (más poder para los ciudadanos, y menos para sus representantes políticos) no es utopía, sino que por el contrario funciona muy bien en una democracia de primer nivel como es Suiza:

* La Constitución Federal de 1848 es el fundamento legal del actual Estado Federal Suizo. Es la tercera constitución más antigua aún en vigencia en todo el mundo (después de la estadounidense y la noruega).

* Una nueva versión de la Constitución entró en vigor en 1999, aunque no introdujo cambios notables en la estructura federal. Delimita los derechos y obligaciones básicos de los ciudadanos, su participación activa en la política, divide el poder entre la confederación y los cantones, y define las autoridades y jurisdicciones federales.

* Existen tres principales cuerpos de gobierno a nivel federal:

    - el Parlamento bicameral (poder legislativo),

    - el Consejo Federal (poder ejecutivo),

    - y la Corte Suprema Federal de Suiza o Tribunal Supremo Federal (poder judicial). La función de la Corte Suprema Federal es la de atender las apelaciones en contra de las cortes cantonales o federales. Los jueces o magistrados son elegidos por la Asamblea Federal para un periodo de seis años.

El Parlamento suizo se compone de dos cámaras:
- el Consejo de los Estados, que cuenta con 46 representantes (dos de cada cantón y uno de cada semi-cantón), los cuales son elegidos por cada cantón bajo su propio sistema,
- y el Consejo Nacional, el cual consta de 200 miembros elegidos mediante un sistema de representación proporcional, dependiendo de la población de cada cantón.

Los miembros de las dos cámaras son elegidos cada cuatro años. Cuando ambas cámaras se encuentran en sesión conjunta, se les conoce como Asamblea Federal. A través de referendos los ciudadanos pueden rechazar o aceptar cualquier ley proveniente del Parlamento, y por medio de iniciativas pueden introducir nuevos puntos a la Constitución federal, haciendo de Suiza una democracia directa.

El Consejo Federal constituye el gobierno federal, dirige la Administración Federal y hace de Jefe de Estado. Está integrado por siete miembros elegidos para un mandato de cuatro años por la Asamblea Federal, quien también vigila las acciones del Consejo.

El Presidente de la Confederación Helvética es elegido por la Asamblea de entre los siete miembros del consejo, tradicionalmente en rotación y solo por un periodo de un año. El Presidente dirige el gobierno y asume sus funciones representativas. Sin embargo, el Presidente es un "primus inter pares" sin poderes adicionales, y permanece a la cabeza de su departamento durante su administración.

Desde 1959, el gobierno federal suizo ha estado formado por una coalición de los cuatro principales partidos políticos, cada uno teniendo un número de asientos que difícilmente refleja su popularidad entre los votantes y el número de representantes en el parlamento.
Actualmente los siete asientos del Consejo Federal se encuentran distribuidos de la siguiente forma:
- 2 Partido popular de Suiza (SVP/UDC)
- 2 Social demócratas (SPS/PSS)
- 2 Liberal demócratas (FDP/PRD)
- 1 Demócratas cristianos (CVP/PDC)

Los ciudadanos suizos son materia de tres jurisdicciones legales: la comuna, el cantón y la confederación. La constitución federal de 1848 define un sistema de democracia directa (a veces llamada semidirecta o democracia representativa directa debido a que tiene una mayor similitud con instituciones de una democracia parlamentaria). Los instrumentos de la democracia directa suiza a nivel federal, conocidos como derechos civiles (Volksrechte o droits civiques), incluyen el derecho a elaborar una "iniciativa constitucional" y a un "referendo", los cuales pueden influir en las decisiones del Parlamento.

Por medio de un referendo, un grupo de ciudadanos puede cuestionar alguna ley que haya sido aprobada por el Parlamento si puede conseguir —en un plazo de cien días— más de 50.000 firmas que estén en contra de la ley. Si lo logra, se lleva a cabo una votación nacional, donde se decide por mayoría simple si la ley es rechazada o no. Ocho cantones unidos también pueden lanzar un referendo para la aprobación de alguna ley federal.

De manera similar, la iniciativa constitucional permite a los ciudadanos solicitar que una enmienda constitucional sea puesta en votación si logran 100.000 firmas que apoyen la enmienda en un plazo de 18 meses. El Parlamento puede complementar la enmienda propuesta con una contrapropuesta, donde los votantes tendrán que indicar su preferencia en las papeletas, en caso de que ambas propuestas sean aceptadas. Las enmiendas constitucionales, ya sean de iniciativa popular o parlamentaria, deben ser aceptadas por una mayoría doble del voto nacional y del voto cantonal.

La información anterior, sobre Suiza, se ha obtenido en:
https://es.wikipedia.org/wiki/Suiza
dónde el lector interesado puede obtener más.

Resumiendo este punto, hemos querido demostrar que la palabra democracia desgraciadamente no describe concretamente lo que un país es realmente. Hemos razonado que hay muchos tipos de democracias, y que España está lejos del tipo más pleno. Hemos presentado a Suiza como uno de los países de democracia más plena. En España se necesitan cambios constitucionales importantes para que nuestro país adquiera un tipo de democracia similar a la Suiza.

3- Democracia en el Mundo real de 2019

La democracia perfecta es algo que no existe en el Mundo real en 2019. Hay países que se aproximan a ello, pero que en una escala de máximo 100 posiblemente no quede ninguno por encima del 95.
Este libro no es un tratado de democracia y de su implantación en el Mundo real de 2019.
Países en los que se practica una democracia aceptable para la inmensa mayoría de sus ciudadanos no existen en el mundo más de 20 a Marzo de 2019. Y desde luego España no es uno de ellos.

No basta para que un país sea plenamente democrático el que tenga una Constitución actualizada al momento presente, y que sea conocida y aceptada por más del 80% de sus ciudadanos adultos. Es necesario además que el espíritu y la letra de esa Constitución se cumplan en la vida diaria de ese país, y que si se produce cualquier quebranto de la misma se tomen medidas inmediatamente para que sea cumplida, los infractores castigados, y el hecho no se vuelva a repetir.

Durante los últimos años una serie de artículos de la Constitución vigente en España se han incumplido, no se han tomado medidas contra los transgresores, y no hay garantía de que los hechos no se volverán a repetir.

O dicho de otra forma, el factor más importante que define a una verdadera democracia es que donde se ejerce es un Estado en que reina la aplicación del Derecho (un Estado de Derecho):

* Con unas leyes justas, aprobadas por sucesivos Parlamentos, con una alta participación de la ciudadanía y una muy alta tasa de aprobación de las mismas.

* Con un Gobierno que se esfuerza en que se cumplan las leyes, incluso en los casos en que ello no beneficie al o a los partidos políticos que lo sustentan.

* Con un sistema judicial que imparte justicia pronta, justa, y eficientemente, por unos Jueces honestos, competentes, e independientes.

* Con una ciudadanía que mayoritariamente es honesta y cumplidora de la ley, que exige que se aplique la pena correspondiente a los infractores de la misma, que es vigilante de que el sistema (normas, políticos, policías, fiscales, y jueces) no se deteriore con el tiempo, y que en cada votación aprecia mucho más los cumplimientos del pasado que las huecas palabras de las numerosas y variopintas promesas de futuro a las que son tan aficionados los políticos profesionales cuando se acercan nuevas elecciones.

* Y con una ciudadanía que castiga con su voto al Gobierno que no se deja controlar por el Parlamento, y que por el contrario practica la chulería de irse por la ramas, e incluso de no contestar, a las preguntas de la Oposición cuando esta ejerce apropiadamente su papel de fiscalizar la gestión de gobierno.

4- La Constitución Española de 1978 despertó grandes esperanzas.

Muchos españoles creyeron que con ella se cerraba el oscuro paréntesis que España vivió desde 1932 a 1977, y que dicha Constitución traería democracia, estado de derecho, justicia, paz, y prosperidad a todos los españoles.

Los que hemos vivido como adultos estos 41 años (1978-2019), y nos hemos preocupado de informarnos a través de los medios de comunicación y a través de otras múltiples vías de contacto humano, sabemos que este último período ha sido mucho más pacífico, justo, y próspero que el anterior citado. Pero también sabemos que la situación política, económica, y social de España a Marzo 2019 dista mucho de la de Francia, Alemania, Reino Unido, Holanda, Dinamarca, Finlandia, y similares. Y que la calidad de nuestra democracia respecto a la de esos países es muy baja.

Es verdad que en todos los países cuecen habas. Que también hay corrupción política en esos países. Que también hay jueces, fiscales, y policías que se extralimitan. Que también hay políticos en el poder que abusan del mismo. Que también hay opositores políticos que mienten descaradamente para desacreditar al que manda.

Pero no se parecen en nada las situaciones. En esos países el porcentaje de casos deshonestos o ilegales es mucho menor. En esos países, en cuanto se descubren, los Tribunales actúan con celeridad, y siempre hay culpables que entran en la cárcel y que no son indultados. En esos países los ciudadanos tienen la tranquilidad de que el que la hace la paga, y pronto.

Desgraciadamente España está muy lejos, a Marzo 2019, de esa situación.

Este libro ha sido escrito por un autor que no es un político profesional, que no es militante de ningún partido político, que no trabaja en ningún medio de comunicación, que no ejerce el periodismo, pero que le gustaría que España se acercase a los países antes citados, de forma que estuviese a la par de ellos en menos de diez años.

Es preciso no olvidar como fue aprobada la Constitución de 1978. Fue aprobada por una escasa mayoría de españoles, en el referendo que se celebró el 6 Diciembre 1978.

En ese referendo votaron solo el 58,97% de los españoles (con la enorme abstención del 41,03%). Y de ese 58,97%, el 87,78% votaron a favor. Usando aritmética al alcance de cualquier niño de 10 años, votaron a favor de la Constitución:

58,97% x 87,78% = 0,5897 x 0,8778 = 0,5176 = 51,76%

O sea, la escasa mayoría de 52 (51,76) españoles de cada 100 votó a favor, y la no despreciable minoría del 48 no votó a favor de la Constitución de 1978.

O dicho de otra forma, la Constitución de 1978 fue aprobada legalmente, pero con poca legitimidad.

Muchos pensamos que una norma tan básica e importante, necesita como mínimo el que tres españoles de cada cuatro voten a favor. O sea, el 75%. Lo que entonces resultó, el 51,76%, está muy lejos de esa cifra.

En el presente libro se afirma, y se razona para fundamentarlo, que los políticos tienen actualmente excesivo poder en España, poder que han usurpado a la totalidad de los ciudadanos. Y que el Estado de las Autonomías ha sido un fracaso que debe ser modificado para volver a centralizar funciones que deben ser iguales en todo el territorio nacional, para eliminar el costoso aparato político y legislativo que se ha formado en los diecisiete Reinos de Taifa en que se han convertido las Autonomías (sin duda, unas más que otras), y para seguir manteniendo descentralizada geográficamente la gestión, aunque sometida ésta a un detallado y férreo control del Estado Central.

Las ochenta reformas de artículos de la Constitución que se mencionan en el libro citado, escrito en el Otoño de 2015, siguen siendo necesarias de realizar a la fecha en que se escribe el presente libro (Invierno 2019).

Este presente libro está actualizado respecto al anterior en que tiene en cuenta las circunstancias de esos tres años transcurridos, y especialmente del otoño de 2017, 2018, y de lo que va de 2019, que han sido especialmente conflictivos debido a que el problema catalán ha destapado la caja de Pandora en toda España, y ahora va a ser muy difícil para los políticos el que puedan practicar sus clásicos pucherazos con la ciudadanía española, en base al cínico planteamiento patentado hace años por los franceses de "tout pour le peuple, rien par le peuple", que en español se suele traducir por "todo para el pueblo pero sin el pueblo". Lo que es contrario al texto del Artículo 1.2 de la Constitución Española vigente, que dice *La soberanía nacional reside en el pueblo español, del que emanan los poderes del Estado".*

En el otoño del 2017 y desde entonces a ahora, políticos de todos los partidos, incluidos los independentistas catalanes y vascos, han repetido insistentemente en los medios de comunicación que la Constitución debe ser reformada. Ninguno de ellos concreta lo que debe ser reformado, aunque es fácil adivinar la posición de cada uno. Especialmente del PP y de los independentistas catalanes y vascos.

El PP realmente prefiere no cambiar nada.

Los independentistas catalanes quieren que se permita realizar legalmente su ansiado referendo para decidir la independencia de Cataluña, votando exclusivamente los ciudadanos residentes en esa comunidad autónoma.

Y los independentistas vascos que no se toque una coma al texto que les permite sus dos chollos actuales (fuero vasco, por el que pagan menos al fondo común español que el resto de los españoles, y estado de las autonomías que les permite controlar la política y la economía vascas).

Y curiosamente el partido Ciudadanos exige sin ruido y sin convicción el cambio de la circunscripción electoral a que esta sea la de toda España, abandonando la injusta actual que es la provincia.

Este elevado ruido de cambio, en el que los españoles corremos el riesgo de que los políticos cambien aspectos esenciales de la Constitución sin pasar por referendos de obligado cumplimiento en el que participe la totalidad de la ciudadanía española, es una de las importantes razones que ha motivado a redactar y publicar este libro.

En este libro se razonan y exponen los importantes cambios que son necesarios realizar a corto y medio plazos con objeto de que la ciudadanía adquiera conciencia de lo que es urgente reformar, que es imprescindible que se reforme con la aprobación de todo el pueblo español por medio de referendos de obligado cumplimiento.

La absurda estructura política actual del Estado Español, que dibuja la Constitución de 1978, ha estallado, después de un largo proceso, en el Otoño de 2017. Ha sido en Cataluña, como muy bien saben miles de millones de personas en España y en el Mundo, por el tremendo ruido mediático que se ha producido.

Para un danés, sueco, o finlandés, que hable español y que decida pasar un mes de vacaciones en España, en cualquier sitio de montaña o de playa de los muchos preciosos que hay aquí, que se traiga su ordenador con conexión a internet, y que decida estar bien informado de lo que pasa en la piel de toro a través de medios de comunicación escritos, de radio, y de televisión, será sorprendente el que más del 90% de lo que oiga o lea se refiera a la situación catalana, y a docenas de programas para niños, jubilados inactivos, y "marujas" (mujeres cotillas, que tienen poco que hacer).
Oirá y leerá poco o nada de los problemas que preocupan individualmente a cada ciudadano y a cada hogar. Oirá y leerá poco de coste de la vida, precariedad en el empleo, sueldos bajos, discriminación de sueldos de hombre y mujer, pensiones bajas, mala distribución de la renta, enorme desempleo, dificultad y coste del crédito, aborto, eutanasia, suicidios, agresiones a mujeres, incremento del coste de la electricidad, altos precios de la telefonía móvil, excesiva importación de bienes que pueden producirse en España, elevada paridad del euro que impide exportar más, oligopolio

bancario, oligopolio eléctrico, evasión fiscal de la clase adinerada a través de paraísos fiscales, enorme mortandad en accidentes de tráfico, etc., etc.

Por ello, este libro no habla solo de la situación política en España a Marzo 2019, sino también de la situación económica y social que probablemente habrá en nuestro país a medio plazo.

Y puesto que la Constitución es un pacto social esencial en un Estado democrático y de derecho, en este libro se habla bastante de sus deficiencias, y de cómo debería modificarse para terminar con ellas.

5- Pacto Social

Uno de los estudiosos del pacto social, y posiblemente el más conocido por el gran público, es el francés Jean-Jacques Rousseau (1712-1778), que en 1762 publicó su famoso e influyente tratado "El Contrato Social" que sin duda tuvo una enorme influencia en la gestación y en el desarrollo de la Revolución Francesa.
Parte de su famoso enunciado de que "El hombre ha nacido libre y, sin embargo por todas partes se encuentra encadenado". Y que "cuando decide romper esas cadenas descarta que el vínculo de unión social se halle en la fuerza o la sumisión, sino que por el contrario, los hombres voluntariamente renuncian a un estado de natural inocencia para someterse a las reglas de la sociedad, a cambio de beneficios mayores inherentes al intercambio social. Este consentimiento voluntario se materializa a través de un contrato, el contrato social".

Este contrato social es un acuerdo realizado en el interior de un grupo por sus miembros, como por ejemplo el que se adquiere en un Estado con relación a sus derechos y deberes y los de sus ciudadanos. Se parte de la idea de que todos los miembros del grupo están de acuerdo, por voluntad propia, con el contrato social, en virtud de lo cual admiten la existencia de una autoridad, de unas normas morales y de unas leyes a las que se someten. El pacto social es una hipótesis explicativa de la legitimidad de la autoridad política y del orden social.
El contrato social, como teoría política, explica, entre otras cosas, el origen y el propósito del Estado y de los derechos humanos. La esencia de la teoría es que para vivir en sociedad, los seres humanos acuerdan un contrato social implícito que les otorga ciertos derechos a cambio de abandonar la libertad de la que dispondrían en estado de naturaleza. Siendo así, los derechos y los deberes de los individuos constituyen las cláusulas del contrato social, en tanto que el Estado es la entidad creada para hacer cumplir el contrato. Del mismo modo, los seres humanos pueden cambiar los términos del contrato si así lo desean; los derechos y los deberes no son inmutables o naturales. Por otro lado, un mayor número de derechos implica mayores deberes, y menos derechos, menos deberes.

Dejemos al gran pensador Rousseau, y a sus lejanos tiempos de finales del Siglo XVIII, y vayamos a los más recientes de la vigente Constitución Española.

Una Constitución es un Pacto Social entre los ciudadanos de un Estado, que para que gobierne efectivamente la vida legal se eleva a ley suprema a la que debe someterse todo el ordenamiento jurídico del país, y cuyo incumplimiento, en cualquiera de sus términos por cualquier persona o grupo, se penaliza fuertemente.

La Constitución Española de 1978 es el pacto social que acordaron los representantes políticos, que había entonces, de los ciudadanos españoles, que a continuación refrendaron estos en referendo de obligado cumplimiento.

Entre los ciudadanos españoles los hay de extrema derecha, de derecha, de centro, socialdemócratas, socialistas, comunistas, anarquistas, e independentistas.
Con tal disparidad ideológica es imposible la convivencia pacífica y constructiva si la ciudadanía no acuerda un Pacto Social, lo redacta en forma de Constitución, le da fuerza legal, y deposita en las Instituciones del Estado la gestión y el control de su cumplimiento.

Por ello, la Constitución no es una recopilación de derechos y deberes que un ser superior o un conjunto de sabios ha dado a España, y los ciudadanos de esta han aceptado. La Constitución es un Pacto Social al que todos los ciudadanos quedan obligados, sabiendo que no es el documento que cada uno aprobaría al 100%, sino que es el Pacto que se ha alcanzado entre todos, para lo cual cada uno ha tenido que aceptar términos y condiciones que no desea, a cambio de que le acepten los que promueve.
Consecuentemente cuando hay personas o grupos que dicen públicamente, y a veces en forma estentórea, que la Constitución adolece de defectos importantes, hay que diferenciar lo que son realmente defectos de lo que son acuerdos a los que se ha llegado. Cualquier negociador con experiencia sabe que el acuerdo final al que se llegue no será aceptable al 100% por ninguna de las partes, por lo que no tiene que dejar de repetírselo a cada una de ellas que si quieren acuerdo tendrán todos que dejarse plumas.

No obstante, es necesario señalar aquí que hay buenos y malos acuerdos. Y hay negociadores que negocian en función de intereses personales y de grupo. Y hay paso del tiempo, que hace conveniente renegociar un acuerdo. Y hay nuevas generaciones de personas, que suceden a las que aprobaron el referendo, a las que la Constitución obliga, sin que hayan tenido arte ni parte en la elaboración y aprobación de la misma.

Es por ello, por lo que en este libro se afirma que la Constitución de 1978 ha tenido un balance aceptable en España en buena parte de sus primeros 41 años, pero necesita ser reformada urgentemente en los artículos que se mencionan en este libro, dejando para reformar más adelante otros no tan importantes.

6- La Constitución de 1978 fue un pacto entre los que perdieron la guerra civil (1936-1939) y la postguerra (1939-1975), y los que las ganaron

El título de este punto seguro que hará rasgarse las vestiduras a los que no quieren que eso se diga, y menos que se corra, y a los "buenistas" que quieren enterrar el pasado sin pasar la factura correspondiente a los culpables del mismo.

Seguro que sorprenderá poco a los que tenían más de 30 años en 1975 (y por tanto sabían lo que había pasado en la guerra porque sus padres se lo habían contado) y en la postguerra (porque aunque muchos de ellos no habían vivido como adultos la época de la dicta-dura, sí que habían vivido la época de la dicta-blanda).

Y seguro que sorprenderá bastante a los que hoy tienen menos de 40 años, que de la guerra civil, la dictadura, el dictador, y la derecha y la izquierda de entonces, saben (la inmensa mayoría de esos ciudadanos) muy poco de lo que realmente sucedió entonces en España, y lo que saben posiblemente esté fuertemente sesgado por la ideología e intereses de quien se lo ha contado, o ha escrito los libros o periódicos que han leído.

Ya hemos razonado que una Constitución es esencialmente un pacto entre los ciudadanos de un Estado. Eso es especialmente valioso en los Estados en que ha habido en el pasado fuertes tensiones y luchas entre sus ciudadanos.
Por ejemplo en Francia, donde durante la Segunda Guerra Mundial y después de esta, hubo una cruenta guerra civil (no llamada así) entre la derecha amiga de los nazis y la izquierda amiga de los comunistas. Los franceses lo superaron ya hace años, y hoy son un país con una Constitución que realmente consideran suya casi todos los franceses.

La Constitución Española de 1978 fue realmente un pacto entre los que perdieron la guerra civil de 1936-1939, y la postguerra de 1939-1975, y los que las ganaron.
La ciudadanía española tuvo nada que decir en la negociación de ese pacto y la redacción del mismo, y poco que decir en su aprobación, porque aunque se la sometió a referendo:
* se votó en bloque, sin posibilidad de decir estos Artículos sí, pero esto otros no.
* solo fue aprobada por 52 de cada 100 españoles, siendo un total de 48 de cada 100 los que se abstuvieron, o votaron en blanco, o votaron nulo, o votaron en contra.
* los políticos involucrados en ese pacto hicieron una fuerte campaña en los medios, vendiendo a la ciudadanía que aquello era el ungüento amarillo para el futuro de los españoles, sin que se oyesen voces discrepantes sobre la solución que se dio a cada tema, de las varias que cada uno de estos tenía. Y no es que no hubiese discrepantes, es que los que alcanzaron aquel pacto utilizaron el poder del Estado para impedir que ninguna discrepancia se difundiese a través de los medios de comunicación.

Supuestamente ese pacto cerraba las heridas de la guerra civil y de la dictadura posterior, de forma que a partir de ese momento los españoles aceptaban perdonarse mutuamente por sus faltas y delitos del pasado, y empezar a vivir en paz y concordia.

Pero realmente eso no fue verdad:
        * Ese pacto permitió a los partidos políticos que perdieron el llegar a tener posibilidades reales de alcanzar el poder. Aunque a eso le faltó poco para malograrse en el Golpe de Estado del 23 Febrero 1.981.

      * Ese pacto permitió a unos y a otros partidos políticos meter en la Constitución muchos de los temas que les interesaban fundamentalmente, aunque estuviesen lejos de las preferencias de los ciudadanos.

      * Ese pacto perdonó a los dos bandos todos los delitos del pasado. Cierto que delitos políticos, pero cuando se destruyen bienes, se roban bienes, se mete en la cárcel a personas, o se matan personas, los delitos siguen siendo delitos aunque se argumente que las razones para cometerlos fueron políticas. Y tampoco debe olvidarse que antes de 1936 hubo muchos robos y asesinatos cometidos por personas de izquierdas, y después de 1939 muchos robos y asesinatos cometidos por personas de derechas. Y que conste que aquí llamamos robos a hacerse ricos en base a que los suyos estaban en el poder, y no a entrar en un banco y atracarlo (que también es robo, pero de otro tipo, y por supuesto de mucha menor cuantía).

      * Los políticos que representaban a los nacionalistas independentistas del País Vasco y de Cataluña, lograron meter en la Constitución una fortísima base para ir avanzando, sin prisas pero sin pausas, en su ansiado deseo de algún día lograr la independencia de sus regiones.

A lo largo de este libro se verá que esa Constitución no es la que hubiesen aprobado los españoles si se les hubiese presentado a votar en referendo artículo por artículo, o al menos grupos de ellos por temas monográficos.

Y desde luego, el 90% de los españoles que sufrieron la guerra y la dictadura, y los descendientes de estos, no hubiesen aceptado que se perdonase ni un solo delito de ninguno de los dos bandos. Habrían exigido que todos y cada uno de los delincuentes políticos hubiesen pasado por los Tribunales. De la misma forma que en Alemania, a partir de Mayo de 1945.

Con lo dicho es suficiente, para poder defender que la Constitución de 1978 debe ser reformada en muchos de sus artículos.

Pero no podemos fiarnos de los políticos actuales para que hagan esa reforma.

No podemos fiarnos de ellos porque son hijos políticos de los que en 1978 hicieron la anterior, hoy vigente, y porque no han abjurado de lo que entonces hicieron sus padres políticos.

Y no podemos fiarnos, además, porque con esa Constitución ha sido posible:

      * una enorme corrupción en la vida pública,

      * un fuerte avance hacia la independencia de dos importantes regiones españolas (Cataluña y País Vasco),

      * una crisis económica y social que ni Gobierno ni Oposición han hecho lo que debían para frenarla y resolverla,

      * una serie de prevaricaciones en asuntos importantes, que no han sido perseguidas adecuadamente,

      * y enormes problemas de paro, vivienda, sanidad, y educación, que la Constitución de 1978 parecía que protegía, pero que en el momento más necesario (el de la larga crisis actual) ni siquiera se han empezado a resolver.

Por ello, para reformar la Constitución se necesita que todos los españoles aprueben las reformas de la misma en referendos de obligado cumplimiento.

Y que lo hagan en forma no tramposa. O sea, presentando a referendo las reformas una por una, en forma monográfica, con lo que la ciudadanía pueda conocer a fondo lo que se le propone, durante un período de exposición pública en que se oigan todos los argumentos a favor y en contra, y a continuación decidir, votando todos los ciudadanos españoles, en referendo de obligado cumplimiento, si les interesa ese cambio que les proponen los políticos.

En todo este libro vamos a hablar siempre de **referendo de obligado cumplimiento**. Debería ser suficiente con decir referendo, entendiéndose por tal la decisión en votación de todo el pueblo español sobre un tema concreto.

Pero no es así. No es suficiente, por la forma en que está redactado el Artículo 92 de la Constitución, que dice:

1. Las decisiones políticas de especial trascendencia podrán ser sometidas a referendo consultivo de todos los ciudadanos.

2. El referendo será convocado por el Rey, mediante propuesta del Presidente del Gobierno, previamente autorizada por el Congreso de los Diputados.

3. Una ley orgánica regulará las condiciones y el procedimiento de las distintas modalidades de referendo previstas en esta Constitución.

Es indignante que los políticos que redactaron la Constitución se atrevieran a escribir el punto 1, por el cual las decisiones importantes se someterán o no (eso quiere decir podrán) a referendo.

Y si deciden consultar, el referendo será consultivo. Esto es, si les gusta el resultado, lo aplican. Y si no les gusta, no lo aplican.

O sea, los "mandaos" (los políticos) consultan si quieren a sus señores (los ciudadanos españoles), y en caso de que les consulten, si no les gusta la contestación hacen caso omiso de ella. A esto se le llama tomadura de pelo a los ciudadanos españoles, que según el Artículo 1 punto 2 son los que detentan todos los poderes del Estado.

El Artículo 1 en su punto 2 dice:

2. La soberanía nacional reside en el pueblo español, del que emanan los poderes del Estado.

Lo que quiere decir que la máxima autoridad en España la tiene el pueblo español, por lo que los políticos en el poder son solo unos empleados temporales (hasta que se les echa con los votos) del pueblo español.

De ahí se deriva que TODOS los referendos deben ser de obligado cumplimiento. Y que debe ser el pueblo español el que decida en todos los casos, sean de gran trascendencia o solo de especial trascendencia.

A lo largo de este libro cuando se habla de referendo (en este libro se usa el término español referendo, en lugar del latino referendum) se añade la coletilla de obligado cumplimiento, aunque es redundante porque según el Artículo 1.2 todos los referendos son de obligado cumplimiento, pero se añade la misma para que no se les olvide a los españoles que lean este libro, y a los políticos profesionales que puedan leerlo.

Consecuentemente, hay que reformar en la Constitución, por medio de referendo de obligado cumplimiento, el texto del punto 1 del Artículo 92 para que quede en la siguiente forma:

1. Todas las decisiones importantes, políticas, jurídicas, económicas, sociales, fiscales, de seguridad nacional, y cualquier otra, serán sometidas a referendo de obligado cumplimiento, al que serán convocados todos los ciudadanos españoles.

Y consecuentemente, debe ser derogado en la misma convocatoria del anterior, por medio de referendo de obligado cumplimiento, el punto 3 del mismo Artículo 92 (puesto que todos los referendos deben ser de obligado cumplimiento).

A la vista de lo expuesto hasta aquí, sería una estafa al pueblo español un cambalache entre, alguno o todos, los líderes de los cinco grandes partidos y de los independentistas vascos y catalanes, para hurtar a todos los españoles un referendo sobre el futuro de cada una de esas regiones, dejando a los ciudadanos residentes en cada una de las mismas que por sí solos pudiesen tomar esa decisión.

Si así lo hicieren, no duden que el pueblo español se lo demandará antes o después, tanto a nivel personal como a nivel de los partidos involucrados.

Los ciudadanos de USA tienen desde Septiembre 1787 su Constitución, y no sienten la necesidad de redactar una nueva. Cuando han creído conveniente modificar algo, han promovido la correspondiente Enmienda. La última, la vigésimo-séptima, se promulgó en Mayo 1992.

El haber hecho solo 27 enmiendas a la Constitución, aprobada hace 228 años, significa que es una buena Constitución, que a la mayoría de la ciudadanía le parece bien, y que han puesto en marcha un mecanismo de actualización, las Enmiendas, muy sencillo y eficiente, sin tener que meterse en el inmenso berenjenal que significa hacer una nueva Constitución desde papel en blanco.

Claro que no se pueden comparar las circunstancias en que ambas Constituciones se redactaron.

La española fue un pacto entre enemigos acérrimos, entre enemigos que unos habían ganado la guerra civil y otros la habían perdido.

La estadounidense fue redactada por caballeros que se conocían desde hacía años, la inmensa mayoría de ellos masones de alta graduación, que obraron de buena fe para dotar a su país naciente de una buena Constitución (si es que lograban vencer a los ingleses).

Desgraciadamente la Constitución Española de 1978 es muy mala. Y después de 41 años de vigencia muchos españoles se han dado cuenta de que debe ser reformada en muchos de sus artículos.

En este libro se tratan solo las modificaciones importantes que deben hacerse en el período más corto posible (idealmente menos de tres años).

Seguro que habrá políticos contrarios a que el pueblo español decida, alegando que tantos referendos de obligado cumplimiento son algo pernicioso e inviable.

Desgraciadamente nosotros no tenemos una Constitución (como la de USA) que ha satisfecho a su ciudadanía realizando solo 27 reformas en los 228 años que tiene de vigencia.

Aquí tenemos un bodrio de Constitución, y por ello deberían realizarse una decena de reformas en menos de dos años, y setenta más en no más de los próximos diez años.

Si así se hace, el pueblo español será consciente de que se ha empezado a resolver la gravísima situación en que vivimos, y consecuentemente se habrá abierto una espléndida autopista para avanzar todos juntos por la dura vida diaria que a la mayoría de los españoles nos cuesta tanto sudor ganarnos.

Digo que "se habrá empezado a resolver" porque la Constitución es papel escrito, que vale poco si no se cumple. La Constitución de 1978 se verá en este libro que en muchas ocasiones los políticos no la han cumplido ni la han hecho cumplir.

Si los políticos que ostenten el poder (en el Gobierno y en la principal Oposición) hacen así con la Constitución reformada, el pueblo maduro y consciente que hoy ya existe, después de tantos escándalos, no lo aceptará. Comenzaremos a caminar por la senda de la desazón, que pronto se convertirá en ira, odio, y deseo de venganza, lo que conducirá a manifestaciones, primero pacíficas y después violentas, y no quiera Dios que acabemos en otra guerra civil.

7- El cumplimiento de la ley en el contexto de este libro

Todo ciudadano y todo residente en un país democrático que merezca ser calificado como un Estado de Derecho, tiene el deber moral y la obligación legal de cumplir todas y cada una de las normas jurídicas vigentes en cada momento, empezando por la Constitución.

Lo dicho en el párrafo anterior no es una perogrullada (algo innecesario de decir porque es evidente para cualquiera que tenga más de dos dedos de frente). Se dice para que se entienda bien lo que se manifiesta en los párrafos siguientes de este punto:

1) Una cosa es cumplir la legislación vigente y otra cosa es manifestar la opinión propia, con arreglo a la libertad de expresión, que también protege la Constitución vigente.

2) En este libro se afirma, y se razona para intentar convencer al lector independiente (no radicalizado por su ideología, ni por su pertenencia a un partido político), que la Constitución vigente es técnica y políticamente mala, no es la que hoy interesa a la inmensa mayoría de la clase media española, aunque se aprobó en 1978 después de ser avalada por una exigua mayoría de españoles en referendo (solo fue aprobada por 52 de cada 100 españoles, siendo un total de 48 de cada 100 los que se abstuvieron, o votaron en blanco, o votaron nulo, o votaron en contra), y consecuentemente precisa múltiples reformas en aspectos esenciales de la misma.

3) En aspectos importantes la Constitución vigente es inconcreta. Esto es, con el mismo texto se podría haber elaborado en sus 41 años de vigencia un entramado legal como el que existe (bastante lesivo para la clase media española), u otro bastante diferente (mucho más acorde con los deseos e intereses de esa amplísima clase).

4) Los grupos de presión y los poderes fácticos, que están formados por menos del 5% de la ciudadanía española, han logrado que se haya ido aprobando un enorme

entramado legal, fuertemente entrelazado para que sea muy difícil cambiarlo por un nuevo Gobierno que llegue al poder con intención de modificar lo mucho de ilegítimo y pernicioso que el mismo tiene para la clase media.

5) Consecuentemente con el párrafo anterior, cambiar la Constitución (como primera medida para cambiar ese entramado legal) en la dirección de los deseos e intereses de la amplísima clase media española es una labor enormemente difícil, que es muy improbable que salga de un saneamiento de los dirigentes de esos grupos y poderes, llegando a la cima de estos personas honestas y competentes que cambien tal entramado en la dirección correcta para que la amplia mayoría de la ciudadanía sienta que el nuevo entramado legal merece su respeto.

6) Por lo que no queda más camino que sensibilizar a la mayoría de la ciudadanía por muchos medios, incluidos libros como este, para que se produzca una revolución pacífica que lleve al poder a la clase media, y desde ese poder se realicen los cambios necesarios.

7) Llegar al poder la clase media no significa que propugnemos una situación anárquica propia del triunfo de una revolución popular, en la que se destruya toda la complejísima articulación social existente, para comenzar desde cero la utopía de crear todo de nuevo. Por el contrario, lo que propugnamos es que la ciudadanía adquiera conciencia de que ostenta la soberanía nacional, y consecuentemente obligue en adelante a los políticos que la representen a que la traten como ciudadanos, y no como siervos, y consiguientemente sometan a la ciudadanía, por medio de referendos de obligado cumplimiento, todas y cada una de las decisiones importantes, y den cuenta precisa de lo que piensan hacer y de lo que han hecho.

8) Resulta paradójico que tengamos que reclamar "ciudadanía al poder" cuando el Artículo 1.2 de la Constitución Española vigente, dice *"La soberanía nacional reside en el pueblo español, del que emanan los poderes del Estado"*.

9) En resumen, no se incurre en ninguna ilegalidad, ni en ninguna falta de respeto al entramado legal vigente, cuando se ha manifestado el convencimiento pleno de que las leyes vigentes deben ser cumplidas, y cuando a la vez se recomienda trabajar intensamente en cambiar lo antes posible, por vías legales, tal entramado en lo que tiene de malo.

8- Necesidad de escribir este libro

Los españoles tenemos la desgracia de que los dos grandes partidos que hoy por hoy pueden gobernar en España (PP y PSOE), solos o con socios, se odian mutuamente. Este odio viene de muy antiguo. Desde principios del Siglo XX. Desde que se fundó el PSOE.

Cuando obtienen mayoría absoluta gobiernan solos, utilizando métodos totalitarios. Esto es, gobiernan como si fuesen el partido único, y realmente no negocian nada con los restantes partidos.

Cuando no tienen 176 Diputados de los 350 del Congreso, necesitan apoyos:

- El PP siempre los busca entre los partidos de derecha o de centro derecha, sin importarle si son constitucionalistas españoles o son independentistas vascos o catalanes.

- El PSOE siempre los busca entre los partidos de centro izquierda, comunistas, o de extrema izquierda comunista, sin importarle si son independentistas vascos o catalanes, o si son afines a ETA.

Desde 1978, en que se puso en vigor la Constitución, hasta hoy, nunca se han aliado políticamente PP y PSOE cuando uno de los dos no alcanzaba los 176 Diputados que le permitiesen hacerse con el Gobierno de España. Esta alianza, que se practica bastante en Europa, y que explica el por qué Alemania ha crecido tan rápidamente en las últimas décadas, ha sido imposible en España.

España necesita que se formen gobiernos en que estén implicados en pactos de legislatura los partidos de centro derecha (PP), centro (Ciudadanos), y centro izquierda (PSOE).
No incluimos a Podemos porque sus líderes y cuadros son comunistas, y los comunistas, desde Lenin, tienen objetivos diferentes a los que interesan a la inmensa mayoría de los ciudadanos españoles. Es cierto que los cinco millones de votos que obtuvieron en las elecciones generales de 2016 el total de los partidos que integran la coalición Podemos no son todos comunistas. Ni siquiera la tercera parte de ellos. Pero sus líderes y cuadros sí que lo son, y en la práctica constatable son los que mandan y los que determinan el camino y las acciones. Ya veremos cuantos votos obtiene esta coalición en las próximas elecciones generales, que están anunciadas para el 28 Abril 2019.

Hoy por hoy es lógico pensar que si VOX más PP más Ciudadanos obtuviesen más de 175 Diputados, gobernaría el que de ellos obtuviese mayor número de Diputados, consiguiéndolo con el apoyo de los Diputados de los otros dos. Aunque no está claro al día de hoy si meramente prestarían sus votos para elegir al Presidente del Gobierno y al día siguiente pasar a la oposición, o si aceptarían entrar en un gobierno de coalición.

Hoy por hoy es inimaginable un acuerdo de ningún tipo entre PP y PSOE, que sirva para dar el Gobierno a uno de ellos cuando no obtiene 176 Diputados, y el otro le puede prestar los votos que le faltan para poder obtener la Presidencia del Gobierno de España.

Hoy por hoy es aceptable pensar que PSOE y Ciudadanos podrían llegar a un acuerdo de algún tipo para que el PSOE obtuviese el Gobierno con los votos prestados de Ciudadanos, si entre ambos consiguiesen más de 175. Lo que hoy no está claro es si esos votos serían solo para que el líder del PSOE fuese proclamado Presidente del Gobierno, o si formarían un gobierno de coalición.

Lo expuesto en este punto es deprimente. En la práctica, hasta hoy ha sido imposible que se formase un gobierno de coalición entre partidos democráticos leales a la Constitución. Eso que querrían más del 80% de los españoles ha sido imposible, porque los líderes del PP y del PSOE no lo han querido.

Más adelante expondremos lo que creemos que es la solución a este problema. Propugnamos un importante cambio constitucional que obligue a esos partidos a llegar a algún tipo de acuerdo para que uno solo o en conjunto formen Gobierno. La doble vuelta que veremos más adelante.

Estamos razonablemente convencidos de que la deplorable situación actual es fruto de que la Constitución de 1978 es técnicamente mala, y no responde a los intereses y aspiraciones de la inmensa mayoría de los ciudadanos españoles, y de que realizando las reformas constitucionales que se proponen en este libro la situación comenzaría a cambiar inmediatamente.

9- El camino para mejorar la Constitución de 1978

España está atravesando desde las últimas elecciones generales (celebradas el 26 Junio 2016, tomando posesión como Presidente del Gobierno el Sr. Rajoy el 31 Octubre 2016) una gran crisis política, que se ha sumado a la tremenda crisis social y económica que representa que el paro desde 2010 hasta hoy haya sido con mucho el de mayor porcentaje de los países de la Eurozona.

En este libro se argumenta, y el autor espera convencer al lector de mente independiente, que las crisis política, social, y económica aludidas en el párrafo anterior están derivadas directamente de la mala calidad del entramado legislativo vigente, derivado de una Constitución aprobada en 1978 que no era la que necesitaba la inmensa mayoría del pueblo español.

Consecuentemente en este libro se proponen una serie de cambios en la Constitución vigente que se consideran imprescindibles para que España pueda caminar por la senda de la justicia social, de la mejora económica para todos los ciudadanos, y de la estabilidad política.

Sin duda, la primera modificación que se necesita para comenzar el gran cambio que la ciudadanía precisa es que los políticos profesionales, los que están en el poder y los que ocupan la oposición, acepten todas las consecuencias de que la "soberanía nacional reside en el pueblo español". Lo que implica que ellos no tienen el poder legal de tomar por si mismos las múltiples decisiones importantes que la vida pública implica a lo largo de los días, meses, y años. Y que por ello esas decisiones deben ser sometidas a referendos de obligado cumplimiento, guste o no guste a los que en cada momento se sientan en el poder u ocupan la oposición.

Ese gran cambio será recibido por numerosos grupos de presión, que hoy tienen una fuerza desproporcionada en este país, poniendo los pies contra la pared para evitar que se mermen en lo más mínimo sus actuales vergonzantes poderes y prerrogativas. El poder de esos grupos, situados a todo lo largo del espectro político, es hoy (Marzo 2019) tan grande que sin duda será imposible que la mayoría de los ciudadanos puedan rebelarse y obligar a los políticos a que aprueben los cambios constitucionales que aquí se plantean.

Es verdad que estamos viendo enormes y continuas manifestaciones de cientos de miles de ciudadanos reclamando un cambio sustancial en la protección de la mujer y en la conservación del poder adquisitivo de los jubilados. Y es verdad que ambos movimientos han conseguido doblarle el brazo, no del todo, a los partidos que ostentan el poder, consiguiendo que algo cambie hacia mejor. Pero lo que se expone en este libro supone cambios importantes que supondrán que todos esos grupos perderán prebendas y poder, y que el conjunto de la ciudadanía española adquirirá conciencia de que ostenta la soberanía española, y consecuentemente que los políticos están a su servicio y a sus órdenes, y por ello en adelante el nuevo sistema político obligará a los políticos a dejar las decisiones importantes al pueblo, por medio de referendos de obligado cumplimiento.

¿Por qué el autor ha escrito y publicado este libro, si ya desde el principio afirma que lo que recomienda va a tratar de ser impedido que llegue a la realidad por esos grupos de presión que actualmente dominan la vida política, económica, y social española?.

La contestación es fácil para quien peina canas y ha visto y leído mucho a lo largo de su vida. Gandhi logró, con su palabra, valor, sin armas, y después de mucho sufrimiento a lo largo de décadas, independizar a la India del entonces poderosísimo Imperio Inglés. Este autor está muy lejos de ser un Gandhi, pero está convencido de que el principio del cambio profundo que se necesita en España es que se escriba en qué consiste el mismo, que ello se publique, y que poco a poco los que lo vayan leyendo vayan extendiéndolo con el universal y eficiente método del boca a oído de unos a otros ciudadanos. Cuando la inmensa mayoría de los ciudadanos españoles conozcan las modificaciones constitucionales que deben hacerse para que España cambie a su favor, el cambio será imposible de parar por esos grupos de presión.
Pero si se deja a los políticos y a sus partidos políticos que redacten y pongan en vigor los cambios constitucionales que vengan mejor a sus intereses, que nadie dude que ello será para modificar a peor la actual Constitución para la inmensa mayoría de los ciudadanos.

10- Breve historia del odio entre PP y PSOE

El PP ha sido hasta mediados de 2018 el partido de la derecha nacionalista española (no de la derecha independentista catalana ni de la vasca).
Los dirigentes del PP han tratado de vender a los españoles, a través de los medios de comunicación, que es el partido del centro y del centro derecha. Sus votantes sí, pero sus líderes y cuadros son centro derecha principalmente, y algunos extrema derecha. Y es un hecho que el 1% de ciudadanos españoles que poseen y que dirigen más de los dos tercios de la riqueza del país tienen decisiva influencia sobre lo que la plana mayor de este partido decide sobre las grandes cuestiones. Y también es un hecho que con la aparición de VOX le ha salido un formidable contrincante al PP.

Es verdad que 7,5 millones de votantes que obtuvo el PP en las últimas elecciones generales no corresponden en su totalidad a la clase de ciudadanos que propiamente constituyen la derecha por su renta, patrimonio, e ideología. Pero si es cierto que es un partido en que sus 2.000 mandos orgánicos más importantes son de derechas (y no de centro) y más del 90% de sus militantes también lo son.

Sin duda varios millones de españoles votan al PP porque hasta la aparición de VOX no existía un partido de centro derecha que les mereciese confianza. En las elecciones de 28Abril19 veremos cómo se distribuye el voto de centro derecha y derecha entre Ciudadanos, PP, y VOX.

Al principio de la democracia (allá por 1977) existió un partido de centro (UCD) que convivía con un partido de derechas (Alianza Popular). En aquella época UCD obtenía muchos más votos que AP, como corresponde a que en España hay muchos más ciudadanos de clase media que de las clases media alta y alta.
UCD explotó (realmente la hicieron explotar, tema en lo que en este libro no se entra) y AP, que cambió su nombre por PP (Partido Popular), heredó gran parte de los votos de centro, aunque manteniendo ideario, líderes, cuadros, y militancia de derechas.

No todos los líderes y cuadros actuales del PP fueron partidarios de Franco, o son hijos de aquellos. Pero sin duda los franquistas e hijos de franquistas se metieron en AP y después pasaron al PP. Así como el gran capital, que se benefició grandemente del régimen de Franco, y que le apoyó con dinero e influencias, aunque en público siempre intentaron marcar distancias.

La guerra civil, que ganó militarmente el General Franco, y que le dio cuarenta años de poder (hasta su muerte en la cama), es la razón actual del odio entre la derecha y la izquierda españolas.
Las guerras civiles enfrentan a los ciudadanos de un país. Especialmente cuando son largas y sangrientas, y la de 1936 en España lo fue (1936 a 1939). Esa guerra civil la ganó Franco con la derecha apoyándole, y la perdieron los socialistas y comunistas. Lo que marcó un durísimo período que desde 1939 a 1978 vivieron los partidos de izquierda, sus líderes, sus militantes, y sus ideológicamente afines.

En 1977 los principales líderes políticos españoles aprobaron una "ley de punto final" por la que mutuamente izquierda y derecha se perdonaban los delitos cometidos hasta esa fecha. Y por ello la Constitución comenzó en 1978 a regir un país en paz y reconciliado (al menos en teoría).
Durante unos años eso pareció cierto, quizá porque los líderes que hubo en el centro derecha y en el centro izquierda tuvieron la grandeza humana y política que permitió que así fuese. Pero allá por 2004 apareció un caballero llamado Rodríguez Zapatero, que se hizo con el mando del PSOE y consiguió en las urnas ser nombrado Presidente del Gobierno de España. Este caballero pronto demostró ser socialista tirando a comunista. Muy al contrario a su antecesor en el mismo cargo, Felipe González que en sus casi 14 años de Presidente del Gobierno demostró ser social demócrata.

Zapatero rompió la citada ley de 1977. No derogó aquella ley, sino que aprobó otra, la denominada de Memoria Histórica. Cuyo fin era teóricamente satisfacer a los deudos de los vencidos en sus justas reivindicaciones, pero que en la práctica tenía el objetivo de ganar la guerra civil que setenta años antes había perdido la izquierda militarmente frente al General Franco.

En el verano de 2018 ha sido nombrado Presidente de Gobierno el líder actual del PSOE, Pedro Sánchez. Lo ha conseguido gracias a una habilidad endiablada. Consiguió más de 176 votos, en una moción de censura contra Rajoy (PP), teniendo solo 85 Diputados (del total de 350) y aliándose con todos los partidos comunistas, con los independentistas catalanes y vascos, y con los descendientes políticos de ETA.

No está claro si Pedro Sánchez es socialista, comunista, o social demócrata. Este autor opina que la ideología no es primordial para él. Lo que le interesa es ser el Presidente del Gobierno de España, y que su partido detente el poder. Y como en España hoy no sobra el dinero público para contentar a los millones de desheredados de la fortuna que hay en España, ha usado el viejo truco político de sacar constantemente a la luz, en el Parlamento y en los medios de comunicación que controla, una gran variedad de temas de los que revuelven las tripas a los ciudadanos de izquierda de sangre más caliente.

Ha sacado muchos:

* Uno, bastante ridículo, mover los huesos carcomidos por los gusanos de Franco, enterrado en 1975, hasta otro lugar no definido (al menos hasta Marzo 2019 en que se escribe este libro). Millones de españoles no sabían, ni les importaba, donde había sido enterrado Franco. Ahora, gracias a Pedro Sánchez, ya lo saben.

* Otro, ha sido promover acciones sobre la ley de Memoria Histórica. Lo que inició Zapatero lo ha vuelto a sacar a la luz de los medios, con el ferviente aplauso y el notorio impulso de los comunistas de Podemos.

Con esos dos temas, y con varios otros, es evidente que Pedro Sánchez intenta tener entretenidos a los ciudadanos españoles hasta que se acaben los cuatro años de esta legislatura en 2020. Piensa que cuanto más retrase las elecciones más votos obtendrá después. No obstante, su estrategia falló, el país ha ido a peor, la ciudadanía está mayoritariamente descontenta, y ha tenido que claudicar, convocando elecciones para el 28Abri19.

Como resumen de este punto:

* Odio sigue habiendo, y mucho.

* Y no creemos que Pedro Sánchez (PSOE) y Pablo Casado (PP) vayan a ser los próceres políticos que hagan que desaparezca ni a corto ni a medio plazo. Y con ello se pasase a un entendimiento eficaz y duradero entre el centro derecha y el centro izquierda, que solucionase la ya larga mala situación.

* Lo que significa que quién gane las próximas elecciones gobernará ignorando al contrario. Y según los sondeos solo puede obtener diputados suficientes para gobernar el bloque de centro-derecha o el bloque de izquierdas. Veremos.

11- Recordando los comienzos del PSOE

El PSOE que fundó Pablo Iglesias (el socialista tipógrafo Pablo Iglesias Posse, no el actual líder comunista de Podemos, llamado Pablo Iglesias Turrión) era un partido socialista. No era comunista porque el comunismo todavía no lo había definido prácticamente Lenin. No era social demócrata porque esto es un invento bastante posterior. Y sí que era marxista en el sentido de lo que Carlos Marx escribió décadas antes.

A principios del Siglo XX no existía el comunismo. Marx había escrito las bases ideológicas de este, pero todavía no había saltado a la arena política el que lo llevaría con éxito de la tinta a las calles, Vladímir Ilich Uliánov, alias Lenin.

A principios de los años 1920, ante el intento de los comunistas de controlar el partido, Pablo Iglesias los echó a estos, definió al PSOE como un partido socialista, y los comunistas tuvieron que fundar un nuevo partido, el PCE (Partido Comunista de España).

Desde el principio a Pablo Iglesias Posse y al PSOE no se lo puso fácil la derecha española. Tanto, que en un discurso en el Congreso de los Diputados, Pablo Iglesias manifestó que se había echado al bolsillo un revolver para hacer frente a quien fuese a por él.

Claro que tampoco Pablo Iglesias Posse fue un campeón de la democracia. El 7Julio1910 en un discurso en el Congreso de los Diputados dijo, entre otras frases, lo siguiente:

«El partido al que yo represento aspira a concluir con los antagonismos sociales, a establecer la solidaridad humana, y esta aspiración lleva consigo la supresión de la Magistratura, la supresión de la Iglesia, la supresión del Ejército, y la supresión de otras Instituciones necesarias para ese régimen de insolidaridad y antagonismo.
El partido socialista viene a buscar aquí lo que de utilidad pueda hallar, pero la totalidad de su ideal no está aquí; la totalidad entiende que ha de obtenerse de otro modo. Es decir, que este partido… estará en la legalidad mientras la legalidad le permita adquirir lo que necesita; fuera de la legalidad, como han estado todos los partidos, cuando ella no le permita realizar sus aspiraciones».

Y en otro momento, en el Congreso de los Diputados, todavía fue más allá:
"Tal ha sido la indignación producida por la política del Gobierno presidido por el Sr. Maura en los elementos proletarios, que nosotros, de quienes se dice que no estimamos a nuestra nación, que no estimamos los intereses de nuestro país, amándolo de veras, sintiendo las desdichas de todos, hemos llegado al extremo de considerar que antes que Su Señoría suba al poder debemos llegar hasta el atentado personal".

Es verdad que Pablo Iglesias Posse lleva muerto muchos años (falleció en Madrid el 9 de diciembre de 1925) pero también es verdad que su partido nunca ha rectificado nada de lo que dijo e hizo. Ni tampoco la derecha española respecto a su profunda animosidad contra el PSOE.

En los más de 100 años transcurridos nunca ha habido pactos fuertes entre PP y PSOE. Solo acuerdos coyunturales, que uno u otro casi siempre han roto antes del plazo convenido. Ocasiones ha habido de que ambos formasen un Gobierno de Coalición, en momentos de gran inestabilidad en España, pero ello jamás se les pasó por la cabeza a los dirigentes de los dos partidos.

12- La situación en Cataluña
12.1- Los dos últimos años

Los años 2017 y 2018 han estado muy marcados en España por los hechos políticos sucedidos en Cataluña. Los independentistas catalanes han echado el resto, y han logrado en Octubre 2017 declarar unilateralmente la independencia de Cataluña (la famosa DUI), proclamando solemnemente, en el Parlamento Catalán la Presidenta del mismo, la República de Cataluña. El que pocas semanas después, buscando el objetivo de no ser encarcelados en prisión preventiva sin fianza, declarasen ante el Juez que realmente esa era una proclamación "simbólica" solo significa que tácticamente renegaban de lo que habían dicho y hecho, para no ir a la cárcel, quedándose a la espera de tiempos mejores.

Ante esa acción, manifiestamente contraria a la Constitución vigente, se unieron PP, PSOE, y Ciudadanos, que recorrieron legalmente el largo camino de aprobación de la autorización al Gobierno de España de aplicar el Artículo 155 de la misma.
Secretamente negociaron PP y PSOE, y PP y Ciudadanos. Hay pruebas en los medios de que el PP quería una aplicación más eficaz, y por ello más rechazable por los independentistas vascos y catalanes, pero el PSOE quiso que se notase su distanciamiento del PP. Y tampoco Ciudadanos, cuyos líderes son catalanes, quiso que se le culpase de ensañamiento político. Y por ello es aprobó un "155 light", un 155 realmente "muy descafeinado".

El Artículo 155 de la Constitución está redactado en una forma poco concreta, de manera que en su aplicación cabe elegir entre el ruido de un elefante moviéndose por una cacharrería, y el de una hormiga deambulando por los pasillos del Museo del Prado. Eligieron la hormiga. Con lo que dejaron muy improbable el éxito de la operación, especialmente por lo decidido sobre tres puntos clave:
    * La Policía Autonómica Catalana (Mossos) se puso directamente a las órdenes del Ministerio del Interior (lo que en teoría funcionalmente siempre había estado), cesando a su Director. Pero sin más. Sin cesar de funciones a la mayoría de los mandos superiores y mandos intermedios, que no hay que ser muy listo para pensar que ostentaban esos puestos por su afinidad y fidelidad a los sucesivos gobiernos catalanes, en que desde hace más de treinta años tienen poder, importante o absoluto, los partidos independentistas.
Lo que evidentemente no garantizaba su comportamiento leal con el Gobierno de España respecto al trabajo que debían haber realizado el domingo 1Octubre2017. Lo cual era esperable, ante la expectativa de que después de las elecciones del 21Dic17 era muy probable que volviese a existir un Gobierno en Cataluña con un considerable o absoluto poder de los independentistas.
    * En lugar de aplazar las Elecciones Autonómicas en Cataluña para el verano de 2018 o incluso después, como quería inicialmente el PP, las mismas se convocaron para el 21Dic17, en que el cuerpo del delito todavía estaba caliente. Es humano que el tiempo desinfla los ardores, por lo que dejar pasar 8 a 10 meses hubiese servido para que el 80% de los catalanes, que no son radicales ni activistas pagados, hubiesen tenido tiempo de recapacitar y de pensar bien el sentido de su voto para lograr hacer una Cataluña guiada por el "seny" (sensatez, cordura, sentido común) y no por la demagogia promotora de sentimientos cainitas entre catalanes entre sí, y entre catalanes y resto de españoles.
No obstante, la tozudez, radicalidad, y falta de inteligencia política de los separatistas catalanes, más la ambición personal de poder del entonces Presidente Puigdemont

(hoy huido a Bélgica) y sus afines, hizo que a finales de Mayo 2018 aún no se hubiese constituido el nuevo Gobierno Autonómico Catalán, ni se previese cuando lo sería.

  * La enorme red de radiotelevisión pública catalana (TV3 y sus medios filiales) no se intervino, de forma que era previsible (como así fue) que siguiese dando noticias, comentarios, y opiniones con el mismo grado de importante sesgo independentista que ha practicado desde hace más de 30 años.

El que a 24Nov17 hubiesen renegado de Cataluña más de 2.650 empresas (llevando fuera de Cataluña su domicilio social), entre las que están el 90% de sus empresas más grandes, ha sido un fuerte varapalo para los ardores y ansias independentistas.
Y el que a finales de Enero 2018 esa cifra superase las 3.300 empresas demuestra que inversores y empresarios no confiaban en que la situación fuese a evolucionar hacia unas circunstancias y un clima más adecuado a sus intereses.
Es razonable pensar que lo sucedido hasta Marzo 2019 (en que se escribe este libro), en que la estabilidad política catalana no ha vuelto a la normalidad, sino que por el contrario se ha incrementado, lleve a los empresarios huidos de Cataluña, a los inversores españoles y extranjeros, y a los consumidores nacionales y foráneos a borrar a Cataluña de sus intereses, a considerar otros lugares para invertir, y a proveerse de productos de otra procedencia.

Unánimemente los líderes de la Unión Europea se han manifestado en contra de la independencia de Cataluña, amenazando con que esta región quedará fuera de la UE si llegase a lograr la independencia de España.
No obstante, la habitual costumbre de la UE de dar una de cal y otra de arena sobre cualquier tema que no es considerado básico por Alemania y Francia, ha hecho que vivamos el descrédito de la euroorden, al negarse Bélgica y Alemania a entregar a los presuntos delincuentes líderes catalanes independentistas reclamados por España. Lo que sin duda ha sido un enorme balón de oxígeno para los independentistas catalanes que ahora pueden vender que no es tan fiero el león como lo pintan, y que por tanto si logran la independencia de España en un no largo plazo volverían a estar integrados en la UE.

Para el ciudadano catalán (y para cualquier otro del mundo mundial) "la pela es la pela" (típica frase catalana, inventada cuando existían las pesetas, pelas). Esto es, vender que Cataluña será Jauja cuando sea independiente, es fácil. Pero cuando la ciudadanía constate prácticamente la realidad de que la riqueza y el empleo desaparecerán de Cataluña en menos de cinco años si los independentistas siguen adelante, la cosa será bien diferente.

Los cuatro grandes partidos nacionales (PP, PSOE, Ciudadanos, y Podemos) han dejado claro que la independencia es imposible. Lo han dejado bien claro PP y Ciudadanos. Pero PSOE y Podemos matizan, sin concretar, que puesto que el problema es político, según ellos, la solución debe ser política, por lo que deben buscarse formas de contentar a los independentistas. Lo que en la práctica quiere decir que los cuatro partidos nacionales no están nada de acuerdo en qué hacer respecto a Cataluña.

Camino de las elecciones catalanas del 21Dic17, el ex Presidente Puigdemont y cuatro de sus ex Consellers del último Gobierno Catalán, huyeron (refugiándose en Bélgica) de la Justicia Española. Además ocho ex Consellers, que no habían huido, entraron en prisión provisional sin fianza por orden de la autoridad judicial. Y cinco miembros de la Mesa del Parlamento Catalán (entre ellos su Presidenta) quedaron en libertad bajo fianza. Todos ellos a la espera de juicio por delitos que el Código Penal Español marca con más de una decena de años de cárcel y muy larga inhabilitación para ejercer cargos públicos.

El juicio a esos procesados está celebrándose actualmente, pareciendo que se emitirá sentencia por el Tribunal Supremo de España en algún momento del verano u otoño del actual 2019.

El Gobierno de España ha manejado el asunto con mucha política subterránea. Evidentemente para que la ciudadanía no se enterase. Por ejemplo, ha tenido que aparecer en los medios de comunicación la infamia manifestada por la líder de ERC de que el Gobierno de España amenazó con muertos en las calles catalanas de los que se culpase a los independentistas, para que un Cardenal de la Iglesia Católica, con responsabilidades en Cataluña, apareciese en los medios en su papel de haber actuado como mediador entre el Gobierno de España y los líderes independentistas, manifestando que eso era absolutamente falso.

Los ciudadanos de a pie, cuando oímos cosas como estas nos quedamos con la boca abierta. ¿Quién es un Cardenal para mediar en un asunto de infracción grave de la Constitución vigente?. ¿Cómo se permite el Gobierno de España (entonces era del PP) negociar con presuntos delincuentes que han incumplido gravemente numerosas leyes?.

Los ciudadanos de a pie sabemos que cuando robamos o matamos, nadie va a venir a negociar con nosotros. La Policía nos busca con ahínco, nos detiene, nos lleva al trullo, prisión sin fianza, juicio, y cárcel sin indulto. Los ciudadanos de a pie nos tememos que ello no sea así con los presuntos delincuentes mencionados anteriormente.

La teoría de que los ciudadanos somos todos iguales ante la ley, se ve, en el caso de los políticos, "matizada" por la "razón de Estado". Y ello aunque la "razón de Estado" no aparezca en ningún Artículo de la Constitución, ni de los Códigos Penal, Civil, ni de Comercio.

Los independentistas catalanes siguen pidiendo negociar con el Gobierno de España (hasta el verano de 2018 del PP y después, hasta la fecha, del PSOE), el que se llegue a algún apaño legal para que en Cataluña pueda realizarse el ansiado referendo en el que solamente participen ciudadanos residentes en Cataluña. Por el que se decida legalmente la independencia de Cataluña, o si esto no es posible (porque la UE ponga los pies contra la pared) que al menos se conceda a Cataluña una casi-independencia, con Fisco propio, Policía con armas de las usuales en los Ejércitos, con medios de comunicación propios no sometidos a ningún control español, y con un Parlamento con capacidad para aprobar cualquier ley sin subordinación a las del Estado Español.

Aunque la Constitución vigente es bastante clara en lo que se refiere a la prohibición de independencia de España de cualquier parte del territorio nacional, ha habido políticos que se han dedicado a buscarle las vueltas al asunto.

El ex Presidente del Gobierno Zapatero (PSOE), el actual Presidente del Gobierno y líder del PSOE Pedro Sánchez, y el líder del partido asociado de este, el PSC catalán de Iceta, llevan tiempo vendiendo que la solución de los problemas de Cataluña y del País Vasco viene de la mano de modificar la Constitución de forma que España se convierta en un Estado Federal. No explican más. No explican cómo es posible que en el actual Estado la independencia de un trozo de España sea profundamente ilegal, y sin embargo en un Estado Federal sea posible un referendo en el que solo participen parte de los españoles, cuyo resultado positivo permita legalmente independizarse a una región española.

También los ciudadanos de a pie hemos conocido a través de los medios que los posibles acuerdos a que llegasen secretamente los independentistas catalanes con el PSOE, intentarían incluirlos en una reforma de la Constitución realizada por la vía rápida del Artículo 167 punto 3 de la Constitución, que no exige realizar un referendo de obligado cumplimiento en el que participe la totalidad de los ciudadanos españoles (en el caso de que ello no sea solicitado por más de *"una décima parte de los miembros de cualquiera de las Cámaras"*).

O dicho de otra forma, cuando más del 90% de los Diputados del Congreso de España se ponen de acuerdo burlan legamente al pueblo español, haciendo el cambio constitucional sin contar con este. Menos mal que el Artículo 168 punto 1 para los cambios muy importantes obliga a realizar el citado referendo. Lo que no nos deja tranquilos porque la mayoría de los puntos que se citan en el presente libro como urgentes de reformar a corto plazo los pueden camuflar (por supuesto haciendo fraude de ley) los políticos interesados dentro del citado 167.3.

Políticos de izquierdas teóricamente constitucionalistas (los comunistas de la coalición Podemos) y políticos catalanes independentistas, y sus periodistas afines, expresan constante e intensamente en los medios que la solución catalana debe ser política y ello requiere cambiar la Constitución al gusto de cada grupo.

Pero la mayoría de los españoles, que conocen como se comportan habitualmente esos políticos, temen que los mismos cambien unos cromos por otros para lograr ventaja de ellos y de sus partidos, lo que lleve a que se cambien artículos o títulos de la Constitución sin que ello sea ampliamente conocido por la ciudadanía española y evitar así que esta tenga que aprobarlo en referendo de obligado cumplimiento.

Por ejemplo, muchos españoles estamos perplejos con que los llamados partidos constitucionalistas (PP, PSOE, Ciudadanos, y Podemos) nunca hayan hablado de que el referendo de obligado cumplimiento que quieren realizar en Cataluña los partidos independentistas, votando en el mismo solamente los ciudadanos residentes en esa Autonomía, sea sustituido por un referendo con similar pregunta (¿aprueba Vd. que cada Autonomía tenga derecho a votar en referendo entre sus propios ciudadanos residentes su independencia de España?), pero este referendo efectuado a nivel de todo el Estado Español, y votando por tanto todos los ciudadanos españoles.

El Gobierno de Cataluña, dominado por los independentistas, convocó para el 1Oct17 un referendo que fue el "hazme reír" de cientos de millones de adultos españoles y extranjeros, si no fuese porque hubo mucho dramatismo que pudo haber provocado graves consecuencias.

Los dos o tres heridos civiles que hubo (nada de los mil que vendieron a través de los medios los separatistas) y las varias docenas de policías heridos en el cumplimiento de su deber, fueron una consecuencia muy pequeña de lo que se podía haber producido.

Como reacción a este salvaje comportamiento de los independentistas catalanes, el Gobierno de España comenzó el largo proceso (llevó alrededor de un mes) de recibir la aprobación legal para aplicar el Artículo 155 de la Constitución. Este dice así:

1. Si una Comunidad Autónoma no cumpliere las obligaciones que la Constitución u otras leyes le impongan, o actuare de forma que atente gravemente al interés general de España, el Gobierno, previo requerimiento al Presidente de la Comunidad Autónoma y, en el caso de no ser atendido, con la aprobación por mayoría absoluta del Senado, podrá adoptar las medidas necesarias para obligar a aquélla al cumplimiento forzoso de dichas obligaciones o para la protección del mencionado interés general.

2. Para la ejecución de las medidas previstas en el apartado anterior, el Gobierno podrá dar instrucciones a todas las autoridades de las Comunidades Autónomas.

El texto del 155.1 es muy inconcreto (*podrá adoptar las medidas necesarias*) lo que lleva a dos debilidades:

* Una, a que pueda ser discutido si se aplica en forma más dura o más suave.

* Dos, a que permita que por debilidad política del Gobierno de España (el PP solo tenía entonces 137 de los 350 Diputados del Congreso) se pueda aplicar un 155 "light" que no resuelva nada.

Y así resultó lo que tenía que resultar. A que se aplicó el 155 en una forma que no resolvía nada, aunque el Gobierno del PP vendió en los medios que la sedición había sido desarticulada y controlada, y que pronto volverían la paz y la prosperidad a Cataluña.

Si las elecciones en Cataluña se hubiesen convocado para el verano o el otoño de 2018 (como inicialmente anunció el Presidente Rajoy, y que este cedió por presiones del PSOE y por falta de firmeza de Ciudadanos), seguramente el clima hubiese sido mejor que el que surgió el 22Dic17 al conocerse los resultados de las elecciones del día anterior, en que los partidos independentistas sumaron mayoría absoluta de Diputados (aunque no de votos: 2.200.000 frente a 2.000.000).

Ese resultado electoral ha abierto un período de inestabilidad, en Cataluña y en España, que ya ha durado hasta Marzo 2019, y que posiblemente dure mucho más.

El voto de censura al Gobierno del PP de Rajoy, que se produjo el 24Mayo2018, dio un vuelco total al poder en España.

De un Gobierno del PP, que gobernaba con criterios claramente de derechas, se pasó a un Gobierno del PSOE, de Pedro Sánchez, que por tener solo 85 Diputados (de los 350) es muy inestable y tiene que gobernar con criterios claramente de izquierdas, no solo debido al ideario de la actual cúpula del PSOE, sino porque sus apoyos parlamentarios están todos a su izquierda (comunistas), junto con nacionalistas catalanes y vascos, y junto a los herederos políticos de ETA.

Esto ha provocado un cambio total en España. En los primeros 100 días de Gobierno de Pedro Sánchez ya se vio lo que hizo, lo que dijo que iba a hacer, y lo que se intuía que haría. Ello puede conducir a una crisis importante (política, económica, y social) por supuesto en España, pero que posiblemente salpique a la Unión Europea. Esto último debido a que la misma se sumaría a la nueva situación política de Italia. Los resultados de esa crisis no somos capaces de preverlos, pero desde luego serán de malos a muy malos.

Lo que sí que está claro en Marzo 2019 es que la situación política en España y en Cataluña va a comportar que más del 70% del tiempo de los líderes políticos estatales y más del 90% del tiempo de los líderes políticos regionales catalanes se está dedicando a labores derivadas de esa inestabilidad, lo que hace que se dedique insuficiente tiempo a los problemas que de verdad interesan a la mayoría de los españoles.

Y como a muchos millones de españoles nos parece que el grave problema, que ha ido in crescendo en Cataluña en los dos últimos años, no se resolvió con las urnas el 21Dic17, ni con otras elecciones catalanas que puedan convocarse en 2019, nos tememos que los políticos se decidan por la vía rápida del cambio de cromos (te doy esto a cambio de esto), y ello se haga sin que la totalidad de los ciudadanos españoles sean convocados a referendo de obligado cumplimiento.

Si somos convocados no hay problema, porque la inmensa mayoría de la ciudadanía española tiene muy claro lo que es justo e igual para todos los españoles, y lo que no lo es. Por lo que cualquier acuerdo chapuza será parado antes de que se incorpore a la Constitución. El problema es si los políticos nos chulean y nos cambian esta sin contar con todos los españoles.

Por todo lo expresado en este punto es por lo que este autor ha sentido la necesidad de escribir este libro. Somos muchos los españoles que hemos llegado a la convicción de que los políticos que gobiernan las cúpulas de sus partidos, tanto cuando están en la oposición pero principalmente cuando están en el poder, abusan de la delegación de poderes que los ciudadanos les conceden, en función de la potestad que estos poseen según el Artículo 1.2 de la Constitución que dice *"La soberanía nacional reside en el pueblo español, del que emanan los poderes del Estado"*.

Y por ello este libro tiene como uno de sus objetivos importantes hacer ver a la ciudadanía española que hay que cambiar la Constitución para que los políticos dejen de ser los que deciden, dirigen, y mandan, y pasen a ser unos mandados de los ciudadanos españoles, sometiendo a estos todos los asuntos importantes, cuya decisión tomará la totalidad de la ciudadanía española por medio de referendos de obligado cumplimiento.

Ello no es algo que impediría gestionar eficientemente el país. Cualquiera que conozca cómo funcionan las grandes corporaciones empresariales sabe que el Consejero Delegado, que habitualmente ostenta el poder de gestión, actúa en todo momento con arreglo a lo que deciden el Consejo de Administración y la Junta General de

Accionistas, y es destituido fulminantemente si desobedece órdenes o no informa previamente sobre los asuntos importantes.

Y si no queremos un ejemplo empresarial, y deseamos basarnos en algún antecedente de un Estado que ejerza lo que aquí se ha dicho sugerimos que el lector se documente sobre la Confederación Helvética.

En Suiza se deciden por referendo de obligado cumplimiento todos los asuntos importantes, los no tan importantes, y muchos de los aparentemente de solución sencilla en que la ciudadanía está dividida. Y ello se hace a nivel del Estado Suizo, a nivel de cada Cantón, y a nivel de cada Municipio.

Esta forma suiza de llevar la cosa pública no es más cara (los referendos son siempre en domingo), la C.H. funciona como un reloj suizo, y la conflictividad social es de las más bajas del Mundo.

12.2- La situación actual (a Marzo 2019)

No queremos hacer una descripción completa de la situación en Cataluña a Marzo 2019. Ello no tiene interés en este libro. Pero sí que es materia de este tratar en este punto los siguientes temas:

* Se está celebrando actualmente, en el Tribunal Supremo de España, el juicio contra los presuntos delincuentes líderes independentistas catalanes. Es previsible que no haya sentencia hasta el verano u otoño del presente año 2019.

Por un tratado que absurdamente ha acatado el Gobierno de España (no todos los países de la UE lo han acatado) la sentencia del TS es recurrible ante un Tribunal de Derechos Humanos de la UE. Lo que hace que seguro que los condenados (que previsiblemente serán todos los juzgados, a la vista de las sesiones que se han ido televisando) recurrirán ante ese Tribunal.

Este autor se permite en este libro manifestar su opinión (acogiéndose a la libertad de expresión) de que ese Tribunal de Derechos Humanos dictará sentencia diferente a la del TS de España, rebajando sensiblemente la pena a todos y cada uno de los encausados. Y ello porque es un hecho que todas las instituciones de derechos humanos están influidas, y algunas controladas, por socialistas, comunistas, y anarquistas.

Si resulta así, puesto que el "buenismo" es la regla fundamental que en estos tiempos se aplica en España, es muy probable que la mayoría de los encausados salgan libres, y aprovechen para montar un gran show callejero y mediático en Cataluña, y no tan espectacular en Madrid (aquí se les hace poco caso a los separatistas catalanes).

Y todo ello por la estupidez de Gobiernos del PP y del PSOE aceptando que haya un Tribunal extranjero por encima del Tribunal Supremo de España.

En este libro no hay más que decir respecto a este punto. Veremos lo que sucede.

* Los líderes políticos independentistas catalanes (Torra, Puigdemont, y restantes) siguen a fecha de hoy sin arrepentirse de nada, y por el contrario aprietan todo lo que pueden, en su rebeldía contra el Estado Español, para lograr su objetivo de avanzar hacia la independencia de Cataluña, y para meter en la cabeza de los ciudadanos españoles que no hay quien los pare, y que consecuentemente lograrán ese objetivo,

digan lo que digan los partidos constitucionalistas, y los medios de comunicación y periodistas afines a estos.

El líder del PP dice en los medios que si es elegido Presidente del Gobierno en las próximas elecciones del 28 Abril 2019 aplicará el Artículo 155 de la Constitución en forma mucho más severa que como lo hizo el anterior líder del PP, Rajoy. Ya veremos si es elegido, y ya veremos si lo aplica en forma de disolución de la Policía Catalana (Mossos), cierre de la radio y televisión pública catalana (TV3), intervención directa de la administración de los dineros públicos, e intervención y control de otros muchos aspectos que hoy en día están controlados por los líderes independentistas catalanes.

Si las elecciones del 28A19 dan la victoria (obtienen más de 175 Diputados) a la misma coalición actual, Pedro Sánchez será reelegido Presidente del Gobierno de España por cuatro años. Con poca probabilidad de que adelante elecciones antes de que se termine ese plazo. Seguramente utilizará la facultad con que la Constitución actual le dota para indultar a todos los que hayan sido condenados, si es que el Tribunal Europeo de Derechos Humanos no los ha puesto antes en la calle.

No hay que darle mucha probabilidad a que PSOE más Ciudadanos obtengan más de 175 Diputados, ni a que PSOE en solitario obtenga el Gobierno de España en base a la abstención de Ciudadanos, PP, y VOX.

Consecuentemente la situación en España a partir del 29 Abril 2019 va a ser explosiva. Y todo podrá suceder, con mayor o menor probabilidad. Una guerra civil tiene poca probabilidad. Una maquinación para que la economía de España vaya hacia abajo, y el paro se eleve hasta cifras monstruosas, desde las enormes actuales, sin duda tiene más probabilidad. Lo que tiene muy poca probabilidad es que la vida siga placenteramente y los problemas actuales se vayan resolviendo.

* En cuanto a la UE no es esperable que eche ninguna mano para resolver la grave situación que España va a tener a partir del 29 de Abril. Ya se vio hace años en Grecia. Ya se ve en los últimos tiempos en Italia. Y ya se ha visto en Portugal, en que han sido los portugueses por si solos los que han encontrado su camino para ir resolviendo sus problemas.

La UE es un desastre resolviendo problemas importantes de los países que no son Alemania o Francia. No está sabiendo resolver el grave problema de la inmigración hacia el sur de Europa. No existe una política financiera común, teniendo un Banco Central Europeo con muy poca capacidad de maniobra. No ha hecho nada útil por ayudar a España en su problema con Cataluña. No ha hecho nada útil para terminar en forma razonable la salida del Reino Unido de la UE. Han permitido que el euro se revalorice respecto al dólar estadounidense, con lo que las exportaciones a terceros países de los miembros del sur de Europa se están resintiendo. No han hecho nada para defenderse de la agresividad comercial china, permitiendo que Europa sea inundada de productos chinos, que muchos de ellos deberían producirse aquí, dando trabajo a parte o todos de los casi veinte millones de parados que hay en la UE. Etc.

La realidad es que la UE no existe en los asuntos importantes, y son los países con más peso, Alemania y Francia, los que imponen a los restantes miembros las decisiones que a ellos les interesan.

12.3- Perspectivas del problema catalán

Depende de qué coalición logre formar Gobierno después de las elecciones de 28A19:

* Si gana la misma actual, formada por PSOE, Podemos, PNV, Independentistas catalanes, y el partido afín a ETA, con Presidente Pedro Sánchez, la situación irá a peor.

El 80% de los españoles ni comprenderán ni aceptarán que se resuelva el problema catalán por la puerta falsa. No aceptarán que se indulte a los independentistas que resulten condenados a prisión. No aceptarán que se intente camuflar un referendo de autodeterminación en Cataluña, en el que solo participen los residentes en esa comunidad, en base a haber manipulado la interpretación de la Constitución para que ello quepa en esta. Ni tampoco que se cambie la Constitución, para que ese referendo quepa en ella, por medio de someterlo a la vía rápida, en lugar de que sea imprescindible la aprobación de esa reforma por la totalidad de la ciudadanía española.

* Si gana la misma coalición actual, es previsible que los líderes independentistas catalanes sigan tensando la cuerda, con gran repercusión en los medios de comunicación nacionales y extranjeros. Y que Pedro Sánchez y su Gobierno sigan sin tomar medidas eficientes contra ello. Y que Pedro Sánchez busque como satisfacerlos, sin que puedan culparle a él ni de prevaricación ni de alta traición.

* En suma, si gana la coalición actual la situación en Cataluña y en toda España irá a peor, resintiéndose fuertemente la convivencia ciudadana, la economía del país, e incrementándose notablemente el paro y la precariedad en el empleo.

* Si gana la coalición de derechas (Ciudadanos, PP, y VOX) es probable (no con certeza al 100%) que las cosas vayan a mejor. Empezarán a mejorar en cuanto se aplique en Cataluña un Artículo 155 más enérgico en lugar del light que aplicó Rajoy.

Eso es lo que ha prometido el líder del PP si logra formar Gobierno. Seguro que le apoyaría VOX. Aunque no está tan claro si le apoyaría Ciudadanos en un 155 tan duro como ese.

Y tampoco está claro si podrán hacerlo aunque quieran, porque la Constitución exige mayoría en el Senado, la que el PP tiene actualmente, pero la que no está claro si esa coalición la obtendrá en las próximas elecciones.

12.4- Perspectivas del independentismo del País Vasco

Los líderes independentistas vascos (PNV y Bildu) llevan años actuando con mucha mayor inteligencia que los catalanes.

Los partidos independentistas vascos llevan años incrementando las competencias de la autonomía vasca en base a aliarse (y a cobrar por ello) unas veces con el PP, para que con sus votos en el Congreso de los Diputados de España permitan a este partido formar Gobierno, y otras veces con el PSOE, cuando este complementa hasta más de 175 los Diputados que necesita para formarlo.

Y es curioso el poder mediático de estos líderes (especialmente los del PNV) para conseguir que en los medios no se les critique duramente el que vendan sus votos a derecha o izquierda (según toque) a cambio de prebendas que unas veces son más dinero del que le corresponde proporcionalmente y otras veces más poder regional con merma del poder del Estado Central en esta autonomía.

Y es curioso que no se critique en los medios nacionales que la policía vasca (Ertzainza) ha desplazado casi totalmente a las policías nacionales (Guardia Civil y Policía Nacional), de forma que actuando a las órdenes del Gobierno Vasco ellos se lo guisan y ellos se lo comen, lo que significa que los ciudadanos independentistas están muy contentos con esa situación, y los que no lo son conviven con esa realidad o abandonan el País Vasco. Es una realidad que más de 300.000 residentes han abandonado el País Vasco en los últimos cuarenta años. Y como los que lo han abandonado no son independentistas, el resultado ha sido que el porcentaje de ciudadanos independentistas respecto del total ha aumentado notablemente, lo que perpetúa que la autonomía vasca sea gobernada por los partidos independentistas (así se incrementa el porcentaje de votantes independentistas).

También hay una red de radios y televisiones públicas vascas, similares a la catalana TV3. Pero de la vasca nunca se habla en los medios de comunicación del resto de España, aunque "barren para dentro" de la misma forma que lo hacen en TV3.
Las cárceles vascas son gestionadas por el Gobierno Vasco. Lo que quiere decir que los terceros grados (salidas anticipadas de la cárcel) y los permisos carcelarios son concedidos por funcionarios que dependen de dicho gobierno independentista.

Hay más de 200 miembros de ETA huidos de la Justicia por comisión de delitos muy graves. Hay más de 300 graves delitos cometidos por miembros de ETA que no han sido esclarecidos. Toda la información existente lleva a la conclusión de que las autoridades vascas no hacen nada por determinar su paradero, e intentar conseguir su extradición a España. O su detención en el País Vasco de los que se encuentren allí.

Es verdad que ETA dejó de matar. Aunque muchos millones de españoles sospechan que ello fue producto de un pacto político, que incluía la legalización de Bildu, partido sucesor de Batasuna (ilegalizado por los Tribunales), en cuya cúpula figuran antiguos miembros de ETA, y que a nivel nacional es considerado el partido político de ETA.
Por supuesto es mejor que ETA haya dejado de matar, además de haber dejado de cobrar el "impuesto revolucionario" (de este no hay información fidedigna sobre si se sigue extorsionando). Pero también sería deseable, y justo, que en lugar de ese pacto alcanzado en las cavernas, se hubiese llegado a la paz después de que todos los presuntos delincuentes de ETA hubiesen pasado por los Tribunales.

Y como muestra de la realidad que se vive en el País Vasco lo siguiente. En la segunda mitad de Marzo 2019 el portaviones de la Armada (el único que tiene) quiso atracar en Guecho (un puerto del país vasco). En cuanto se supo la noticia corrieron a todos los medios representantes de los partidos PNV, comunistas, independentistas, y Bildu (heredero de ETA), manifestando que ello sería una ofensa y que la población se manifestaría masivamente contra la visita. El buque entró, atracó, y sus mandos dejaron que fuese visitado. Se formaron inmensas colas, en las cuales muchas personas esperaron más de cinco horas para efectuar la visita. No hubo ningún incidente. Esta es una muestra de la realidad allí existente. Los líderes nacionalistas vascos venden un producto totalmente diferente al que compran amplias capas de la población vasca.

En resumen:

* Aparentemente en el País Vasco hay actualmente una situación idílica de paz y felicidad ciudadana.

* La realidad es que la situación es mucho mejor que la catalana.

* Y la realidad también es que no desaprovechan ninguna ocasión que les permita estar en mejores condiciones para cuando llegue el momento de forzar la independencia de España.

* Es injusto, ilegítimo, e insolidario, que exista el Cupo Vasco y el Aforamiento Vasco por el cual el País Vasco goza de unos beneficios dentro de España muy superiores al de otras autonomías.

* También la policía vasca (Eztzainza) debe disolverse (al igual que los Mossos catalanes) con objeto de lograr que la policía sea únicamente la estatal (Guardia Civil y Policía Nacional) dependiente del Gobierno de España. Lo que garantizará que si existen conflictos no exista el riesgo de que las policías vasca y catalana obedezcan a los Gobiernos de esas autonomías contra las medidas ordenadas por el Gobierno de España. Por ejemplo, durante los hechos sucedidos en Cataluña en Septiembre y Octubre 2017 se dio el lamentable, y peligrosísimo hecho de que los Mossos fueron utilizados por las autoridades independentistas catalanas para evitar que se cumpliesen disposiciones importantes de los Tribunales y del Gobierno de España.

12.5- Perspectivas del independentismo de Navarra

En Navarra nunca ha existido un sentimiento de independencia de España entre los ciudadanos navarros.

En los últimos años los independentistas vascos han fundado partidos políticos en Navarra con objeto de crear ese sentimiento, que con el tiempo condujese a que una mayoría de la población se sintiese independentista y reclamase la fusión de la autonomía navarra con la vasca. Hasta ahora ello no lo han conseguido.

El que en el futuro lo consigan o no dependerá mucho de lo que hagan los partidos constitucionalistas de Navarra y de España.

Y aunque ello será un regalo a los independentistas navarros en su esfuerzo por incrementar el porcentaje de ciudadanos independentistas navarros, no tenemos más remedio que proponer:

* La derogación del Fuero Navarro, de forma que en adelante los derechos y deberes (políticos, sociales, fiscales, financieros, y económicos) sean iguales que los del resto de las autonomías del Estado Español.

* La disolución de la Policía Foral, de forma que vuelvan a desplegarse en Navarra la Guardia Civil y la Policía Nacional.

12.6- Perspectivas del independentismo larvado de Galicia

En Galicia al día de hoy el peso del independentismo es marginal, con un apoyo porcentualmente muy bajo de la ciudadanía.

En Galicia gobierna el PP, de forma que los independistas intentan meter todo el ruido que pueden, pero consiguen poco puesto que las leyes vigentes están lejos de que puedan modificarlas a su antojo, y sobre los medios de comunicación tienen poca influencia. Es previsible que si el PP pierde el poder en las próximas elecciones gallegas y lo obtiene una coalición formada por el PSOE y por independentistas gallegos las cosas cambien. Por supuesto se partiría de una situación incipiente, pero al día de hoy ya han aprendido mucho los independentistas de los conflictos vasco y catalán, para que en un quinquenio la situación gallega llegase a la actual vasca, o peor a la actual catalana.

12.7- Perspectivas del independentismo de Baleares

En Baleares al día de hoy el peso del independentismo es pequeño, aunque ha crecido notoriamente desde que en las últimas elecciones autonómicas el PP perdiese el Gobierno Balear, y desde que el 2 Julio 2015 (hasta hoy) se formase un Gobierno presidido por una señora del PSOE, con participación mayoritaria de miembros del PSOE, y minoritaria de miembros de un partido comunista balear (Més).

En Baleares nunca ha habido un sentimiento de independencia respecto a España, pero desde que este último gobierno ha tomado posesión, el ruido independentista se ha incrementado. Aunque todavía no existen partidos independentistas fuertes, que controlen a un porcentaje significativo de la población balear.

Todo parece indicar que si en las próximas elecciones autonómicas vuelven a obtener el poder por cuatro años los mismos que hoy gobiernan, crecerá el número de votantes a algún partido independentista. Lo que convertirá a esta región en una más que presione por la ruptura de otro trozo de España.

12.8- Perspectivas del independentismo de la Comunidad Valenciana

En la Comunidad Valenciana el peso actual del independentismo es muy pequeño. Realmente no existe ningún partido independentista con peso significativo.

En las últimas elecciones autonómicas perdió el poder el PP (que había gobernado muchos años con mayoría absoluta) y lo obtuvo el PSOE apoyado por el partido comunista valenciano (Compromís) y el partido comunista nacional (Podemos).

Desde las últimas elecciones hasta hoy ha gobernado el PSOE. Lo ha hecho sin ninguna estridencia independentista. Y no han existido problemas sociales. La autonomía valenciana ha funcionado razonablemente bien, y económicamente no lo ha hecho peor que la media del Estado.

A medio plazo no cabe esperar que se incremente el poder de ningún partido independentista. Y ello a pesar de que los partidos independentistas catalanes no paran de enviarles activistas para ver si prende esa llama en los valencianos. Sin duda el carácter valenciano es muy diferente al catalán, y aunque son en general gente jovial y agradable, tienen personalidad sobrada para que nadie de fuera les venda su producto.

A largo plazo, todo es posible. Especialmente si alguna región ha obtenido la independencia de España, y le va bien.

12.9- Solución al independentismo

De la lectura de lo hasta ahora escrito en este punto 12 se deduce que la actual estructura española de autonomías conduce a la ruptura de España.

En eso hay experiencia. En los siglos XI, XII, y XIII, el Califato de Córdoba (la parte de España dominada por los islamistas) se desintegró en un gran número de pequeños Reinos de Taifa, que tenían independencia unos de otros. Muchos de ellos eran realmente ciudades con algo del territorio a su alrededor. Eso facilitó la reconquista de los cristianos del norte de España. A partir de la batalla de las Navas de Tolosa (1212), vino el desmoronamiento final de esos Reinos, que terminó en la primera mitad del siglo XIII con las conquistas cristianas en el Levante de Jaime I de Aragón (Valencia, 1236) y en Castilla de Fernando III el Santo (Córdoba, 1236 y Sevilla, 1248). El Islam perduró en Granada con la fundación del reino nazarí, hasta que capituló el 2 de enero de 1492, fecha que pone fin a la Reconquista.

Los Taifas eran musulmanes, es verdad. Pero los españoles actuales tenemos en nuestra sangre una cierta proporción de aquella personalidad. Lo que nos hace pensar que el Estado de las Autonomías definido en la Constitución de 1978 conduce a la desmembración de España. Como decía el viejo del lugar "nos va esa marcha".

Por ello, pensamos que la solución es dar marcha atrás, y hacer desaparecer el Estado de las Autonomías con toda su parafernalia (Parlamentos, Gobiernos, Policías autonómicas, Tribunales autonómicos, etc.). Por supuesto haciéndolo en la forma que se indica en la Constitución para cambios importantes en ella. Que consiste en un amplio procedimiento, que pasa por nuevas elecciones, y termina con que los españoles aprueben ese importante cambio en un referendo de obligado cumplimiento.

Posible es hacerlo. No fácil. Sin duda requerirá que al menos Vox, PP, Ciudadanos, y PSOE se mojen a fondo luchando intensamente por ello.

Si flojean en la lucha, o si alguno de esos partidos no acepta el objetivo, seguiremos en la cuesta abajo actual.

Creemos que tiene alta probabilidad el que antes de que finalice 2023 Cataluña sea independiente, antes de que finalice 2024 lo sea el País Vasco, y antes de que finalice 2027 haya en lugar de la actual de España unas nuevas Repúblicas de Taifa formadas por al menos cuatro territorios más el resto de lo que antes se llamó España.

12.10- Guerra Civil, Golpe de Estado, o Magnicidio

Lo anterior, el desmembramiento de España, puede suceder. Pero por el camino también puede haber una Guerra Civil, uno o varios Golpes de Estado, o uno o varios Magnicidios.

La Guerra Civil la vemos poco probable, porque una guerra necesita militares profesionales, armas de guerra (cañones, misiles, blindados, buques, aviones), abundante dinero, y apoyo internacional, a ambos lados. En España no vemos a los militares y policías actualmente existentes rebelándose contra el Gobierno, y dividiéndose en dos partes con potencia suficiente para entrar en una guerra fratricida.

Otra cosa es un Golpe de Estado (o varios sucesivos en el tiempo).

Un ejemplo real en España es el Golpe de Estado del 23 Febrero 1981 cuyas cabezas visibles fueron el Teniente Coronel Tejero y el Teniente General Milán del Bosch.

Aquel Golpe fracasó, después de tener secuestrados durante casi 24 horas al Gobierno de España y a los Diputados al Congreso. Fracasó porque Francia y USA negaron su apoyo a los golpistas, sin duda pensando que estos no tendrían capacidad para después del Golpe gobernar España en una forma que se pareciese a una democracia occidental, esto es sin partido comunista, y con un partido socialista que fuese realmente socialdemócrata. Si ese Golpe no se hubiese dado en forma tan chapucera quizá hubiese tenido éxito. Aunque lo que pudo ser y no fue es algo especulativo, en lo que caben todas las opiniones.

El que el Golpe del 23F fracasase no quiere decir que un Golpe sea imposible en España. A los militares y policías profesionales les gusta el orden por formación y práctica profesional. Al gran capital español e internacional no les agrada ni interesa la deriva que se está produciendo en España en los últimos tiempos, y que se puede ver agravada si en las próximas elecciones legislativas vuelve a triunfar la coalición socialista, comunista, independentista, y filo-etarra, que actualmente ostenta el poder en España. Y los líderes de los países occidentales (USA, Alemania, Francia, y Reino Unido) no ven con buenos ojos, y antes o después actuarán en contra, el que España sea un hervidero en el que no se sabe quién realmente manda y hacia dónde va el país.

El magnicidio es el asesinato de una persona importante, usualmente una personalidad política o religiosa. El magnicida suele tener una motivación ideológica o política, y la intención de provocar una crisis política o provocar un cambio político.

A lo largo de la historia ha habido infinidad de magnicidios. Unos han tenido éxito y otros no.

Entre los de repercusión mundial en que el magnate fue asesinado están los del Archiduque Fernando de Austria, Abraham Lincoln, Martin Luther King, John F. Kennedy, Aldo Moro, Eduardo Frei, Mahatma Gandhi, Rafael Leónidas Trujillo, y muchos otros.

En España se ha asesinado a los Presidentes del Gobierno Juan Prim, Eduardo Dato, José Canalejas, y Almirante Carrero Blanco.

El magnicidio es más fácil de realizar con éxito que ganar una guerra civil o tener éxito en un golpe de estado. Hace falta un magnicida que acepte que tiene una alta probabilidad de que le maten, y poco más. Una pistola, una bomba, o un fusil de franco tirador es fácil que se lo consigan los que le promueven y financian.

Al autor le parece repugnante el magnicidio porque además de ser un gravísimo delito, es una forma de cambiar profundamente la situación política en una manera totalmente antidemocrática.

No obstante debe reconocerse que algunos de los que tuvieron éxito provocaron cambios brutales. Y que de la mayoría de ellos no se conoce a quien o quienes los promovieron, planearon, y financiaron. El magnicida suele morir en el atentado (y por tanto se sabe quién perpetró el magnicidio), pero el o los que le impulsaron suelen ser desconocidos.

13- Políticos por encima de los Ciudadanos, o viceversa

La Constitución Española vigente no deja duda respecto a quien manda en España. En su Artículo 1.2 dice "La soberanía nacional reside en el pueblo español, del que emanan los poderes del Estado".

Pero si uno observa el desarrollo de la vida política fácilmente se da cuenta de que realmente los políticos no aceptan ser unos mandados, o si se quiere decir de otra forma unos empleados temporales de los ciudadanos españoles.

Dos ejemplos recientes:

* Uno, el ex Presidente Rajoy, atravesando una situación de gran inestabilidad, debida a los problemas legales por corrupción que afectan a la cúpula de su partido (aunque ello no lo haya nunca admitido) y a su situación de minoría (134 de 350 Diputados) que le provocaba una debilidad extrema en el Congreso, no convocó a los ciudadanos españoles a elecciones generales para que estos, en uso de su soberanía, decidiesen y legitimasen una nueva situación, que políticamente borraría lo acontecido antes de esos comicios. ¿Por qué no lo hizo?. Obviamente porque creía que esas elecciones le llevarían a perder votos y diputados.

Esta anómala situación surge porque la Constitución actual otorga en exclusiva al Presidente del Gobierno la decisión de convocar elecciones generales antes de que termine el plazo legal del cuatrienio. Y consecuentemente dar ese poder al Presidente está en contradicción con el Artículo 1.2 puesto que hurta a los soberanos del país, el pueblo español, el decidir con su voto lo que debe hacerse en los momentos más difíciles o sobre los asuntos más graves.

* Dos, la Constitución establece la moción de censura, utilizando un texto escueto e inconcreto. Con esa redacción ha sido posible llevar a cabo una ingeniosa treta en forma legal.

Aprovechando que el Pisuerga pasa por Valladolid, o sea ante el conocimiento de una sentencia en primera instancia (sentencia no firme, y por tanto recurrible) que dejaba muy mal al Partido Popular y a sus líderes, Ciudadanos se rasgó las vestiduras y anunció la ruptura de su pacto con el Gobierno del PP.

Mucho más astuto y hábil, el líder del PSOE, Pedro Sánchez, presentó por sorpresa en el Registro del Congreso la solicitud legal de moción de censura al Presidente del Gobierno, Mariano Rajoy. No vamos a relatar aquí los hechos, ampliamente divulgados por los medios, además de haber sido televisadas al completo todas las sesiones parlamentarias. El resultado fue que resultó elegido Presidente del Gobierno de España el líder del PSOE, Pedro Sánchez, concurriendo las circunstancias siguientes:

    * Una, no tenía experiencia política de mando, puesto que solo había sido Concejal del Ayuntamiento de Madrid.

    * Dos, no había sido alto funcionario de la Administración del Estado, ni Ministro, ni Subsecretario, ni Presidente del Gobierno de una Comunidad Autónoma importante, ni Alcalde de una ciudad importante.

    * Tres, astuta y hábilmente supo juntar 180 votos (de los 350) que le daban la mayoría absoluta necesaria para ser nombrado nuevo Presidente del Gobierno. Y para ello logró que votasen a su favor todos los partidos enemigos acérrimos del PP, incluyendo en ellos todos los partidos comunistas, todos los partidos nacionalistas, todos los partidos independentistas, y Bildu (partido sucesor de Batasuna, brazo político de ETA).

* Cuatro, la Moción de Censura se trata en forma muy somera en el Artículo 113 de la Constitución, donde se dice lo esencial, pero ahorrando palabras. En el Artículo 99 se trata de la designación del Presidente del Gobierno (la moción de censura lleva, si triunfa, a quitar un Presidente y poner otro). En el punto 2 del Artículo 99 se dice:

"El candidato propuesto conforme a lo previsto en el apartado anterior expondrá ante el Congreso de los Diputados el programa político del Gobierno que pretenda formar y solicitará la confianza de la Cámara".

Y no dice con qué formato y detalle debe presentar ese programa político. Lo cual da idea de la falta de concreción y precisión del texto constitucional. Un programa político, para que un candidato sea proclamado Presidente del Gobierno, debería ocupar un texto de no menos de cien hojas del tamaño folio. Pedro Sánchez presentó verbalmente algo que llamó programa político, en poco más de media hora, usando un montón de tópicos, utopías, y buenos deseos, sin concretar nada en cifras, y sin demostrar la coherencia entre ellas, ni la factibilidad de lo que proponía. Realmente no lo necesitó porque los 180 votos los tenía asegurados dijese lo que dijese.

* Cinco, lo anterior demuestra que la Constitución vigente es muy mejorable. Por cierto, lo que repiten los políticos y los periodistas sobre que la moción de censura en España es constructiva no aparece en el texto constitucional. Sin duda porque de constructiva tiene poco. Puede que Rajoy mereciese ser censurado (dejar de ser Presidente del Gobierno). Pero nombrar Presidente al que presenta formalmente la moción en la forma que se ha hecho es poco democrático, sin duda ilegítimo, y también sin duda legal con arreglo al texto constitucional vigente.

* Seis, sería mucho más razonable que la moción de censura sirviese para echar al Presidente censurado, quedando en funciones hasta que un nuevo Presidente tomase el poder después de unas elecciones generales que deberían convocarse por el Rey inmediatamente después de triunfar la censura. Pero los políticos que redactaron la Constitución de 1978 querían que el pueblo español se manifestase lo menos posible, a pesar de que es el que ostenta la soberanía nacional, y por ello redactaron la moción de censura en la forma en que está.

En resumen, la realidad del texto constitucional y la realidad de la vida política de estos últimos 41 años, demuestra que los políticos no quieren que el pueblo español ejerza la soberanía que el Artículo 1.2 establece claramente. Y por ello deciden sobre, y tratan entre ellos, los asuntos importantes sin que el pueblo español ejerza su soberanía. A ser posible sin que se entere de lo que se cuece, y a veces sin que se entere del detalle de lo que acuerdan. Ello es anormal y debe ser corregido. Más adelante propondremos cambios en el texto constitucional para que el pueblo español detente en la práctica la soberanía nacional.

14- ¿Por qué los políticos se comportan así?

¿Por qué los políticos españoles se han comportado durante esos 41 años (1978 a 2019) como si los españoles fuesen siervos, y no los ciudadanos que se corresponden con el Artículo 1.2?.

De sus hechos se intuyen sus intenciones:

* Por una parte parece que los políticos tienen miedo a lo que salga de los referendos, y prefieren gobernar haciendo pactos entre ellos cuando los necesitan, o imponiendo su mayoría absoluta cuando la tienen.

* Por otra parte parece que piensan que la mayoría de los ciudadanos españoles ni saben ni entienden de política, y por ello les asignan el papel de que voten cada cuatro años, y durante este plazo los políticos profesionales, que "somos los que entendemos y sabemos, gobernamos según nuestra voluntad y la de nuestro partido".

Ese comportamiento ya lo había observado Rousseau hace 200 años. Y para cambiarlo es por lo que defendió la soberanía popular. Hasta ese momento (y durante bastante tiempo después de ser aplastada la Revolución Francesa) los gobernantes gobernaban sin tener en cuenta al pueblo, considerándolo compuesto por vasallos. Y bien es sabido que a los vasallos no se les tiene ningún respeto.

Hoy en día ningún político profesional que actúa en una democracia, y que está en sus cabales, dice en público que considera vasallos a sus votantes. Aunque los hechos demuestran que actúan como si lo fuesen. Realmente poca distancia hay entre considerarlos vasallos y estar convencidos de que la ciudadanía no tiene ni formación ni experiencia para entender la cosa pública (la política), y que por tanto los ciudadanos no están capacitados para tomar decisiones en la inmensa mayoría de los temas importantes del país.

Es cierto que hay muchos ciudadanos, buenos en sus oficios o profesiones, que no siguen la política, que no entienden la política, y que no quieren perder el tiempo con ella.
No les falta inteligencia y formación para entender lo que los políticos dicen y hacen. Pero el asunto les resbala, entre otras cosas porque individualmente se consideran impotentes para cambiar lo mucho que les gustaría cambiar.
Y también, porque no siendo tan bobos como a los políticos parecen, consideran que la información que trasciende a los medios es frecuentemente falsa o está sesgada a favor del que la transmite.
Y que frecuentemente se oculta lo que debería hacerse público.
Y que los políticos frecuentemente negocian sin luz ni taquígrafos, alcanzando a veces acuerdos que solo son buenos para ellos y sus partidos, o en otros casos para una minoría de españoles.

Ello debe ser cambiado.

Los políticos profesionales españoles deben aprender que las acciones de España S.A. son de los ciudadanos españoles, y que se juegan el que los despidamos si no cambian su comportamiento. E incluso que vayan a la cárcel por los delitos que cometen, al decidir sobre temas importantes eludiendo el Artículo 1.2.

¿Cómo hacer que las excelentes ideas anteriores se cumplan?. ¿Cómo meter en vereda a los políticos?.

Los políticos son como peces a los que es muy difícil coger con la mano, y que si los cogemos tienden a escaparse si no estamos muy atentos. El camino para corregir esta muy deficiente situación comienza por:

Reformar la Constitución, mediante refererendo de obligado cumplimiento, en forma de incluir en la misma un artículo que suponga una garantía de que efectivamente se cumple el Artículo 1.2 ("La soberanía nacional reside en el pueblo español, del que emanan los poderes del Estado"), por medio de un texto que determine concretamente la gravísima responsabilidad (económica y penal) en que incurrirá a nivel personal el político que, debiendo cumplir y hacer cumplir la Constitución, no lo hiciere.

15-¿Están actualmente los ciudadanos españoles preparados para decidir en referendo de obligado cumplimiento sobre los asuntos importantes de España?.

Desde 1939 a 1978 (durante la Dictadura) el Régimen de Franco evitó cuidadosamente que el pueblo español se formase en asuntos públicos. Los medios de comunicación estaban muy controlados, de forma que solo contaban las maravillas que aquellos dirigentes hacían en favor de la ciudadanía, y de vez en cuando informaban (en forma sesgada) sobre todo tipo de males que algún nacional o extranjero intentaba hacer a España, y que por supuesto nunca conseguían.

Desde 1978 hasta hoy (Marzo 2019) vivimos la democracia que deriva de la Constitución. Pero al considerar los políticos que lideran los partidos que están por encima del pueblo, porque este no está preparado para analizar, y mucho menos decidir, sobre los asuntos públicos, la formación del pueblo no se ha producido.

Hoy en día más de la mitad del pueblo español no tiene criterio personal para discernir si una información que recibe del poder o de la oposición es cierta o está sesgada en la dirección que interesa a quien intenta vender la misma.

O dicho de otra forma, si noticias similares se dan en Reino Unido, Alemania, Dinamarca, Suecia, Noruega, Finlandia, Suiza, y algunos pocos más, es un hecho que en esos países será mucho más difícil "colar a la ciudadanía un engaño político" que en España.

Es eje central de este libro el que los políticos dejen de decidir en los asuntos importantes, y estos sean decididos por el pueblo español en referendos de obligado cumplimiento.

Pero para ejecutar eso los políticos deberan llegar a acuerdos o desacuerdos, y exponer estos en detalle a través de los medios de comunicación, pidiendo a los ciudadanos su voto en el referendo correspondiente.

Si la mayoría de los ciudadanos son manipulables porque tienen un bajo nivel de formación política, será muy fácil para los políticos lograr que los ciudadanos afines a cada partido voten a favor de lo que este predica. Con lo cual los políticos seguirán ostentando el poder, aunque de una forma mucho más sutil, puesto que sus partidos gastarán abundante tiempo y dinero en formar a sus militantes y a sus cuadros en la forma adecuada para ganar voluntades, sin que ello tenga que ver con la verdad objetiva.

Entonces, ¿qué hacer?. Este autor piensa que no hay más remedio que mojarse. Esto es:

* Pasar de una democracia de tercera, como la actual de España, a una democracia de segunda como la estadounidense, o a una democracia de primera como la suiza, requiere tiempo y formación. Posiblemente el que los españoles se pongan a la altura de los suizos en este aspecto no lleve menos de diez años, si durante estos años se forma al pueblo español en política (gestión y decisión de asuntos públicos, y trucos que emplean los políticos para engañar a los ciudadanos).

¿Vamos a esperar diez años para empezar a decidir en referendos de obligado cumplimiento sobre los asuntos importantes que afectan a España y a los españoles?. Tajantemente no. Este autor piensa que hay que hacer el cesto con los mimbres que existen, y por ello hay que aplicarse aquello de Machado de aprender caminando (hacer camino al andar). Y consecuentemente empezar ya con referendos. Y no permitir que los políticos decidan a partir de la fecha sobre ningún asunto importante.

* Y al mismo tiempo hay que empezar a formar a la ciudadanía española sobre política. Y esa es una labor que no debe dejarse a los partidos políticos y a los sindicatos. Estos son unos grandes formadores de afiliados que son reciclados permanentemente para conocer y usar en todo tipo de foros el argumentario que su grupo quiere que se venda lo más ampliamente posible.

Seguramente habrá muchas formas en que los ciudadanos pueden ser formados. Aunque debe controlarse que solo se permitan y financien las que sean objetivas e independientes.

Una forma que sin duda debe usarse es una emisora filial de la Televisión pública Española, que emita en español, con buena señal en todo el territorio español, y que durante 24 horas al día durante siete días a la semana, se dedique a esa enseñanza.

Y lo haga no solo en plan teórico, sino con abundantes ejemplos, unos reales y otros inventados, que traten todo tipo de temas de la vida política de cada momento. Para evitar la manipulación de esta emisora quizá los ejemplos deban referirse a casos reales acaecidos en otros países del planeta, logrando que se presenten ejemplos sobre situaciones acaecidas con gobiernos de todas las ideologías.

16- Estado del Bienestar
16.1- Pasado y presente

Suele llamarse Estado del Bienestar a los bienes y servicios gratuitos que recibe el ciudadano de un Estado por el mero hecho de serlo.

Es muy diferente lo que recibe de su Estado un ciudadano en Finlandia, en China, o en Nigeria.

Una noche, hablando con un amigo finlandés, este me dijo que el Estado se quedaba con la mayor parte del dinero que ganaba, dejándole en el bolsillo calderilla para pequeños vicios. Le pregunté que como podían vivir así. Contestó que era fácil porque todo lo pagaba el Estado, proporcionándoles unos bienes y servicios de alta calidad.

No es así en la actual comunista China, en que no hay sistema de pensiones públicas, por lo que la gente tiene que seguir trabajando mientras se lo permita el cuerpo.

Y en Nigeria, nada de nada, excepto a los ligados al régimen que todo lo controla.

En España, bastante menos que en Finlandia y bastante más que en China.

Quien lea la Constitución Española vigente y no conozca la realidad española, pensará que el Estado del Bienestar hoy en España, 41 años después de promulgarse la Constitución, es similar al de Finlandia. Gran error.

El paro en España fue del 8,26% en 2006, subió rápidamente hasta un máximo del 25,77% en 2012, y ha ido bajando despacio (y empeorando la calidad del empleo) hasta el 15,28%, que significa 3.490.100 parados de la EPA del 2º Trimestre 2018.
En los últimos diez años el paro ha estado por encima del 15% en España.
Ello ha sido obviamente muy dañino para los parados. Y también para el país porque los parados lógicamente no contribuyen pagando impuestos y seguridad social, consumen poco, lo que hace que la demanda interna sea muy floja, y cuestan al fondo común por la necesidad imperiosa de socorrerles en base a los subsidios que establecen las leyes y decreta el Gobierno.

Ese alto paro ha permitido que los sueldos y salarios hayan disminuido en España en valor absoluto y en euros constantes. Es típico oír que ya no hay mil euristas, sino como máximo quinientos euristas. A lo que sin duda ha contribuido la inmigración ilegal que permite a los empresarios sin escrúpulos (de los que hay muchos) contratar a estas personas por cifras de miseria, que hacen bajar los sueldos y salarios de los empleados legales.

Y también ha hecho que la calidad del empleo haya disminuido muy notablemente. El 90% de los nuevos contratos son temporales (semanas o meses). Ello hace que la formación en el trabajo apenas exista, que crezca el porcentaje de empresas de baja tecnología que son las que pueden trabajar con trabajadores de bajo nivel de formación laboral, y que las empresas que precisan empleados de alta formación y que requieren instalaciones de alta inversión cierren en España y abran en otros países de mayor interés para ellas.

La Globalización ha avanzado. Hoy la competencia de los países emergentes es mucho más dura que en 2007. La desaparición y/o fuerte rebaja de aranceles y cupos ha hecho que la competencia con países como China y similares se haya hecho mucho más dura. La Libertad de Movimiento de Capitales ha hecho que mucho capital ahorrado en España haya ido a otros países, y que ricos ciudadanos españoles hayan enviado parte importante de sus capitales a otros países más seguros y rentables.

El Desarme Arancelario hace que estemos inundados de importaciones de productos que podrían fabricarse en España, y que por imponernos el Banco Central Europeo un euro de cambio muy alto hace que no seamos competitivos.
La política económica que nos imponen los países que dominan la Eurozona (Alemania, Francia, Reino Unido, Holanda, y similares), así como el Banco Central Europeo, es de obligarnos a rebajar la Deuda, sin importarles el alto paro que padecemos, dejando el dónde se recorta al Gobierno Español, pero obligándole a que ponga por delante de su política económica la reducción de la Deuda Pública.
Dicho de otra forma, los líderes de la Eurozona y el BCE nos presionan en forma salvaje para que reduzcamos gastos, sin importarles donde se reduce. No

recomiendan donde, solo presionan para que se reduzcan. Lo que hace que se cree menos empleo que el que se podría crear si se invirtiese en lo que crea empleo.

El débil, de los últimos meses de su mandato, Presidente Rodríguez Zapatero aceptó esas presiones y metió la tijera a lo que hasta entonces se había llamado el Estado del Bienestar (Pensiones, Hospitales y Ambulatorios, Fármacos pagados con dinero público, y Educación). No le metió tijera al monumental derroche en Estructura del Estado y Gastos Suntuarios de las Instituciones y Organismos Públicos (Estado, Autonomías, y Municipios) de todo tipo, porque por razones oportunistas de su partido no lo consideró adecuado.

El Gobierno que ganó las elecciones con mayoría absoluta (PP) el 20 Noviembre 2011 enseguida incumplió el programa con el que había convencido a los ciudadanos para que le diesen esa mayoría absoluta. Metió más tijera que Rodríguez Zapatero a los mismos sectores que este había "reestructurado". Además subió impuestos directos e indirectos, permitió subir todo tipo de tasas, y permitió subir el precio de todo tipo de servicios (agua, electricidad, gas, combustibles). Y por supuesto la derecha, por las mismas razones que el PSOE, tampoco ha metido la tijera ni a la Estructura del Estado ni a los Gastos Suntuarios.

Hay mucha gente que opina que no hay más alternativa que rebajar la Deuda Pública. Y también la Privada. Pero de otra forma. No como lo hizo Rodríguez Zapatero (PSOE), ni como posteriormente Rajoy (PP).

En adelante hay que meter tijera a los enormes gastos que comporta la descabellada Estructura actual del Estado, a los innumerables Gastos Suntuarios, a la Economía Sumergida, a la Evasión Fiscal, y a la Corrupción Político-Económica.

Y no solo lo anterior, además es imprescindible un control muy superior de la Banca, para comprobar que las operaciones que realizan son las que corresponden a la salida de la crisis y a la creación de empleo, y si invierten en España el ahorro que captan en España.

Y hay que reestructurar el dinero que se le dio a los Bancos (privados y públicos) a muy bajo interés. Hay que reestructurar esa deuda, de forma que no entre en los Bancos en forma de préstamo, a largo plazo y a bajo tipo de interés, sino que entre en forma de ampliación de capital, de forma que cuando dentro de unos años se refloten esas entidades, el Estado venda sus acciones o participaciones con amplio beneficio en las que se considere conveniente privatizar. Y que conserve las acciones en las que deban ser públicas.

Por ejemplo, sería inmoral y sospechoso de corrupción política, el que con esa tremenda inyección de dinero los Bancos y Cajas no tengan necesidad de vender inmuebles, y los vayan vendiendo en los próximos diez años, según vayan subiendo los precios, con un excelente beneficio.

Y por supuesto también hay que frenar el famoso Estado del Bienestar y ajustarlo a nuestras posibilidades. En los años pasados se crearon Hogares del Pensionista, Polideportivos, Viajes a Jubilados, Bibliotecas Públicas, Ayudas a todo tipo de ONG,s, Ayuda al Pie Zambo en Madagascar, etc., etc. Primero, España no puede hoy permitirse el Estado del Bienestar de los países ricos. Y segundo, realmente no pasa nada por eliminar todos esos gastos, que hoy deben ser considerados como superfluos. Una cosa es atender a enfermos en los hospitales, y otra cosa es regalar dinero para arreglar el mundo.

Los que no entienden que el Estado del Bienestar que se había generado en España no nos lo podíamos permitir, que hay que rebajarlo en mucho porque la crisis española va a tardar unos cuantos años en remontarse, y que consecuentemente el Estado del Bienestar que había en 2007 tardará bastante en poderse recuperar, debe recordar a Jean de la Fontaine cuando dijo aquello de que "Todos los cerebros del mundo son impotentes contra cualquier estupidez que esté de moda".

¿Y con rebajar el Estado del Bienestar es suficiente?. Posiblemente no lo sea, pero nos dará fuerza para convencer a la Unión Europea de que lo que vamos a hacer lo tenemos que hacer, puesto que no nos queda otra alternativa.

Desde 2008 a 2019, debido a la crisis y a las reestructuraciones a que nos ha obligado la Unión Europea, y a la suma eficiencia e interés que le ha dedicado el Gobierno de Rajoy en lograrlo, ha habido una fuerte caída del Estado del Bienestar en España.
Y el que no se estén consiguiendo las cifras de reducción de déficit presupuestario exigidas por la UE hace presagiar que seguirá cayendo, debido a que las autoridades de la UE seguirán amenazando a cualquier Gobierno que salga de las urnas con drásticas medidas si no se aprieta más en lo mucho apretado en los últimos años.
Ya hemos visto en el caso de Grecia que las autoridades de la UE no amenazan en vano. Obligaron a Tsipras a ordenar el "corralito" a los bancos, con lo que sumieron al país heleno en la desesperación. Y poco les importó el que ello hubiese tenido las consecuencias de que Grecia abandonase el euro, abandonase la UE, abandonase la OTAN, y se aliase con Rusia (lo cual debería ser muy preocupante para la seguridad militar europea).

Puede argumentarse que España no es Grecia. Que es mucho más grande, y que por ello las autoridades de la UE no se atreverán a hacerle a España lo que le hicieron a Grecia.
Muchos creemos que si llegase el caso por supuesto se atreverían. Por dos razones.
* Una, porque los poderes fácticos económicos mandan mucho en Alemania y en la Comisión Europea, y obligarían a los políticos comunitarios a "doblegar a esos españoles insensatos que gastan demasiado, duermen mucha siesta, y trabajan poco".
* Dos, porque hace ya tiempo que los países más fuertes de la Eurozona decidieron que había sido un error meter en el euro a los países PIGS (Portugal, Italia, Grecia, Spain), y que quizá lo mejor sería que solo hubiese moneda común (llamándola euro o con otro nombre) entre los países más ricos, disciplinados y económicamente fuertes (Alemania, Holanda, Bélgica, Dinamarca, Noruega, Finlandia, y quizá también Francia). Con lo que el que se obligue a España a abandonar el euro sería para ellos el pretexto ideal para iniciar el "euro fuerte" que sus poderes fácticos y muchos de sus políticos desean en el norte de la eurozona.

El Estado del Bienestar que había en España en la primavera de 2008 (justo antes de comenzar la crisis en nuestro país) era menor que el italiano, bastante menor que el francés, y mucho menor que el alemán. Sin duda el mismo había crecido mucho desde que murió el dictador, pero siempre habíamos ido por detrás de los citados grandes países europeos. No obstante llevábamos un excelente camino, que de haber seguido así nos habría llevado a unas buenas cotas veinte años después.

Es necesario aquí hacer un inciso. Lo que las clases media, media baja, y baja llaman en España Estado del Bienestar está muy lejos de lo que la clase alta y los poderes fácticos españoles creen que debe ser. Para estos últimos el Estado gasta demasiado en educación, sanidad, pensiones, y ayudas sociales. Por supuesto alegan que la gestión pública derrocha mucho (que lo que debe salir a 100 cuesta más de 130), pero además manifiestan que un país del nivel de España no debe regalarse tanto dinero a los menos afortunados (esto es que los 100 teóricos deberían ser como máximo de 60).

Planteado así el asunto, este tiene dos consecuencias importantes:
* Que en momentos de crisis como los que estamos, los responsables políticos deben lograr que la gestión pública se realice sin malgastar dinero, y mucho menos trincando dinero (corrupción) los mandos políticos y los altos cargos profesionales.
* Que las clases media, media baja, y baja deben aceptar, y especialmente los partidos y sindicatos de izquierda, que el Estado del Bienestar de 2019 (en que aún no hemos salido de la crisis) debe ser inferior al que había en 2008. Y que por ello, además de ahorrar en prestaciones a los españoles, hay que ahorrar en prestaciones a personas que entran legal e ilegalmente en España, y en ayudas de todo tipo al extranjero (por ejemplo, el 0,7% del PIB).

Lo anterior sería incompleto si lo dejásemos ahí. España, impulsada por los políticos españoles de derechas y de izquierdas debe hacer un esfuerzo para que se creen numerosas y potentes empresas que exporten mucho, y que ofrezcan buenos sueldos a los españoles. Y los ciudadanos de nuestro país deben acostumbrarse a comprar productos y servicios nacionales (que deben ser vendidos a precios competitivos) en lugar de los de importación.
Si exportamos mucho más que actualmente, el paro desaparecerá en una sola legislatura, si a la vez importamos mucho menos.
Así empezaremos a equilibrar el Presupuesto, y comenzaremos a reducir la Deuda Pública.

Pero no debe fijarse como objetivo el reducir deprisa la Deuda Pública. Hay que reducirla un poco cada año, y a la vez hay que volver a hacer crecer el Estado del Bienestar, especialmente en lo que hoy es impropio de una nación como España.
Dicho de una forma más concreta, en 2030 el Estado del Bienestar en España debe ser igual al que entonces tengan la media de los países ricos de la Unión Europea.

De pensiones hablaremos más adelante. Anticipamos aquí que la situación actual tiene tres grandes problemas:
* Uno, las pensiones contributivas, las de los que cotizaron trabajando más de 30 años, debe pagarlas la Seguridad Social, pero las no contributivas, que realmente son una subvención a quien no trabajó o trabajó pocos años, deben pagarse con el Presupuesto de cada año.

* Dos, las pensiones contributivas deben revalorizarse por lo menos en el coste real de la vida, porque lo contrario es robar a esos pensionistas.

* Tres, la edad de jubilación debe crecer, de formar que en 2030 no sea inferior a los 71 a 72 años.

Si se hace así el sistema de pensiones será justo y sostenible. En caso contrario España perderá un elemento fundamental del Estado del Bienestar, para satisfacción y jolgorio de la "derechona".

El derecho a vivienda está reconocido en la Constitución. Pero ello nunca se ha llevado a la práctica. Hay que crear cientos de miles de viviendas sociales (por el Estado, Autonomías, y Municipios), hay que aprobar una ley eficiente de dación en pago, y hay que aprobar una ley que impida desalojar de su vivienda a quien no tenga a donde ir de una forma digna.

La seguridad policial en las calles debe incrementarse notablemente, para lo cual es esencial crear la "Policía de Barrio". Digamos que debe estar igual de seguro el ciudadano de a pie que los muchos políticos que llevan escolta.

La Administración de Justicia tiene que mejorar mucho y pronto. El número de Juzgados debe al menos doblarse, los Jueces y Magistrados tienen que trabajar no menos de 40 horas por semana, y el ciclo completo (desde la apertura de un caso hasta ejecución plena de la sentencia en firme) no debe ser mayor de un año, o de dos en los casos muy complejos.

16.2- Estado del Bienestar que deberíamos tener dentro de diez años

Si el paro bajase pronto a menos del 3% y la tasa de actividad subiese a la comparable con Francia y Alemania, para 2029 (dentro de 10 años) podríamos tener en España un Estado del Bienestar similar al que para entonces tengan la media de los países ricos de la Unión Europea.

Lo que quiere decir que los Presupuestos Generales del Estado deberán incluir partidas económicas para financiarlo, y tendrán capacidad para ello. Y por tanto los impuestos no podrán bajar todo lo que le gustaría a la derecha.

Y por si alguien no sabe exactamente a qué nos referimos de lo que debe existir en 2029 aquí van unos ejemplos:

- Guarderías gratuitas de bebés y niños, desde los 0 a los 4 años, durante 24 horas 7 días.

- Colegios públicos y colegios concertados gratuitos hasta los 16 años.

- Desayuno y comida gratis en los colegios públicos y concertados para todos los alumnos hasta los 16 años.

- Habitaciones individuales para pacientes en todos los Hospitales Públicos.

- Fármacos gratuitos de todas las prescripciones realizadas por Médicos de la SS.

- Odontología (todo tipo de tratamientos dentales) gratuita, incluida en las prestaciones de la SS.

- *Matrículas en las Universidades cercanas al coste real, con becas (matrícula gratuita) para los que saquen sobresalientes en el 80% de las asignaturas. Y a los que deban pagar, créditos del Estado a comenzar a devolver cuando terminen sus estudios y comiencen a trabajar.*

- *Salario mínimo interprovincial igual al que rija en 2029 en la media de los países más ricos de la UE.*

- *Pensiones contributivas crecientes cada año por más del coste de la vida, de forma que igualen a las francesas en 2027, y a las alemanas en 2029.*

- *Pensiones no contributivas actualizadas cada año por el coste de la vida, con pensión mínima creciente de forma que en 2029 sea igual a la pensión mínima francesa, y a la alemana en 2033.*

- *Edad de Jubilación en 2029, de 71 años para todos, excepto para las incapacidades laborales permanentes, controladas por tribunales médicos que funcionen seriamente. Y de 68 años para todos (con la misma indicación) en 2025.*

- *Responsabilidad del Estado en cuanto a vivienda, dotando de ella (nueva, pequeña, eficiente, y hecha con prefabricados de calidad) a coste razonable, a todo el que no la encuentre en el mercado a precio compatible con su sueldo.*

- *Responsabilidad del Estado en dotar a cada español de un trabajo, remunerado al menos con el salario mínimo. Lo cual debe reflejarse en las prioridades, de gastos e inversiones, al elaborar los Presupuestos.*

- *Justicia gratuita en todas las instancias, con Abogado y Procurador gratuitos (de Oficio) para el ciudadano que así lo solicite.*

- *Justicia más rápida, de forma que cualquier asunto civil o penal debe estar resuelto, con todas sus apelaciones, y habiendo obtenido sentencia firme, en menos de un año. Para lo que habrá que multiplicar por más de dos el número de Jueces y Juzgados. Además de revisar profundamente las Leyes de Enjuiciamiento Civil y Criminal para reducir notoriamente plazos.*

- *Policía suficiente para atender las necesidades de los ciudadanos en las calles, en los domicilios, y en las tiendas. Lo que significará al menos 100.000 policías estatales (CNP y GC) adicionales a los que hay hoy, además de un mínimo de cuatro millones de cámaras de televisión en las calles (en el Reino Unido hay 4 millones de cámaras en las calles), medios de transporte en buen estado y con combustible suficiente, y armamento y medios antidisturbios modernos y eficientes. La ley debe incluir que el tiempo máximo desde que se llama a la Policía hasta que llegue al lugar debe ser de 10 minutos en ciudades y pueblos, y de 20 minutos en el campo.*

Y si lo anterior parece mucho pedir, la contestación es que a muchos nos parece suficiente para 2029, porque para 2034 deberá ser mucho más.

16.3- Futuro del Paro
16.3.1- Trabajadores humanos versus Robots

Hace más de 40 años que empezaron a entrar enormes y potentes instalaciones en las grandes y sofisticadas empresas industriales, dirigidas por unidades centrales de proceso, que permitían realizar, sin intervención humana, diferentes y precisas operaciones de todo tipo (mecanización de piezas, montaje de componentes completos, empaquetado de todo tipo de productos, rotativas de prensa, etc.).

Desde entonces a hoy han aparecido, en el mercado y en las empresas, decenas de miles de diferentes tipos de máquinas, que al ser más pequeñas y versátiles han permitido que entren en centenares de miles de empresas y de establecimientos comerciales, aquello que empezó en unas decenas de enormes corporaciones industriales.

La robotización ha permitido que hoy disfrutemos de automóviles, y de muchos otros productos, más baratos, con menores averías, y con mayor vida útil.
Ello ha hecho que, por ejemplo, hoy la industria mundial del automóvil utilice en el proceso de fabricación un 30% menos de mano de obra para producir un 30% más de vehículos, que la que utilizaba hace 30 años.

Este autor visitó hace 5 años en el Reino Unido una fábrica que antes de robotizarse tenía 250 trabajadores, y que dos años después, con una fortísima inversión en instalaciones robotizadas, funciona con 30 personas (de estas el 70% son personal de mantenimiento).

Fábricas con abundante uso de robots hay HOY muchas en el mundo.

Hoy en día hay en el mundo un gran número de centros de investigación aplicada que producen robots, semejantes o no en forma a los humanos, a los que se les dota de software específico para realizar operaciones concretas.
Hoy, si queremos pagar el alto precio que cuestan, un Ayuntamiento podría encargar 10 de esos robots que limpiarían las calles de una ciudad de tamaño medio, trabajando 24 horas los 7 días de la semana, y parando solo por mantenimiento, recarga, o avería. Puesto que se producen muy pocos el precio unitario es altísimo, y por ello los empresarios chinos en China, utilizan a ciudadanos chinos, que son mucho más baratos y casi igual de dóciles, sindicalmente hablando, que los robots actuales.

A finales del Siglo XIX la Fábrica Hispano-Suiza (que producía automóviles grandes, lujosos y caros) hizo un estudio de mercado para tener una estimación de cuantos coches se podían vender en un año en Europa. El estudio determinó que el máximo anual sería de 7.000 debido a que cada coche debía ser conducido por un chofer uniformado, y no había más familias ricas que pudiesen pagar el alto precio del coche más contratar un chofer a tiempo completo.
La predicción de ese estudio la destrozó Henry Ford I cuando en el año 1916 produjo cada día 1.000 unidades del Ford Tipo T, y en 1923 produjo 1.800.000 unidades. Cuando se dejó de producir el T se habían fabricado de este modelo quince millones de unidades.

¿Se equivocaron los suizos o fue un genio Mr. Ford?:
* Los suizos no se equivocaron. Los coches lujosos y caros llevaron chofer durante muchos años, y por ello se vendían pocos cada año. ¿Cuantos Rolls-Royce se venden hoy en día?. Pocos.
* Claro que Ford fue un genio. Inventó y puso en funcionamiento la línea de montaje en la que muchos trabajadores hacían una pequeña parte del trabajo, y con poco entrenamiento lo hacían muy bien y con gran productividad.

* Ford soñó e hizo realidad su famosa frase de "voy a construir un coche para el pueblo, el automóvil universal", para lo cual diseñó un automóvil robusto y sencillo, que gracias a la producción en serie pudo vender a un precio muchísimo menor que el de los lujosos Hispano-Suiza o Rolls-Royce.

* Y gracias a ese nuevo enfoque pudo fabricar y vender muchos millones del famoso Tipo T.

Otro ejemplo: El Copenhagen Metro (el Metro de Copenhague). Es un sistema de metro urbano e interurbano, con un total de 20,5 km. de longitud, que se puso en funcionamiento entre 2002 y 2007. Tiene dos lineas, con un total de 22 estaciones, por donde circulan 34 convoyes, todos sin conductor. En 2011 ha transportado a 54,3 millones de pasajeros. La línea M2 llega hasta el Aeropuerto de Copenhague. Los usuarios están integrados con el sistema, de forma que a ninguno sorprende ni preocupa que el convoy no lleve conductor.

Otro ejemplo: Este sobre ajedrez. En 1989 el campeón del mundo, Gary Kasparov, ganó fácilmente dos partidas seguidas a Deep Thought, un ordenador creado especialmente por la Carnegie Mellon University e IBM para intentar ganarle. En 1997 una versión mejorada de Deep Blue, desarrollada por IBM, derrotó a Kasparov en un campeonato concertado al mejor tanteo de seis partidas. Fué la primera vez que una máquina derrotaba a un campeón del mundo de ajedrez. En 2006 el entonces campeón del mundo, Vladimir Kramnik, perdió un campeonato contra un software alemán denominado Deep Fritz.

Deep Blue era un ordenador del tamaño de un armario grande, en el que estaba el hardware y el software especialmente diseñados para derrotar a Kasparov. Sin embargo Deep Fritz es un programa que se opera en un ordenador no especial, que posea dos procesadores standard de la marca Intel, ordenador que cualquiera podemos comprar en una tienda especializada por no mucho dinero. E incluso los diseñadores de Deep Fritz tienen el proyecto de adaptarlo para que pueda correr en cualquier ordenador de sobremesa (de los que hoy pueden comprarse en España por menos de 1.500 euros). Los creadores de este software mantienen que es capaz de derrotar a cualquier jugador humano del mundo, pasado, presente, y futuro.

El que un ordenador primero y un programa después derrotasen a campeones del mundo de ajedrez supuso acabar con un mito. Se suponía que puesto que el ajedrez tiene casi infinitas combinaciones, siendo obligatorio mover ficha en menos del tiempo estipulado, ganar significa que el ganador posee una gran creatividad especial, además de otras virtudes necesarias para este juego. La creatividad es algo para lo que las máquinas hoy no han sido diseñadas. Por tanto el que estas ganen a un humano quiere decir que se ha podido diseñar un método heurístico operado a la inmensa velocidad de cálculo de los ordenadores, que permite elegir la mejor estrategia, que finalmente logra derrotar al campeón humano.

Dicho de otra forma, al día de hoy la tecnología del robot para realizar el trabajo sencillo y repetitivo, está plenamente desarrollada. En cuanto surja un nuevo Henry Ford que los fabrique masivamente, cualquier familia con una renta equivalente a la que hoy permite comprarse un coche económico, podrá comprarse un robot humanoide que haga las funciones que la mujer o el hombre trabajador no tienen ganas de hacer cuando vuelven a casa después de un duro día de trabajo.

En los hogares, en las fábricas, en las oficinas, en los centros oficiales, en los ayuntamientos, en menos de veinte años habrá robots humanoides que harán los trabajos que hoy se encomiendan a personas de baja cualificación.

En la Policía y en las Fuerzas Armadas se utilizarán para las labores más peligrosas. Y ya hay en funcionamiento en los Ejércitos Americano, Ruso, y Chino, drones (pequeños aviones sin piloto) que causan pavor a sus enemigos. Y otras armas que se mantienen secretas, y de las que solo se conocen rumores fundados.

En las minas, canteras, edificación, obras públicas, también.

Y en las zonas conflictivas de las cárceles, también.

Y no será exagerado decir que dentro de 30 años habrá en todo el mundo más de 100 millones de esos tipos de robots trabajando las 24 horas del día de los 365 días del año en esos y otros menesteres.

Y cualquier lector inteligente se dará cuenta que harán, igual o mejor, el trabajo que en jornadas de 40 horas semanales hacen actualmente 1.000 millones de trabajadores humanos.

Repito, antes del 2049 más de cien millones de robots con características antropométricas similares al ser humano, harán el trabajo que hoy hacen más de mil millones de trabajadores humanos.

Hoy en día hay en funcionamiento decenas de miles de robots en todo el mundo. Son máquinas muy precisas mecánicamente, dirigidas por un software complejo. Las hay de todos los tipos, y algunas tremendamente sofisticadas y versátiles. Hoy en día la fabricación de aparatos de electrónica y de automóviles está altamente robotizada. Y también muchas fábricas de otros muy diferentes sectores.

En todas esas fábricas se ha sustituido a los trabajadores por robots. En muchas fábricas ya existentes han sido despedidos trabajadores y en su lugar se han montado robots que hacen trabajo de mayor calidad a precio más bajo. Muchas fábricas nuevas se han puesto en funcionamiento con instalaciones altamente robotizadas. En ellas no se ha despedido a nadie (puesto que no existían esas fábricas) pero se ha contratado a muchos menos trabajadores de los habituales en las fábricas no robotizadas.

Y lo que no saben la mayoría de los trabajadores que han sido despedidos en una fábrica concreta en España es que esta ha cerrado porque en otro sitio de España, de China, de India, o de USA, ha empezado a funcionar hace poco una fábrica muy automatizada que fabrica ese mismo producto mucho más barato y con mejor calidad que lo hacía la fábrica que ha cerrado.

El empresario dirá que cierra porque la crisis le obliga, al no llegarle pedidos. El político de derechas dirá que es una situación temporal y que ya ve (por supuesto solo él los ve) brotes verdes de que las cosas van a ir mucho mejor dentro de poco tiempo. Y el político de izquierdas dice que el asunto lo resolvería él, si estuviese en el poder, nacionalizando la banca y dando crédito a todo el que lo pida, no haciendo caso a la Sra. Merkel respecto a reducir el déficit, y gastando mucho dinero el Estado según las enseñanzas de Mr. Keynes.

Y unos por otros, la casa sin barrer. O sea al verdadero problema de que no somos competitivos, de que tenemos exceso de población de bajo nivel profesional, y de que padecemos una tremenda falta de inversión en nuevas instalaciones robotizadas, nadie le mete el diente.

Y eso no ha llegado solo a los blue collars. También ha llegado a los ingenieros, arquitectos, médicos, abogados, y cualquier otro profesional que realice su trabajo manejando abundante bibliografía y aplicando técnicas complejas que deben estar permanentemente al día.

Hace cuarenta años había despachos importantes de ingeniería que tenían 40 delineantes, 10 delineantes proyectistas, 5 ingenieros, y 1 ingeniero jefe. Desde hace más de diez años todo ese equipo ha sido sustituido por dos ingenieros (uno jefe y otro ayudante) trabajando ambos con potentes ordenadores, sofisticados programas de diseño, y excelentes plotters. Hoy en día la profesión de delineante ha desaparecido.

De vez en cuando vemos en televisión unos robots humanoides que hacen monerías ante las cámaras. Los locutores normalmente comentan la escena como si fuese algo de niños. Algo curioso. Algo que está muy bien para un show televisivo, pero que no puede competir con los trabajadores expertos de la vida real.

Los ingenieros con experiencia en robótica saben que fabricar un robot con fisonomía humanoide, que se mueva con la misma flexibilidad de cualquier trabajador, y que haga un gran número de oficios que hoy, en fábricas y oficinas, hacen personas, es un problema de mercado.

O quizá ni siquiera de eso. Posiblemente es un problema de que otro Henry Ford I, respaldado por abundantísimo capital, diseñe y construya 1.000.000 de esos robots cada año, para empezar, y los venda (con el software adecuado a cada oficio) a un precio competitivo con el trabajador humano. Lo cual, dado el estado actual de la técnica, y dado el alto coste por hora de los trabajadores occidentales, no es un problema. Creo que fácilmente se conseguiría producir a menos del 20% del coste por unidad de trabajo que tiene hoy un trabajador en España.

Por supuesto no todo serían robots. Los seres humanos serían también necesarios, pero solo en algunos puestos. Por ejemplo, no es una quimera que en las grandes empresas de transporte urbano haya dentro de treinta años la décima parte de trabajadores que hoy hay, habiendo sustituido el resto por robots humanoides.

Lo anterior, ¿es ciencia ficción?. De ninguna forma. Los ingenieros con experiencia en robótica saben que eso es técnicamente posible. Por supuesto sindical, social, y políticamente se va a luchar contra ello.

Pero con la globalización actual, ¿cómo se para esa nueva oleada?.

Hace 20 años empezaron a invadirnos los chinos con productos muy baratos de baja calidad producidos por muchos chinos en China. Hoy en día los chinos en China elaboran productos de calidad standard a precios más bajos que cualquier otro país, y nos siguen invadiendo, pero ahora con muchos más productos que han hecho cerrar a un buen número de fábricas españolas, y dejado en la calle a centenares de miles de trabajadores, que hoy engrosan las listas del paro de nuestro país.

¿Y mañana, qué?: Pues está muy claro. Los chinos robotizarán un montón de puestos de trabajadores, producirán muchos más productos mucho más baratos, y gracias a la inocencia de Occidente, admitiendo la globalización y abriendo de par en par las puertas a las importaciones, nos invadirán mucho más con sus productos, y nos provocarán mucho más paro. Y como su poder político, económico, y militar será muy superior al ya grande de hoy, muchos países Occidentales, entre ellos España, tendrán difícil el resistir a sus presiones. Y más si aquí nos gobierna la derecha.

Y no solo los chinos, porque los indios y malayos seguirán su camino. Y los mexicanos y brasileños no se quedarán atrás.

¿Y qué harán los políticos que gobiernen en España desde hoy hasta el año 2049?. Pues me temo que harán lo de siempre. Reaccionar tarde.

Las importaciones se contendrán poco, las exportaciones españolas no podrán crecer indefinidamente con el tipo de cambio del euro que padecemos, el coste del petróleo subirá, y el avance de la robótica en el mundo y en España hará que la pérdida de puestos de trabajo que todo ello produzca no pueda ser compensada por la inercia de las medidas que Gobiernos de izquierda vayan tomando.

Y a partir de 2039 a los problemas enunciados se sumarán los de precio astronómico de la energía importada, avance fortísimo de automatización y robótica en todo tipo de empresas, y durísima competencia de los países en desarrollo, y especialmente de los de costes laborales mucho más bajos que el nuestro.

¿Cómo debería abordarse este problema?. Nuestra recomendación es poner en marcha un fuerte control de natalidad y de reducción total de nueva inmigración, y poner en marcha las medidas monetarias, fiscales, de control, de importación y exportación, que se exponen en este libro.

16.3.2- Inteligencia Artificial

La Inteligencia Artificial es algo todavía por dominar, aunque ya hace más de 50 años que se empezó a trabajar seriamente en ella. Una máquina que esté a la altura mental del hombre todavía no está desarrollada.

La capacidad del ser humano de asociar el contenido de sus 100.000 millones de neuronas (de las que los más listos solo llegan a utilizar 15.000 millones), todas con todas, y de almacenar imágenes utilizando la parte que nos interesa de estas, es algo para lo que falta hasta ahora el complejísimo hardware y el sofisticadísimo software precisos.

El proceso cognitivo de la mente humana, esto es, el procesamiento de información a partir de la percepción externa, del conocimiento adquirido, y de factores subjetivos del individuo, es algo en lo que se trabaja intensamente desde hace tiempo en prestigiosos centros de varios países del mundo que investigan sobre inteligencia artificial.

El proceso cognitivo que comprende pensamiento, memoria, y percepción, es algo que conceptualmente está al alcance de la tecnología actual.

Lo que llamamos pensamiento es cercano al procesamiento que una unidad central de un ordenador complejo realiza al ejecutar el software que se le ha ordenado.

La capacidad de memoria ha crecido brutalmente en los últimos años, y se estima que en un par de décadas será enorme la memoria a la que podrá acceder una máquina en nanosegundos.

Y en cuanto a percepción hoy en día existen sensores muy precisos capaces de captar imágenes, sonidos, formas, y hasta sabores y olores.

Digamos que se conoce como se puede llegar a hacer una máquina de inteligencia artificial que supere la capacidad del ser humano. El problema está en que todavía no existe el hardware y el software capaces de trabajar con 15.000 millones de unidades de memoria, todas ellas interconectadas, lo que constituye billones de enlaces que deben estar permanentemente activos.

Desde un punto de vista práctico debemos decir que ni siquiera Einstein tuvo activas a la vez sus 15.000 millones de neuronas, puesto que en el cerebro cabe toda nuestra vida, de forma que van entrando nuevas experiencias y conocimientos, y se van difuminando los viejos o los que no usamos. Por ello posiblemente un sabio sea alguien que maneja muy bien 5.000 millones de neuronas en las que ha introducido información y experiencia de calidad. Lo que quiere decir que iniciales máquinas no tan potentes, que trabajen con inteligencia artificial, trabajando 24 horas los 365 días del año, podrán poner en un brete al científico más prestigioso del mundo.

Seguramente el crear ese hardware y software será un problema de tiempo. Es muy probable que en 60 a 80 años haya máquinas con verdadera Inteligencia Artificial (AI en inglés). Esto es, máquinas que trabajen con esquemas similares a cómo trabajan las neuronas (conexiones de todas con todas, y memoria no solo de números y palabras, sino también de imágenes completas).

Y en ese momento adiós a la necesidad de seres humanos en los trabajos más sofisticados que hoy desarrollan. Incluso a los que hoy llamamos extraordinariamente expertos, o sabios.

Quien haya leído como Fleming descubrió la penicilina sabrá que fue probando. Por supuesto había que saber mucho para probar lo que debía probarse, y no pasarse siglos perdiendo el tiempo.

Bien, pues una máquina que posea IA y que tenga en su memoria todo el saber existente sobre ese campo, puede hacer las pruebas que hizo Fleming, más muchas más, durante las 24 horas del día los 365 días del año. Y posiblemente descubra un procedimiento heurístico por el que acote el mejor resultado en un conjunto de tamaño mucho menor, y así tenga que hacer muchas menos pruebas para descubrir la penicilina, y de paso el resto de los antibióticos que se descubrieron en los 30 años siguientes.

Quizá a algunos les sorprenda saber que ya en 1960 había formados fuertes equipos de investigación sobre IA en las Universidades de Stanford, Carnegie Mellon, y en el M.I.T. (Massachussets Institute of Technology), o sea en la flor y nata de los centros superiores de enseñanza e investigación de USA. Ello lleva a pensar en los puntos siguientes:

* Que los avances en IA enseguida se convierten en información de gran valor estratégico, y por tanto controlados por los Servicios Secretos.

* Que en los más de 50 años transcurridos seguro que han avanzado mucho, especialmente en los últimos diez años en que el hardware y el software son muchísimo más potentes que anteriormente.

* Y que consecuentemente se publicará poco o nada sobre los avances revolucionarios que se vayan consiguiendo, e iremos enterándonos esporádicamente de hechos que solo se explicarán por haberlos realizado máquinas con potente inteligencia.

No queremos terminar este punto sin hacer el siguiente comentario. No son necesarios robots con verdadera inteligencia artificial para fabricar robots más modestos (desde el punto de vista intelectual) que ocupen los puestos de trabajo actuales de más de las tres cuartas partes de los trabajadores existentes en el Mundo. O dicho de otra forma, robots sin una mente tan potente como la de un recién titulado universitario dejarán sin empleo en menos de 60 años a más de la mitad de los trabajadores actuales, y en menos de 80 años a más de las tres cuartas partes de los trabajadores existentes en el Mundo.

¡Señores políticos, es hora de empezar a trabajar en las consecuencias que para el ciudadano tendrán esas nuevas circunstancias!. ¡Empiecen ya a ganarse el sueldo!. ¡No dediquen todo su tiempo a tratar de sentarse en una buena poltrona después de las elecciones generales del 28Abril2019!

17- ¿Qué tal va la economía española?
17.1- ¿Qué quieren los españoles que se arregle bien y pronto en España?

Los políticos profesionales, tanto los que en un momento determinado ostentan el poder como los que están en la oposición, venden a la ciudadanía, a través de los medios, los cambios (que ellos siempre llaman mejoras) que interesan a ellos y/o a sus partidos.

Y las encuestas, que teóricamente representan la opinión de los ciudadanos en un momento y lugar determinados sobre un tema concreto, nunca son fiables por una de las dos razones siguientes, o por las dos:

* Una, porque en general suelen ser técnicamente malas en su diseño, debido a que el tamaño de la muestra está condicionado por el escaso dinero que quiere gastarse el promotor de la encuesta, lo que hace que el resultado que se publica de la misma no tenga ninguna garantía estadística de que se corresponda con la opinión del colectivo encuestado.

* Dos, porque en España no existe ninguna legislación que garantice la no manipulación del resultado, con lo que las encuestas siempre se acercan, a veces demasiado, a la opinión de quien las promueve y paga su coste.

En España a ningún político, ni en el poder ni en la oposición, se le ha ocurrido dirigirse abiertamente a la ciudadanía con un discurso como el siguiente:

Queridas y respetadas conciudadanas y conciudadanos:

Si me votáis, y con ello me convertís en Presidente del Gobierno de España, prometo solemnemente lo siguiente:

* Inmediatamente promoveré una modificación constitucional para reforzar lo expresado en el Artículo 1 sobre que la soberanía nacional reside en el pueblo español. Se añadirá un punto 4 a ese artículo que la misma se expresará a través de referendos de obligado cumplimiento. Y que quedará prohibido cualquier otro tipo de referendos, plebiscitos, consultas, o similar con cualquier otra denominación que sus promotores le quieran dar, en el Estado Central, en cualquiera de las Comunidades Autónomas, y en cualquiera de los Municipios Españoles.

* Promoveré la modificación de la Constitución en lo preciso para que quede derogada toda la legislación del estado central y de las comunidades autónomas (incluidos sus estatutos) que impidan que haya igualdad entre todo lo dispuesto en cualquier parte del territorio español, asegurando la libertad de circulación y establecimiento de personas y bienes en todo el territorio español.

* Incluiré en la Constitución la citación expresa de que el idioma de todos los ciudadanos españoles es el español, de que todos los españoles tienen el deber de conocerlo, y de que las instituciones públicas y los medios de comunicación públicos tienen la obligación de usar el español en todos sus actos. Podrán utilizar localmente otras lenguas o dialectos, pero el español será siempre la lengua preferente.

* Promoveré la inclusión en la Constitución de los artículos correspondientes que determinen como deben realizarse las encuestas de opinión a través del Instituto Nacional de Estadística, de forma que se garantice el que periódicamente se conozca con rigurosidad científica y con total ausencia de manipulación la opinión de los españoles respecto a intenciones de votos y a otros aspectos de gran importancia. Así mismo se regularán los mínimos que deben cumplir las encuestas privadas que se publiquen, haciendo responsables civiles y penales a los promotores que no cumplan esos mínimos, incluso aunque no manipulen a su interés los resultados.

* En los próximos cuatro años bajaremos el paro del 16,74%, que reflejaba la Encuesta de Población Activa de finales del primer trimestre de 2018, al 3%.

* Para lograr ese ambicioso objetivo haré:

*   - Que las clases altas españolas paguen los mismos porcentajes de impuestos que pagan sus iguales en USA, Suecia, o Francia. Y acabaré con todo lo ineficiente en las diversas administraciones públicas, reduciendo, e incluso llegando a cero, las ayudas del Estado a lo superfluo y a lo que no funcione.*

*   - Acabaré con la corrupción política por medio de dos medidas. Una, aprobar en el Código Penal una fuerte ampliación de penas de cárcel para los corruptos y para los corruptores. Dos, daré orden al Fiscal General del Estado para que persiga de oficio cualquier indicio de delito que llegue a sus oídos o a los de sus subordinados.*

*   - Acabaré con el incumplimiento de las normas legales y de las sentencias judiciales tanto en el País Vasco como en Cataluña. Disolveré la Ertzainza vasca, los Mossos catalanes, y la Policía Foral navarra, integrando a sus miembros en los cuerpos policiales estatales. Intervendré, aplicando el Artículo 155, las Autonomías que no cumplan con ellas, procesando, a través del Fiscal General del Estado, a sus dirigentes por los delitos que hayan podido cometer.*

*   - Promoveré la aprobación del recurso previo de inconstitucionalidad (que estuvo vigente muchos años) de forma que no sea posible que entren en vigor, antes de que se pronuncien los Tribunales, normas aprobadas por cualquier entidad*

(Comunidad Autónoma o Municipio) que sean contrarias a otras vigentes a nivel estatal, u otras posteriores que se creen.

- Impulsaré fuertemente la exportación de todo tipo de productos y servicios, y tomaré las medidas oportunas para disminuir o eliminar las importaciones de los productos que puedan producirse competitivamente en España.

- El próximo Presupuesto se aprobará con déficit cero. Y según se vaya incrementando el empleo y mejorando los ingresos por tributación, se irá disminuyendo la Deuda Pública.

- Se emitirán Letras del Tesoro con interés de tres puntos por encima del Euribor, destinadas con preferencia a los pequeños ahorradores españoles. Y en orden sucesivo destinadas a que los españoles repatríen los fondos que tienen en el extranjero. Tales intereses estarán exentos de pagar impuestos.

- En esta legislatura promoveré el cambio constitucional para que la circunscripción electoral para las elecciones generales pase a ser la de todo el territorio español, con lo que se conseguirá que cada voto de cada ciudadano español valga lo mismo, viva en cualquier comunidad autónoma o provincia que viva.

- En el presente año promoveré la inclusión en la Constitución de la doble vuelta electoral, de forma que los Diputados del Congreso de España se sigan eligiendo en la misma forma, pero en la elección del Presidente del Gobierno sean los ciudadanos los que decidan. Se eliminarán de esa forma las componendas entre partidos, que demasiadas veces conducen a nombramientos de personas sin los adecuados historiales profesionales, pagando esos favores en forma secreta porque a los involucrados les da pánico el que se sepan los detalles de esos repugnantes pactos.

- En esta legislatura promoveré la regulación legal de la inmigración, con inclusión en la Constitución del marco regulador que deberá cumplirse, y con la prohibición y persecución de la inmigración ilegal. Será una regulación con arreglo a los intereses españoles, sin que quede aprobada en España legislación de la UE que intenten imponer otros estados miembros con intereses y circunstancias muy diferentes a los españoles.

- En esta legislatura promoveré el cambio de legislación que permita armar a todos los cuerpos policiales con pistolas taser (eléctricas paralizantes) de forma que los agentes puedan cumplir sus funciones sin ver expuesta su vida, al detener a presuntos delincuentes o actuar contra activistas callejeros, como lo están en la actualidad.

Cualquier partido que incluya lo anterior en su programa electoral para las próximas elecciones, y que lo defienda con ardor en la campaña, seguro que conseguirá más de cinco millones de votos por encima de los que consiguió en las últimas elecciones del 26Junio2016.

A lo largo del presente libro veremos los cambios constitucionales importantes que España, y especialmente el 80% de los españoles que forman la clase media, necesita para hacer un país más justo, más estable, y con mayor futuro para los hijos y nietos de los actuales ciudadanos mayores de edad.

El pequeño discurso anterior, que estamos seguros que hoy no querrá pronunciar en público ningún candidato a Presidente de Gobierno, incluye solamente una parte de los cambios en el texto constitucional que deberían realizarse en los próximos veinticuatro meses. Los que veremos más adelante en este libro.

17.2- La falacia de la bondad de la inversión española en el extranjero

Ya sabemos que una falacia es un argumento que parece válido, pero no lo es.

Los políticos de derechas en el poder nos pretenden convencer de que es bueno para España invertir en otros países porque ello proporciona ingentes beneficios a nuestro país. Eso es un camelo como la copa de un pino.

Es obvio que los países sudamericanos, y los africanos, y China, India, y todo el resto de países del mundo mundial, quieren que se invierta en sus países. Algunos dan facilidades importantes, y el empresario que invierte allí empieza su andadura externa con un aparentemente magnífico negocio. A veces, como en los casos de Argentina, Bolivia, y Venezuela, cuando ya no hay remedio, reniegan de haber metido allí un montón de millones, que les son nacionalizados o que no los pueden repatriar.

Pero eso que puede ser bueno para los empresarios españoles que invierten fuera, es siempre malo para los trabajadores españoles. Invirtiendo en elaborar productos y servicios fuera de España se da trabajo a los extranjeros y no a los españoles.

Necesitamos que se creen pronto muchos puestos de trabajo en España. Y ello lleva a que en esta coyuntura necesitamos exportar muchos más. Pero para exportar no hace falta montar fábricas en el extranjero.

Los automóviles BMW se venden en España, pero no se fabrican en España.
Los aviones Boeing se venden en España pero no se fabrican en España.
Los ordenadores Toshiba se venden en España pero no se fabrican en España.
Y se podrían citar decenas de miles de ejemplos más.

Si los empresarios españoles o los banqueros españoles invierten fuera el dinero que captan fuera, bien. Mejor sería que lo invirtiesen en España, pero al fin y al cabo es dinero que captan fuera.

Pero invertir fuera de España dinero procedente del ahorro español, que los empresarios reciben prestado de los bancos españoles, o que estos prestan a empresarios españoles o extranjeros para invertir fuera, es algo que debe estar prohibido por ley en España, al menos hasta que el paro se reduzca a menos del 3%.

El autor no entiende cómo los sindicatos (de izquierdas y de derechas) y los partidos de izquierdas no hacen manifestaciones multitudinarias para oponerse, con la fiereza que emplean en otras ocasiones, a que el ahorro español vaya a dar trabajo a extranjeros en detrimento de los españoles.

Para vender en el extranjero no hace falta producir en el extranjero.
Levantar centros de producción en el extranjero requiere inversiones muy fuertes.

Pero invertir en crear una filial comercial no cuesta ni el 5% de esa inversión. Y el resultado puede ser el mismo si se sabe gestionar bien y se aprovechan en España los beneficios de escala de producir más aquí.

Y si en lugar de crear una filial comercial se trabaja con representantes exclusivos por zonas, la inversión no llega al 1%, y el balance económico puede ser mejor que si se invierte fuera.

Y desde luego el riesgo de que los líderes argentinos, bolivianos, venezolanos, u otros, nos confisquen nuestro negocio, es muy pequeño. Y si lo hacen, perdemos poco.

17.3- ¿Por qué España hoy no es competitiva?

En 2005 España era la undécima potencia industrial del mundo. Desde entonces a hoy ha sucedido lo siguiente:

* Mucha inversión, española y extranjera, ha salido de España, lo que ha hecho que las empresas españolas no se hayan renovado en know how, métodos, máquinas e instalaciones, y desarrollo de nuevos productos. Lo que significa que han envejecido respecto a sus competidores. Hoy en día nuestra tecnología, nuestras instalaciones, nuestro personal, y nuestros productos, no son tan competitivos como lo eran en 2005. Digamos, que nos hemos quedado atrás, porque en el mundo empresarial el que no avanza se queda atrás.

* Un porcentaje importante de esos capitales que han huido de España han sido capitales españoles. Unos lo han hecho acogiéndose a la actual libertad de movimiento de capitales, por la que es legal (aunque por supuesto inmoral, y falto del más elemental sentido de solidaridad entre los ciudadanos de un país) dar trabajo a chinos, indios, malayos, y otros, y quitárselo a los conciudadanos españoles.

* Otros lo han hecho por medio de sociedades de las que son titulares, pero estando esta titularidad camuflada a través de una conveniente y eficiente estructura societaria de fundaciones, sociedades interpuestas, y paraísos fiscales.

* Ello se ha hecho en la lógica del mundo capitalista, en que "con mi dinero hago lo que quiero, y me voy a donde la combinación liquidez, riesgo, y rentabilidad me sea más conveniente". Sin ser comunista ni socialista, se pueden hacer objeciones serias a afirmaciones de este tipo, pero hasta hace poco en España con un partido conservador en el poder, y desde hace poco hasta hoy con un teórico partido socialista, las cosas son así.

* Se han cerrado muchísimas empresas de todo tipo, y especialmente industriales. Y lo que producían esas empresas se ha sustituido en el mercado nacional por productos de importación. Y en un porcentaje importante son los mismos empresarios españoles que cerraron empresas en España los que produciendo en India, China, y otros países, han suministrado y están suministrando al mercado doméstico español, usando sus antiguas redes comerciales e incluso sus antiguas marcas, que ya tenían establecidas y consolidadas en España.

* Más de la mitad del sistema financiero español (las Cajas y algunos Bancos) han tenido pérdidas enormes, en parte por la corrupción política, en parte por el enorme sobredimensionamiento que había alcanzado el sistema bancario español, y en mucha mayor parte por la explosión de la burbuja inmobiliaria. Ello ha llevado a que el Estado Español haya avalado enormes cantidades de dinero para reflotar al sistema financiero

español, y a que el crédito a particulares y a empresas privadas se haya convertido en escaso, con petición de garantías exageradas, e intereses y comisiones muy superiores a los que deben pagar otros ciudadanos y empresarios de la zona euro.

* La inmigración que ha venido a España no ha sido seleccionada por su cualificación profesional idónea para las necesidades presentes y futuras de nuestro país. Realmente ha venido quien ha querido, en la mayoría de los casos en forma ilegal, alcanzando posteriormente la legalidad gracias a generosísimas medidas de legalización que primero el PSOE y después el PP les han concedido. Ello nos crea tres problemas:

- Primero, que el mix de trabajadores españoles tiene en 2019 una media de cualificación profesional bastante menor que la que existía en 2005, lo que inevitablemente nos hace menos competitivos.

- Segundo, que muchos de ellos se incorporaron al mundo de la edificación y de la obra pública, lo que ha dejado en paro a millones de inmigrantes, que permanecen en España después de perder sus empleos, y con expectativas de que estos dos sectores no vuelvan a ser lo que fueron, al menos en una docena de años.

- Y tercero, que muchos de ellos ocuparon puestos de bajo sueldo, de anonimato fiscal, y de condiciones laborales que muchos españoles no aceptaban en los momentos en que la economía iba viento en popa en España. Fruto de ello, muchos encontraron colocación en el servicio doméstico y en el cuidado a mayores. Las normas legales que se han puesto en vigor, y la reciente intensificación de la vigilancia, con enormes multas para el empleador incumplidor, dando como premio al inmigrante denunciante la legalización de su estancia en España, está llevando a que muy rápidamente estén perdiendo sus empleos. Seguro que mucho del nuevo paro de los últimos tiempos incluye a una importante cantidad de estos inmigrantes, que están perdiendo el empleo que habían conseguido.

* Y desgraciadamente hay que añadir un fenómeno que ya es importante, y que si no se le pone remedio va a ser catastrófico en los próximos años. Por cierto, fenómeno del que los políticos conservadores y socialistas guardan absoluto mutismo en los medios de comunicación. Se trata del robo de cerebros que estamos sufriendo.

Con clara desvergüenza, países como Alemania y otros están haciendo ofertas a titulados universitarios españoles en paro, para que se vayan a trabajar a sus países. Incluso están viniendo a España, y convocando reuniones de captación de nuestros jóvenes titulados universitarios. Visto desde los empleadores se trata de un verdadero robo, respecto al que las autoridades españolas no toman ninguna medida, ni siquiera de denuncia en los medios de comunicación. Visto desde esos jóvenes titulados, tienen todo el derecho del mundo a buscarse la vida donde sea, cuando en su país la Constitución dice que todo español tiene derecho al trabajo, pero ningún político, ni de derechas ni de izquierdas, lucha activamente por poner la solución al paro muy por delante de cualquier otra consideración económica, política, o social.

El que un país pierda competitividad porque se queda atrás en I+D, en Inversiones, en Formación Profesional, en Capacidad de Vender sus productos y servicios al interior y al exterior del país, es muy triste, y marca una senda hacia abajo de la que solo se emergerá con un gran esfuerzo en todos los órdenes.

Pero si en esa dramática situación el dinero de los ciudadanos ricos huye del país para invertirse fuera, y los jóvenes mejor formados tienen que buscarse la vida fuera, es para echarse a llorar.

¡Señores Líderes de los partidos políticos españoles!: ¿han llorado Vds. últimamente?.

17.4- Emigración

En los Siglos XIX y XX muchos españoles, que no podían ganarse la vida aquí, emigraron a las Américas de habla española y de habla portuguesa. Y en menor número a USA y Canadá. Destinos predilectos fueron Venezuela, Argentina, México, New York, y Florida.

Poco antes y durante la Guerra Civil huyeron a México un montón de profesionales que temían el triunfo de los "nacionales". Se habla de que se marcharon 100.000 profesionales. Quizá esta cifra sea exagerada, pero desde luego se marchó un porcentaje muy importante de los profesionales (profesores, catedráticos, médicos, dentistas, abogados, ingenieros, arquitectos, etc.) que había en España, lo que hizo que durante los 30 años siguientes se resintiese nuestro país de esa enorme pérdida de personal formado.

Después de la Guerra Civil, en los terribles años 1940s, de hambre y miseria, y en los 1950s de mejora dentro de la pobreza, en España se padeció mucho. Por supuesto nos referimos a las clases baja, media-baja, y media.

Aquello contrastaba con las noticias que llegaban del "mundo feliz" que habían encontrado los familiares y conocidos emigrados. Recuerdo un amigo de mi padre que se marchó antes de la Guerra, y que volvió, de visita, allá por 1960. Venía con un "aiga" (enorme coche americano) nuevecito y enorme. El indiano disfrutó de lo lindo contando a sus amigos lo mal que lo pasó al principio, lo mucho que trabajó, la vida mísera que vivió para juntar el capital con el que montó un negocio, con el que años después triunfó. Mi padre puso cara seria, que yo sabía era de tristeza. Yo sabía, me lo había contado, que se iban a marchar los dos juntos, y que mi padre en el último minuto decidió quedarse por su deber de atender a sus padres.

En 1959, 1960, y 1961 con el Plan de Estabilización de Ullastres (Ministro de Franco) salieron de España a diversos países europeos, unos dos millones de españoles. La mitad volvieron y la mitad se quedaron, siendo ahora parte de los valiosos activos intangibles de Alemania, Holanda, Bélgica, Francia, y Reino Unido.

En la crisis que padecemos desde 2007 se ha marchado de España un porcentaje prácticamente nulo de trabajadores de bajo nivel profesional.

En los últimos diez años, ante la dramática situación de paro, sin esperanzas de encontrar trabajo, con cientos de empresas que han cerrado y han despedido a todo su personal, han salido de España decenas de miles de profesionales con experiencia, y directivos que han perdido su empleo. Los que solo hablaban español han ido a Brasil, Chile y México. Los que hablaban algún idioma local han ido al país correspondiente. Y los que hablaban inglés han tenido oportunidad de elegir entre la UE, USA, Canadá, Australia, China, Japón, y otros.

En los últimos años este fenómeno se ha extendido a los jóvenes que han obtenido su título universitario en los últimos diez años. Se han marchado más de 200.000 de ellos, y se siguen marchando.

En los últimos tres años han organizado reuniones en varios países, incluida España, varias grandes empresas, especialmente alemanas, para encandilar con sus ofertas a los desesperados jóvenes españoles, y para reclutarles en sus países. Incluso la Sra. Merkel ha dicho en público que Alemania tiene los brazos abiertos a los jóvenes titulados españoles que quieran ir allí a trabajar.

A mediados de Mayo 2013 en una reunión de jóvenes, en un centro de estudios de Madrid, el ex Presidente americano Bill Clinton ha animado a los titulados españoles a trabajar fuera de España, añadiendo que eso añade a su curriculum experiencia vital y profesional, que les será muy útil para cuando vuelvan a su país. Eso no lo dijo cuando llegó a la Presidencia USA y se encontró con un alto paro, porque le hubiesen culpado de traidor a su país, por propiciar que sus ciudadanos fuesen al extranjero a poner a disposición de otros países lo que habían aprendido en las universidades de su país, y así contribuir al desarrollo de esos países en detrimento del suyo.

Y, ¡cómo no!, hace no mucho he oído en los medios a una política del PP, del Ministerio de Trabajo, decir que es muy positivo que los jóvenes españoles trabajen fuera, porque así se enriquecen de experiencia y la traen cuando vuelven. Lo que no dijo es que la mayoría no vuelve.

Lo anterior merece pocos comentarios respetuosos y serios. Solo merece el desprecio siguiente:
* Es una vergüenza que los españoles tengan que irse a buscar trabajo fuera de España.
* Y es una aberración que los jóvenes titulados tengan que irse fuera.
* Y peor todavía el que profesionales que han ocupado puestos de mando de tipo medio y alto no encuentren aquí nuevo empleo, y deban emigrar para ganarse la vida.
* Cuando este autor terminó su carrera de ingeniero, hace muchos años, en España sobraba trabajo para los profesionales jóvenes. No había por qué irse. Aunque siempre hay aventureros o culos inquietos. Más de una docena de compañeros se marcharon al Reino Unido, USA, y Canadá. Ninguno volvió. A los dos años todos se habían integrado en sus países de destino y en las empresas que les contrataron. Todos se casaron. Algunos con españolas y otros con nativas. En los últimos 30 años los he visto al menos una vez a cada uno de ellos. Todos hablan español, con acento del país al que fueron, todos son ciudadanos de esos países, y España, en su alma, ya no es su patria.

De los dos millones de personas que emigraron a Europa en 1959, 1960 y 1961 volvió un millón. Pero no volvieron voluntariamente sino porque no les prorrogaron sus contratos de trabajo (y eso suponía la expulsión sin apelación posible) durante las varias crisis de los 70, los 80, y los 90, lo que creó un grave problema en España, que no tenía trabajo para ellos.

En los últimos doce años (2008 a 2019) han emigrado fuera de España más de 400.000 profesionales, la inmensa mayoría de ellos titulados de formación profesional, titulados medios, y titulados universitarios. El que un país pequeño como España pierda tal cantidad de materia gris en tan corto período es una tragedia económica, una tragedia social, y es la prueba de que hemos estado y estamos gobernados por insensatos e incompetentes del PSOE y del PP.

Y toda esa emigración se ha producido y se está produciendo a la vez que han venido a España más de nueve millones de inmigrantes, la inmensa mayoría sin contratos de trabajo y sin permiso para residir en España, con un nivel de formación profesional muy bajo.

En suma, España ha cambiado a 400.000 personas con un nivel medio y alto de formación profesional, por más de 9.000.000 personas con un nivel bajo o muy bajo de formación profesional. Y además estamos sufriendo un alto paro, que a Marzo 2019 es del 15% (más de 3.300.000 personas).

Si los políticos no entienden que en los últimos años hemos perdido, y seguimos perdiendo, un enorme potencial profesional, que necesitaríamos para volver al lugar en que estuvimos, y que hemos retrocedido varias décadas en el nivel profesional medio del país, es que estamos gobernados por insensatos e inexpertos, antes de derechas y ahora de izquierdas.

17.5- La solución de los problemas económicos de España está en que los parados encuentren empleo

Seguro que hay quien piensa que el título de este punto se le ocurrió antes a D. Pero Grullo. No obstante, para quien no lo sepa, diremos que el Sr. Grullo decía verdades como puños, aunque expresadas en forma de perogrulladas.
En el Diccionario de la Real Academia Española se definen las afirmaciones del Sr. Grullo como "verdad o certeza que, por notoriamente sabida, es necedad o simpleza decirla".
Bien. Pues es una perogrullada, pero también certeza, que la solución de los problemas económicos de España está en que los más de 3,3 millones actuales parados españoles encuentren empleo. Y también lo encuentren los cuatro millones de españoles que no buscan empleo (ni a jornada completa ni a media jornada) porque creen que no lo encontrarán, y no quieren perder tiempo en lo que consideran imposible. Y si lo encontrasen subiría la baja tasa de actividad actual, del 59,29%, hasta valores más cercanos a los actuales de Francia y Alemania.

Si hubiese pleno empleo (paro menor del 3%) los empresarios vivirían mucho peor que viven hoy, porque los sindicatos les demandarían lo que no les demandan hoy porque temen que tomen medidas drásticas contra sus empleados.

Si el paro fuese mucho menor, si hubiese encontrado un empleo digno y permanente casi todo el que saliese a buscarlo, las cotizaciones a la Seguridad Social y las aportaciones de Impuestos, crecerían de tal forma que en pocos años se podrían subir las Pensiones, mejorar las Prestaciones de la SS (comparativamente mucho más bajas que las francesas o alemanas), bajar los Impuestos, y reducir las Deudas Pública y Privada.

Con esa enorme cantidad de dinero se acabarían las reestructuraciones que han mermado considerablemente el Estado del Bienestar, especialmente en pensiones, atención hospitalaria, fármacos, y educación. Con la ciudadanía con trabajo disminuiría la delincuencia. Y con trabajo muchos españoles hoy parados recuperarían la fe en sí mismos y en España.

Con el ingreso en el Erario Público de las aportaciones de siete millones y medio más de empleados pronto se acabaría con la necesidad de mendigar ayudas de financiaciones extranjeras a precios de usura.
O sea, que así pronto lograríamos que la prima de riesgo disminuyese por debajo de la alemana, como llegó a estar hace no muchos años.
Y el crédito a familias y empresas volvería a surgir. Y lo haría a coste y condiciones normales, no como las abusivas que han venido funcionando en los últimos años. Y el exceso de viviendas actual desaparecería, porque podrían comprar los muchos que actualmente precisan vivienda.

En suma, la solución de los problemas económicos actuales, y muchos de los sociales, de la ciudadanía española está en que los parados encuentren empleo. Y no cualquier empleo, sino uno estable y razonablemente remunerado.

El insistir en la bondad de que todo el que lo quiera encuentre empleo, puede parecer más de lo mismo del Sr. Grullo. Pero no debe parecerlo porque los políticos españoles (los que se sientan en los sillones del poder, y los que quieren que estos se levanten para sentarse ellos) hablan poco de cómo crear empleo. Hablan de "crear condiciones para que los empresarios creen empleo", que es algo muy diferente a "crear empleo". En un libro anterior (que está publicado en Amazon) hemos tratado largamente este asunto, que en este libro no cabe.
En ese libro se razona el que "Los empresarios solo contratan. Y lo hacen cuando los políticos crean las condiciones por las que a los empresarios interesa contratar. Los empresarios no crean empleo. Al revés, si pueden resolver el problema de otra forma prefieren no contratar".

No puede terminarse este punto sin añadir lo siguiente:
* Hay políticos de derechas que dicen que en las circunstancias actuales el parado ya tiene suerte si se le ofrece cualquier puesto de trabajo, aunque sea temporal y mal pagado. No señores políticos, no. Se equivocan. Así no. La economía de supervivencia no sacará a España de la crisis. Además de que es moralmente reprobable. Los políticos en el poder y en la oposición solo se ganarán el excelente sueldo que cobran si crean condiciones para que los empresarios ofrezcan a los españoles empleos estables, razonablemente pagados, en empresas sólidas y con futuro.
* Y ello lleva a que los políticos, en el poder y en la oposición, deben poner su objetivo en que se creen ese tipo de empresas. Para lo cual será condición necesaria, aunque no suficiente, el que se modifiquen los actuales muy bajos niveles de capital social que

se exige a las empresas españolas para ser registradas como sociedades anónimas o sociedades limitadas. Las S.A. y las S.L. tienen, según sus leyes, una serie de protecciones que el Estado concede a sus propietarios. Ello debe compensarse con que sus propietarios se casen con este país, arriesgando realmente su dinero. Una empresa poco capitalizada es débil ante los ciclos económicos, y ante las eventualidades de los mercados. Y también es una tentación, que el país no puede permitirse, a que su propietario la cierre y deje a sus trabajadores en la calle cuando las cosas no le vayan bien, o cuando encuentre otro país donde piense que ganará más dinero.

* No es verdad (lo que decían Rajoy y el PP) que si las empresas van bien crearán mucho empleo. Eso es mentira. Las reglas del juego hacen que el empresario busque maximizar su beneficio, con un riesgo aceptable. El contratar más o menos personal no es una variable en juego, aunque algún conocido empresario presume en los medios de ser un padrecito de la nación dedicado en cuerpo y alma a contratar al mayor número de personas que puede.

Las reglas del juego hacen que cualquier empresario comprará inmediatamente una máquina o un robot que consiga producir a precio unitario menor que el producido por humano, y enseguida dará de baja a este, ahora que es fácil y barato despedir en España. O producirá en China o India si ello le interesa más.

Por tanto, posiblemente sea condición necesaria que el PIB crezca para que el paro disminuya, pero desde luego no es condición suficiente. Hace falta una política activa de creación de empleo, que los políticos del PP y del PSOE, cuando han estado en el poder, no han puesto en juego desde que a partir de 2008 empezó a golpear la crisis.

17.6- Entrar España en el euro fue un gran error político

La entrada de España en la Unión Europea fue un gran acierto. Y todos los españoles debemos reconocerles el mérito a los políticos españoles que tuvieron protagonismo en ello.

La firma el 12Junio1985 de la Adhesión de España a la CEE (que después se convirtió en Unión Europea), terminó con 40 años de aislamiento internacional al que nos habían condenado las potencias vencedoras de la Segunda Guerra Mundial en su Declaración de Potsdam de Agosto1945.

No obstante, la realidad posterior ha sido de desencanto. La Unión Europea se creó con el objetivo de convertir al conjunto de países miembros independientes en un Estado Único. Algo así como crear los Estados Unidos de Europa, con una estructura parecida a USA, yendo por el camino el crear una moneda única, una fiscalidad única, una policía supra nacional única (algo así como el FBI americano), una política económica común, etc.

La realidad ha sido que 34 años después lo que verdaderamente existe es un conglomerado de países muy diversos, con circunstancias muy diferentes, que no evolucionan hacia la confluencia, sino más bien a la divergencia, o al menos al estancamiento de las diferencias. En otras palabras, la UE ha resultado un verdadero fiasco, especialmente para los países menos ricos. No así para Francia, Alemania, Holanda, y alguno más, que le han sacado una enorme rentabilidad a este tipo de UE.

A la vista de lo que ha sucedido en estos 34 años puede decirse que si nos hubiésemos quedado en lo anterior (el Mercado Común) todos los países de la UE estarían hoy contentos, y no sentirían frustración.

La entrada en el euro ha sido un gran error para España. No estaríamos hoy en la horrible situación en que estamos si hubiésemos permanecido dentro de la Unión Europea, pero con la peseta como moneda, pudiendo devaluar esta cuando fuese preciso, pudiendo emitir moneda el Banco de España cuando la masa monetaria fuese menor de la deseable, y pudiendo el Banco de España dirigir y controlar la política financiera y bancaria.

Desde Junio1985 en que entramos en la UE, hasta 1Enero2002 en que se puso en circulación el euro (que en ese momento sustituyó a la peseta), el Gobierno de España, a través del Banco de España, tuvo en su mano la política monetaria, la cual es imprescindible de poder gobernar por un Estado cuando hay problemas económicos serios en el país.
Ahora, siendo España un país de segunda fila en la Eurozona, la política económica está controlada por Alemania, con algún poder de influencia de Holanda y Francia. O sea, España ni pincha ni corta nada en la política económica que los líderes de la Eurozona le imponen.

Desde Enero 2002 hasta Agosto 2007 todo fue bien.
Pero el estallido en USA de las hipotecas sub-prime en Agosto 2007, asumiendo el Gobierno Federal la gestión, para evitar su quiebra, de las dos inmensas Cajas de Ahorro (Savings Banks) de USA (Freddie Mac y Fannie Mae), y pocos meses después descubriéndose el mayor fraude financiero que ha habido en la historia de la humanidad (quebrando algunas y teniendo graves problemas otras de las grandes instituciones financieras y aseguradoras de nivel mundial, entre ellas Lehman Brothers, AIG, Bear Sterns, Washington Mutual, J. P. Morgan, Bernard Madoff, Goldman Sachs, Wells Fargo, Société Générale, UBS), con los paquetes de derivados (activos tóxicos) que eran realmente estafas sofisticadas.
Fue en España la época del inflado de la burbuja inmobiliaria, de los pelotazos, de las corrupciones políticas que después se descubrieron, y de la dolce vita que parecía que iba a durar 1.000 años.

A principios de 2008 el Presidente Rodríguez Zapatero (PSOE) decía que en España no pasaba nada, que la Banca Española era la más sólida del mundo mundial, y que los problemas que iban apareciendo en los grandes países occidentales no nos iban a salpicar. Y así ganó las Elecciones Generales de Marzo2008.
Semanas después de volver a sentarse en la poltrona, el Gobierno del PSOE ya no pudo aguantar la crisis, y empezaron a aparecer los problemas que no han cesado hasta hoy (a pesar de que en Diciembre 2011 ocupó el Gobierno el PP), de forma que pasamos de una Deuda Pública y un Paro aceptables en el verano del 2007, a una Deuda Pública y un Paro monstruosos en Abril de 2013. O sea, en menos de seis años España se fue a pique, desde la opulencia hasta el desastre.
Desde entonces la Deuda Pública no ha parado de crecer, llegando a su punto más alto en Marzo 2016, en que alcanzó la enorme cifra de 1,095 billones de euros, lo que supone alrededor del 101% del PIB.

El paro ha descendido, pero sigue siendo altísimo, con más de 3,3 millones de parados, lo que representa el 15% en Marzo 2019.

Lo anterior demuestra que el euro ha sido bueno para España en los tiempos de vacas gordas. Pero cuando han venido las vacas flacas, el tener como moneda al euro ha sido un desastre. No se ha podido poner en marcha la política monetaria que se necesita en tiempos de grave crisis. No poder devaluar, no poder incrementar la masa monetaria, es como boxear con una mano atada a la espalda frente a un gran campeón.

Es chusco oír a políticos y comentaristas (todos ellos claramente de derechas) en los medios de comunicación de derechas, en alguno de esos programas en que aparecen seis comentaristas de derechas, dos de izquierdas, y el director de derechas. Cuando alguno de los de izquierdas se pronuncia contra el euro, y más si se le ocurre proponer la vuelta a la peseta, se le echan encima inmediatamente, en tromba previamente concertada, los siete contrarios, unos con sonrisas de superioridad y otros con expresiones alusivas al analfabetismo económico de quien ha manifestado tal aberración.
Estos "expertos económicos" no deben saber que en la UE hay países que no quieren entrar en el euro, y que en varios países en que el euro es la moneda actual hay discusiones políticas y económicas sobre la conveniencia de continuar con el euro o abandonarlo.
Y "esos expertos" no deben saber que en un país la feria no le va igual a todos los ciudadanos. Más de la mitad de la población española vive de su empleo, y si lo pierde y no encuentra otro, aparece cierto en el horizonte el drama de la miseria económica y de la ruina de la vida familiar. Para los que tienen patrimonio la situación es muy diferente. Aunque pierdan su empleo, cierren sus empresas, o sus inversiones financieras sean menos rentables, seguro que podrán seguir comiendo todos los días mariscos frescos regados por un buen Albariño.

Saliendo del euro, volviendo a la peseta, y devaluando esta, se crea empleo. Permaneciendo en el euro, cuando Alemania impide que se devalúe el euro, e impide que el Banco Central Europeo le dé intensamente a la máquina de fabricar euros, no es que vayamos al pozo, sino que continuaremos cayendo en él, como llevamos ya años así.

18- Cambios importantes que deben realizarse en la Constitución de 1978 a corto y medio plazo

A continuación se presentan los cambios importantes en la Constitución de 1978 que son el objeto de este libro.
Al ser cambios importantes deberían hacerse todos ellos a corto plazo puesto que proporcionaran las mejoras más importantes y urgentes que la ciudadanía necesita, y los que abrirán el camino para que los siguientes cambios sean aprobados fácil y rápidamente.

No obstante, al ser muchos, no podrán hacerse todos ellos a corto plazo (máximo de 12 meses), por lo que habrá que dejar los restantes para el medio plazo (los siguientes 24 meses)

Los cambios importantes que proponemos son los siguientes:

18.1- Reforma de la Constitución
18.1.1- Eliminación de la puerta falsa del Artículo 167 punto 3

Cuando redactaron la Constitución, los políticos se dejaron una puerta falsa, para hurtar al pueblo español el que se pronuncie en referendo de obligado cumplimiento, como condición sine qua non para que la reforma de la Constitución sea definitivamente aprobada.

O dicho de otra forma, para que sea el pueblo español el que apruebe o no apruebe cualquier reforma, dejando solo a los políticos el estudiar y proponer los cambios. Lo que ya es bastante poder, porque cambio que no propongan no se podrá efectuar. Excepto lo que se dice en el punto posterior a este de iniciativa popular para cambiar Artículos concretos de la Constitución.

La puerta falsa es el punto 3 del Artículo 167, que dice:

1. Los proyectos de reforma constitucional deberán ser aprobados por una mayoría de tres quintos de cada una de las Cámaras. Si no hubiera acuerdo entre ambas, se intentará obtenerlo mediante la creación de una Comisión de composición paritaria de Diputados y Senadores, que presentará un texto que será votado por el Congreso y el Senado. 2. De no lograrse la aprobación mediante el procedimiento del apartado anterior, y siempre que el texto hubiere obtenido el voto favorable de la mayoría absoluta del Senado, el Congreso, por mayoría de dos tercios, podrá aprobar la reforma. 3. Aprobada la reforma por las Cortes Generales, será sometida a referendo para su ratificación cuando así lo soliciten, dentro de los quince días siguientes a su aprobación, una décima parte de los miembros de cualquiera de las Cámaras.

Por lo que si no lo solicitan el 10% (35 o más Diputados al Congreso de España), no habrá referendo, con lo que el pueblo español, que es soberano, queda excluido de esa importante decisión, que se la guisan y comen los políticos, ellos solitos.

Esa puerta falsa se la inventaron los políticos para colar por ella "reformas menores". Reformas que no son las importantes que se detallan en el Artículo 168, que siempre requieren referendo.

Ahí está el truco. En sostener oficialmente que el cambio es menor, y así hurtar la decisión al pueblo. Lo que resulta ridículo, puesto que la Constitución es la "Ley de Leyes", por lo que por definición todo lo incluido en ella es importante.

Hay un montón de reformas que interesan mucho al pueblo español, el que se hagan o no se hagan, que los políticos pueden hurtar al pueblo español por medio de aplicar el Artículo 167.3.

La Constitución es un gran pacto social realizado en 1978, que solo deben tener autoridad para cambiarlo los españoles que viven ahora. No hay reformas menores.

Todas son importantes. Y todas en su conjunto constituyen un paquete. No se puede tocar un aspecto sin que haya muchos que reclamen que se toquen otros aspectos.

Este Artículo 167.3 es el que ha permitido a PP más PSOE hacer las dos reformas constitucionales realizadas hasta ahora, hurtando al pueblo español el que se pronunciase en referendo al respecto.

Y no vale la excusa de decir que en el futuro es probable que la suma de ambos partidos no les dé más del 90% de los puestos del Congreso o del Senado, porque los políticos saben cambiar cromos con los partidos o partiditos que tienen los Diputados o Senadores que les faltan, y así seguir chuleando a los españoles, hurtándoles el referendo de obligado cumplimiento que determinaría que el pueblo español es quien realmente aprueba o no esa reforma.

Consecuentemente con lo anterior, es necesario que cuanto antes se derogue el Artículo 167 en su totalidad, dejando el Artículo 168 para cualquier reforma que se efectúe, lo que requerirá que se modifique el punto 1 del Artículo 168 que debe redactarse en la siguiente forma:
Para cualquier reforma de la Constitución, se procederá a la aprobación del proyecto por mayoría de dos tercios de cada Cámara, y a la disolución inmediata de las Cortes.

Especialmente es importante esta reforma constitucional para evitar que los políticos del PP y del PSOE lleguen a acuerdo con los políticos de los partidos nacionalistas independentistas para reformar la Constitución en forma que permita que el referendo que quieren realizar los partidos separatistas catalanes para decidir la independencia de Cataluña pueda realizarse legalmente sin que lo haya autorizado por referendo la totalidad del pueblo español.

Si Cataluña, y/o el País Vasco, y/o Galicia, y/o Navarra, y/o Canarias, etc., llegan algún día a ser independientes, que lo sean, pero esa independencia debe otorgársela la totalidad del pueblo español, y de ninguna forma los políticos por medio de trueques y cambalaches de interés para sus partidos y sus dirigentes.

Y como los españoles no nos chupamos el dedo, eso no sucederá en ningún caso si hay referendo de obligado cumplimiento en que participen todos los ciudadanos españoles. Pero si no lo hay, es posible que los políticos que hoy en día dominan los partidos que participarían en ese juego, pongan los intereses suyos y de sus partidos por delante de lo que realmente quiere el pueblo español.

Y no vale que esos políticos nos vendan "sentimientos" de los nacionalistas que quieren independizarse, ni que nos vendan el que para evitar revueltas callejeras, o incluso terrorismo callejero, es necesario ceder a sus pretensiones.
Los que tienen el poder en el Estado deben cumplir con su obligación, no prevaricar, y hacer que se cumpla la ley, incluso con la fuerza si es preciso.
Y no será preciso aplicar esa fuerza, si realmente es creíble la determinación de aplicar la ley hasta sus últimas consecuencias. Como máximo será suficiente con que no más de una docena de políticos vayan a la cárcel, y algún asesino callejero se pase 40 años (como terrorista que realmente es) en una prisión de alta seguridad.

18.1.2- Refuerzo del Artículo 1, añadiéndole el punto 4.

El Artículo 1 dice:

1. España se constituye en un Estado social y democrático de Derecho, que propugna como valores superiores de su ordenamiento jurídico la libertad, la justicia, la igualdad y el pluralismo político.

2. La soberanía nacional reside en el pueblo español, del que emanan los poderes del Estado.

3. La forma política del Estado español es la Monarquía parlamentaria.

Para evitar fenómenos separatistas, que intenten asentarse en alguna torcida interpretación de la Constitución, es necesario incluir un punto 4 que diga:

4. La soberanía del pueblo español se expresará por este en referendos de obligado cumplimiento. Queda prohibido cualquier otro tipo de referendos, plebiscitos, consultas, o similar con cualquier otra denominación que sus promotores le quieran dar, en el Estado Central, en cualquiera de las Comunidades Autónomas, y en cualquiera de los Municipios Españoles.

Lo anterior se presentará a referendo de obligado cumplimiento, y si es aprobado se incorporará a dicho Artículo 1 de la Constitución.

El Artículo 92 será modificado en consecuencia, de forma que deje de existir el referendo meramente consultivo, para existir solamente el referendo de obligado cumplimiento.

18.1.3- Iniciativa popular para la reforma de Artículos o Capítulos de la Constitución

El sistema que hasta el presente (Marzo 2019) tenemos en España está dominado por los políticos. Ellos son los únicos actores de la vida pública española. Si a ello se une el que fundar un nuevo partido político es muy caro, difícil, y torpedeado por los existentes, se dibuja un panorama endogámico en que los que hoy tienen el poder lo conservan, salvo que estalle un proceso revolucionario. Esto es, la soberanía estará en el pueblo como dice la Constitución, pero es la clase política la que se lo guisa y se lo come todo, haciendo lo que quieren, la mayoría de las veces sin informar ni rendir cuentas en forma clara y completa de lo que hacen a la ciudadanía.

Por ello, hay que reformar la Constitución para que se rompa ese círculo vicioso que los políticos se han concedido a ellos mismos.

Si los únicos que pueden proponer cambios constitucionales son los grandes partidos (porque son los que reúnen los Diputados y Senadores suficientes para hacerlo) estaremos en una situación en que no basta que los cambios deban ser sometidos a referendo de obligado cumplimiento para alcanzar su valor legal. Y ello porque les quedará la fuerte baza del inmovilismo. De no proponer los cambios que quiere la ciudadanía, para que no puedan ser aprobados.

La iniciativa popular resuelve este problema en la forma siguiente. Incluyendo un Artículo en la Constitución, por medio de referendo de obligado cumplimiento, que diga lo siguiente:

La ciudadanía tendrá la iniciativa del cambio del texto (modificación o derogación) de un Artículo o de un Capítulo concreto de la Constitución, o inclusión de nuevos, por medio de presentar el nuevo texto junto al texto que sustituye, acompañado de diez millones de firmas de ciudadanos españoles (el 20% de la población española), en que conste además nombre completo, DNI, domicilio, y teléfono de cada uno de esos ciudadanos.

Un Organismo dependiente del Tribunal Supremo verificará que la cuantía, las firmas, y los datos son correctos, para lo que dispondrá de un plazo máximo de cuatro meses.

El Presidente del Gobierno de España vendrá obligado a convocar un referendo de obligado cumplimiento, en el plazo máximo de cuatro meses, para que la totalidad de los ciudadanos españoles se pronuncien respecto a esa reforma. Si es aprobada, el texto antiguo será derogado y en su lugar se incluirá el nuevo en la Constitución.

18.2- Circunscripción Electoral
18.2.1- Derogación de la provincial

Es urgente que en España se modifique la circunscripción electoral para las elecciones legislativas y para las autonómicas. En ambas es la provincia la circunscripción electoral. Ello es antidemocrático, puesto que lo democrático es que el voto de cada ciudadano valga lo mismo resida donde resida.

Hoy en las elecciones generales en algunos lugares de España se necesitan 120.000 votos para obtener un Diputado al Congreso de España, y en otros lugares basta con menos de 40.000.

Hoy en España los partidos regionalistas (PNV, Bildu, Esquerra Republicana, PdeCat, etc.) obtienen una sobre-representación en el Congreso de los Diputados de España que no obtendrían si la circunscripción electoral fuese todo el territorio nacional. Lo cual es muy dañino para España porque esos partidos frecuentemente son egoístas por sus regiones respecto a las demás, y porque algunos de ellos buscan la independencia de sus regiones usando el Congreso de España para incordiar todo lo que pueden de forma que se cree un clima por el que parezca que España está en descomposición.

La reforma a realizar es muy sencilla. Basta con que la circunscripción electoral sea (al igual que es para las elecciones al Parlamento Europeo) todo el territorio nacional. Esto es todo el territorio nacional para las elecciones generales; todo el territorio de la Comunidad correspondiente para las elecciones autonómicas; y todo el término municipal para las elecciones municipales.

No es solución aceptable la reforma de la Ley Electoral que en Agosto 2014 pretendió el PP (Partido Popular). El PP comunicó machaconamente a la ciudadanía, a través de los medios de comunicación, que quería hacer una reforma parcial de la Ley Electoral para que el cabeza de la lista más votada fuese automáticamente elegido Alcalde, en todos los municipios de España. Todos los partidos restantes presentes en el Congreso de los Diputados, se opusieron a tal reforma.

Se dijo entonces que la verdadera motivación del PP para hacer esa reforma era que preveía que en las Elecciones Municipales (que se celebraron el 24Mayo15), perdería las Alcaldías de Madrid, Valencia, Zaragoza, y algunas otras ciudades importantes, si la Ley Electoral no se reformaba en la forma que deseaba. La reforma no fue aprobada por el Parlamento, y el PP perdió tales alcaldías en dichas elecciones.

Se consolidó, según iban pasando las semanas, que una medida de ese tipo necesitaba reformar la Constitución. Lo cual no era tarea fácil, puesto que en la misma se detalla como reformarla, y ello requiere bastante tiempo, y sin duda el que al menos el PP y el PSOE estén de acuerdo.

El PP afirmó que era justo que si un partido gana las elecciones su cabeza de lista sea nombrado Alcalde. Eso en democracia solo es verdad si ese partido obtiene más del 50% de los votos de ese municipio.

Pero afirmar que la lista más votada "gana las elecciones" es en democracia una tontería. En democracia solo "gana" el que obtiene "más del 50%".

Por tanto si un partido obtiene el 49%, el siguiente el 35%, y el tercero el 16%, el primero "no ha ganado las elecciones". Solo se puede decir que ha sido el "partido más votado". Y el que el segundo y el tercero se alíen, nombren Alcalde, y ocupen la totalidad del gobierno municipal, es perfectamente democrático, legal, y legítimo.

Lo que es delictivo es que un partido con pocos votos preste estos al segundo, para que el primero no gobierne, obteniendo a cambio la Concejalía de Obras Públicas, y alguna otra más que maneja "tela en cantidad", y usando después estas Concejalías para que ese pequeño partido, y/o las personas que lo representan, "se forren". O sea que utilicen su puesto para prevaricar y hurtar.

Lo que el PP proponía, que gobernase la lista más votada, no es democrático, porque gobernaría alguien que no ha obtenido más del 50% de los votos.

El riesgo de que el partido pequeñín venda sus votos para poder hurtar dinero público, no hay que resolverlo con una medida no democrática como la que propuso el PP. Hay que resolverlo con el incremento de control por la Policía y los Fiscales, con el endurecimiento del Código Penal, y con que entren en la cárcel todos los prevaricadores y ladrones, condenados a largas privaciones de libertad, sin posibilidad de indultos, gracias, ni amnistías, con lo que además de aplicar justicia a los condenados se conseguirá disuadir a otros de seguir su camino.

A veces el resultado de las elecciones lleva a líderes de partidos que no han obtenido votos suficientes para alcanzar el gobierno, a negociar acuerdos anti-natura. Acuerdos en que para conseguir el gobierno el partido o su líder aceptan unas condiciones exageradas, que nadie aceptaría si no primase en él el deseo de conseguir el gobierno a cualquier precio.

Esta situación anómala, más frecuente de lo que parece, debe resolverse con la "segunda vuelta electoral". De la que hablaremos más adelante.

18.2.2- Situación actual existente

Entremos ahora en el detalle de la situación actual existente:

La legislación electoral que regula en España las elecciones por sufragio universal desde 1978, la forman la Ley Orgánica del Régimen Electoral General (para las elecciones al Congreso, al Senado, al Parlamento Europeo, y a los Ayuntamientos), y las leyes vigentes para las elecciones autonómicas, teniendo cada una de las Comunidades Autónomas su propia Ley Electoral.

La legislación electoral española requiere ser reformada en varios puntos. Puesto que este libro no es un tratado monográfico sobre legislación electoral, se tratará aquí solo un aspecto esencial que debe ser reformado con urgencia.

Es el siguiente:
El Artículo 68, en su punto 2, dice:
2. La circunscripción electoral es la provincia. Las poblaciones de Ceuta y Melilla estarán representadas cada una de ellas por un Diputado. La ley distribuirá el número total de Diputados, asignando una representación mínima inicial a cada circunscripción y distribuyendo los demás en proporción a la población.

Por tanto para las elecciones al Parlamento de España (Congreso y Senado) la circunscripción electoral es, según la Constitución vigente, la provincia.
Ello hace que si un partido como UPyD, partido de ámbito español, obtiene en toda España 1.500.000 votos, consigue menos Diputados al Congreso de España que el partido Convergencia i Unió, partido nacionalista independentista catalán, obteniendo este partido solo 900.000 votos, pero concentrados en Barcelona principalmente, y en el resto de las otras tres provincias catalanas.

Sin duda utilizar la provincia para elegir a los representantes de todos los españoles en órganos nacionales como son el Congreso y el Senado, no se hizo por torpeza de los redactores de la Constitución. Que ciertamente si hubiese sido por torpeza, habría sido una enorme torpeza.
Sin duda (y sin haber estado presente en las secretas negociaciones de ese artículo) fue una inocente cesión que los negociadores-redactores españolistas hicieron a los nacionalistas independentistas vascos y catalanes, creyendo que con ello les llevarían al redil de integrarse permanentemente en España, y olvidarse de su independentismo

Pronto se demostró que esa cesión ha sido la principal arma que los nacionalistas independentistas han usado para avanzar en su camino hacia su independencia de España.
Ello ha sido debido a que el excesivo número de Diputados que han ido obteniendo en todas las Elecciones Generales desde 1978 (excesivo no por el número de votos que obtuvieron, sino por el método que les primaba mucho más que la regla proporcional básica en una democracia), en detrimento de partidos nacionales que obtenían mayor número de votos, los han utilizado con astucia y eficiencia para irse aliando con el partido (PP o PSOE) que obtenía mayor número de Diputados, pero que no llegaba a los 176 necesarios para gobernar sin pactar con otros.

Por supuesto se podría haber hecho de otra forma. Podrían haber pactado el PP y el PSOE sin necesidad de ir regalando a los nacionalistas independentistas un poder que les iba acrecentando en su camino hacia la independencia, además de obtener condiciones económicas superiores a las que les correspondían en un justo reparto con los restantes españoles.

Pero desde la Guerra Civil de 1936, y posiblemente desde antes, los dirigentes de la derecha española odian a los socialistas, y viceversa. Lo que hace que desde 1978 no haya habido pactos sólidos, amplios, permanentes, y con intención de cumplirlos, entre los dos partidos, y mucho menos alianza para gobernar uno gracias a los votos (o a la abstención) del otro.

Por ello:

* Eliminar la provincia como circunscripción para las Elecciones al Congreso y al Senado, debe hacerse porque es justo y democrático, con objeto de que el voto de cada ciudadano español valga lo mismo resida donde resida.

* Y debe hacerse urgentemente porque la situación actual (la provincia) crea los efectos negativos de que partidos como PNV, Bildu, PdeCat, y Esquerra Republicana, cada uno de los cuales obtiene proporcionalmente pocos votos, sumen en total en el Congreso de los Diputados de España entre quince y veinte Diputados más de los que tendrían si la circunscripción fuese la totalidad de España.

* Claro que quizá no le guste al PSOE el que de esa forma Podemos e IU (Partido Comunista), que son partidos competidores directos suyos, pasen a tener más Diputados. Y quizá tampoco le guste al PP que Ciudadanos pase a tener más Diputados.

Y es preciso añadir lo siguiente. Ni PP ni PSOE se han pronunciado nunca respecto a eliminar la provincia como circunscripción electoral, y considerar exclusivamente la totalidad de España. ¡Allá ellos!.

Si algún día, quizá no muy lejano, España se desgaja en tres Estados independientes (País Vasco, Cataluña, y resto de España), los dirigentes que ambos partidos han tenido desde 1978 habrán sido moralmente responsables de ello. Y posiblemente también materialmente culpables, al no haber hecho en cada momento lo que las leyes les obligaban a hacer.

Y si para evitarlo en el último momento, deciden emplear la fuerza, y los líderes nacionalistas independentistas incitan a la violencia callejera y usan activistas profesionales, sin duda habrá muertos y heridos, de los que los provocadores serán culpables materiales, así como los líderes nacionales y los líderes independentistas por haber incitado y consentido.

Y ello porque en el momento adecuado basta con detener a unos cuantos y meterlos en la cárcel, pero si se deja pasar el tiempo, y los políticos sediciosos y sus activistas se crecen, son necesarios policías, militares, y tiros.

Si en forma seria PP y PSOE acuerdan eliminar la circunscripción provincial para fijarla nacional, los partidos nacionalistas independentistas armarán la de Dios es Cristo (se sea creyente o no, es indudable que Cristo tuvo y tiene enorme influencia en todo el Mundo) en los medios de comunicación y en manifestaciones callejeras. No obstante, seguro que no se pasará de palabras, gritos y aspavientos. Sin duda muchos aspavientos cuando las cámaras de televisión les enfoquen. Pero nada más.

Si los líderes del PP y del PSOE tienen el valor que un líder debe tener, su firmeza será detectada, apoyada por la inmensa mayoría del pueblo español, la reforma aprobada, y la vida seguirá, pero en unas condiciones que serán más justas para todos los españoles. Y con menos conflictividad que la actual, en que cada semana los líderes nacionalistas independentistas nos obsequian con alguna nueva queja, pretensión, o reclamación, distrayendo a nuestros dirigentes de ocuparse de muchas otras cosas que funcionan mal en España, y que tienen mucho más interés para la mayoría de los españoles.

Debería avergonzar a los líderes políticos en el poder, y a la oposición que es alternativa, el que todas las semanas desde hace años, se dedique más tiempo en los medios de comunicación a hablar de las pretensiones de independencia de los nacionalistas independentistas que del enorme paro existente, de la cada vez peor asistencia sanitaria, y de la desastrosa enseñanza a todos los niveles en que cada vez España queda más atrás en los baremos internacionales.

Consecuentemente es urgente reformar, haciéndolo mediante referendo de obligado cumplimiento, el Artículo 68 en su punto 2, para dejarlo en la forma siguiente:
2. La circunscripción electoral es todo el territorio nacional. Los 350 Diputados al Congreso de España se distribuirán proporcionalmente a los votos que cada partido obtenga, respecto al total de votos que obtengan todos los partidos. A efectos de asignación del último Diputado de cada partido, si obtiene más de cinco décimas de Diputado este se le asignará. Si no cuadran así los 350 Diputados se distribuirá tomando un decimal más, y así sucesivamente hasta que cuadre. No se aplicará ninguna regla diferente de la proporcional. Queda derogada la aplicación del llamado Método d´Hondt.

18.2.3- Una forma de resolver el conflicto catalán
Las últimas elecciones autonómicas en Cataluña se celebraron el 21 Diciembre 2017. Los resultados fueron los siguientes:

Partido	Escaños	Votos
Ciudadanos	36	1.109.732
JuntsxCat	34	948.233
ERC	32	935.861
PSC	17	606.659
Comú-Podemos	8	326.360
CUP	4	195.246
PP	4	185.670
PACMA	0	38.743
Verdes	0	10.287
PU M+J	0	577
Total	135	4.357.368

Los llamados "partidos constitucionalistas", que respetan la Constitución vigente en España desde 1978 son Ciudadanos, PSC (el partido socialista catalán socio del PSOE), PP, y Comú-Podemos (la coalición de partidos comunistas). Estos cuatro partidos obtuvieron:

Partidos Constitucionalistas	Escaños	Votos
Ciudadanos	36	1.109.732
PSC	17	606.659
Comú-Podemos	8	326.360
PP	4	185.670
Total	65	2.228.421

Los partidos independentistas, que proclamaron la república en Cataluña en Octubre 2017 obtuvieron:

Partidos Independentistas	Escaños	Votos
JuntsxCat	34	948.233
ERC	32	935.861
CUP	4	195.246
Total	70	2.079.340

Lo que quiere decir que:
* Los partidarios de que Cataluña siga siendo parte de España fueron 2.228.421, y los de que se independice de España fueron 2.079.340.
* Sin embargo, gracias a que en el sistema electoral vigente en Cataluña es la provincia la circunscripción electoral, se produjo el que el gobierno haya sido ocupado por los independentistas, aunque obtuvieron casi 200.000 votos menos.
* Si la circunscripción hubiese sido la de todo el territorio de esta autonomía, el gobierno habría sido ocupado por una coalición de los partidos constitucionalistas.

18.3- Asignación en exclusiva al Jefe del Estado del poder de convocar Elecciones Anticipadas en Municipios, Autonomías, y Estado.

Algún día (opinamos que en un futuro no inmediato) deberá convocarse en España un referendo de obligado cumplimiento para que el pueblo español decida si quiere continuar con Monarquía o prefiere que comience la Tercera República.
Sea el Jefe del Estado un Monarca o un Presidente de la República, lo que aquí se recomienda vale para los dos casos.

Las funciones actuales del Jefe del Estado son muy escasas. Realmente no tiene ningún poder de decisión, excepto el de negarse a firmar una ley aprobada por el Parlamento, y por tanto impidiendo que entre en vigor. Lo cual creemos que será muy improbable porque ello dispararía una gravísima crisis institucional.

Ello demuestra que los políticos que redactaron la Constitución eligieron el que el Monarca fuese un hombre de paja, con mucho oropel pero con muy poco poder.

Es demasiado cara la Jefatura del Estado para que su titular carezca de poder. Si no se necesitase que lo tuviese, mejor sería ir al sistema de USA, en que el Jefe del Ejecutivo es el Jefe del Estado, ahorrándose así un carísimo puesto de trabajo.
Pero no es ese el caso en España. Aquí hay dos instituciones al máximo nivel, la Jefatura del Estado y la Presidencia del Gobierno.
Y puesto que ya existe la Jefatura del Estado, y nadie defiende que desaparezca, mejor es que se le dote de mucho más poder. Y especialmente del poder de Árbitro. Y ya se sabe que los Árbitros no son nada si sus decisiones no las pueden imponer, sino que tienen que "convencer a las partes".
Cuando los seres humanos son mayorcitos y tienen el colmillo retorcido (como lo son todos los políticos que ocupan los puestos importantes) eso de "convencer" es música celestial, porque saben lo que quieren y no van a dejar al "Árbitro de paja" que decida por ellos.

Actualmente son los Presidentes del Gobierno de España y de las Autonomías los que ostentan la potestad de convocar elecciones anticipadas. Ello es profundamente antidemocrático puesto que les convierte en "juez y parte".

Por todo ello opinamos que debe modificarse la Constitución por medio de referendo de obligado cumplimiento entre todos los ciudadanos españoles, por el que se asigne en exclusiva al Jefe del Estado la decisión de convocar Elecciones Anticipadas en cualquier Municipio o Autonomía en que lo crea conveniente, y a nivel de todo el Estado cuando así lo decida.
Y ello en cualquier momento de la legislatura que considere conveniente, tomando esa decisión por sí mismo, sin obligación de consultar a ningún organismo, y sin que ningún miembro del Gobierno, del Parlamento, o de la Judicatura, deba ratificarla para que tenga plena validez. Bastará con que ordene publicar su decisión en el Boletín Oficial del Estado.

La razón de esta reforma es evidente. Actualmente son los Presidentes del Gobierno de España y de las Comunidades Autónomas, y los Alcaldes, los que tienen ese poder. Ello es absurdo. Son personas de partido, que temporalmente ocupan un puesto ejecutivo. Y como tales personas de partido tienen conflicto de intereses con los de los otros partidos.
Por ello no deben poder decidir cuándo convocar elecciones anticipadas, puesto que si lo hacen obviamente es porque le interesa a su partido, o a ellos personalmente.

Ese poder debe ostentarlo en exclusiva el Jefe del Estado, que es la única autoridad política del país que realmente puede considerarse que representa a todos los ciudadanos españoles.
Es infantil concederles el que elegirán si convocan y cuando convocan elecciones anticipadas pensando exclusivamente en el bien del Estado, de la Autonomía, o del Municipio. Recientemente se constató que Rajoy no convocó elecciones anticipadas porque creyó que retrasando obtendría más votos su partido. Y lo mismo actualmente

con Sánchez y el PSOE. Y a ambos les ha importado un pito lo que querían al respecto la inmensa mayoría de los españoles.

Así mismo, debe redactarse un nuevo artículo de la Constitución que determine concretamente los asuntos que deben ser sometidos al arbitraje del Jefe del Estado, pasado determinado plazo en que los parlamentarios no se hayan puesto de acuerdo. Ese arbitraje será de obligado cumplimiento. Y será decidido por sí mismo por el Jefe del Estado, sin obligación de consultar a ningún organismo, y sin que ningún miembro del Gobierno, del Parlamento, o de la Judicatura, deba ratificarlo para que tenga plena validez. Bastará con que ordene publicar su arbitraje en el Boletín Oficial del Estado. Este nuevo artículo será sometido a referendo de obligado cumplimiento, y si es aprobado será incorporado a la Constitución.

18.4- Intervención por el Estado de una Autonomía rebelde

El Artículo 118 de la Constitución dice:
Es obligado cumplir las sentencias y demás resoluciones firmes de los Jueces y Tribunales, así como prestar la colaboración requerida por éstos en el curso del proceso y en la ejecución de lo resuelto.

En los medios de comunicación, en los últimos años, han aparecido un buen número de sentencias de los Tribunales en que el Gobierno nacionalista independentista de Cataluña ha incumplido las mismas. Y ello gobernando en España el PSOE ahora y el PP antes. Los primeros incumplen este artículo. Los segundos prevarican por no hacérselo cumplir, incluso por la fuerza (que se fija en las Leyes vigentes) si es preciso.

El Artículo 155 de la Constitución dice:
1. Si una Comunidad Autónoma no cumpliere las obligaciones que la Constitución u otras leyes le impongan, o actuare de forma que atente gravemente al interés general de España, el Gobierno, previo requerimiento al Presidente de la Comunidad Autónoma y, en el caso de no ser atendido, con la aprobación por mayoría absoluta del Senado, podrá adoptar las medidas necesarias para obligar a aquella al cumplimiento forzoso de dichas obligaciones o para la protección del mencionado interés general.
2. Para la ejecución de las medidas previstas en el apartado anterior, el Gobierno podrá dar instrucciones a todas las autoridades de las Comunidades Autónomas.

Este Artículo 155 es bastante claro. Aunque no todo lo claro y concreto que debería ser. Mucho mejor sería que especificase lo siguiente:
* Que el Gobierno de España se hará cargo inmediatamente, de manera inmediata y en forma ejecutiva, de la Policía Autónoma (Mossos catalanes, Ertzaintza vasca, o Policía Foral navarra), pudiendo cesar inmediatamente a cualquiera de sus mandos (políticos y profesionales).
* Que entre las medidas está la de suspender la Autonomía, cesando de inmediato todos sus Diputados Autonómicos y todos los miembros del Gobierno de la Autonomía.

* Que puede intervenir ejecutivamente, e incluso disolver, en forma inmediata los medios de comunicación públicos.

* No tiene sentido que se necesite la mayoría de votos del Senado. El Senado en España es una cámara comparsa, con muy pocas funciones de verdadero peso político. Tanto que por constitucionalistas eminentes se ha pedido varias veces su desaparición. Mucho más lógico es que el Gobierno necesite que al menos 176 Diputados del Congreso aprueben las medidas necesarias que el Gobierno proponga llevar a cabo.

Muchos españoles temen que la flojedad demostrada por los líderes del PP y del PSOE, y la tozudez de los partidos nacionalistas independentistas, lleve finalmente a un apaño. Un apaño cuyos términos se hurten a los ciudadanos españoles, pero que con el tiempo se constaten dos efectos:

    * Que para que dejen de reivindicar la independencia, los dos partidos nacionales (PP y PSOE) acuerden darles importantes ventajas económicas y políticas, que no tienen el resto de las Comunidades Autónomas, disfrazadas de derechos históricos o de algo similar.

    * Que, conforme a lo sucedido hasta el presente, ello servirá hasta que lo hayan materializado legalmente, de forma que al día siguiente volverán a encaminar sus acciones hacia la independencia.

La única forma de evitar que eso suceda es que intervenga la totalidad de la ciudadanía española. Que cada nueva modificación de las relaciones políticas y económicas entre el Estado y las Comunidades Autónomas requiera un referendo de todo el pueblo español, en el que sea aprobada tal modificación. Y además que se incluya en la Constitución un artículo que diga claramente que todas las Comunidades Autónomas tienen los mismos derechos y deberes, y que no se reconocen supuestos ni reales derechos históricos a ninguna de ellas.

Consecuentemente con esto deberá derogarse todo lo que esté en la Constitución, en el resto de Leyes del Estado Central, y en las Leyes aprobadas por las Comunidades Autónomas, que no sea congruente con lo expresado en el párrafo anterior.

Y sin ninguna duda, la forma de resolver el problema para siempre es derogar la España de las Autonomías, de forma que todo el poder esté centralizado, y solo se descentralice la gestión. Exceptuándose la Sanidad, la Educación, las Fuerzas Policiales, y los Tribunales de Justicia, que deben estar centralizados en poder, gestión, y control.

El tiempo ha demostrado que el Estado Autonómico ha fracasado, porque conduce a desigualdad entre los territorios, al conflicto permanente e irresoluble, y resulta mucho más caro.

Y porque crea Reinos de Taifas, cuyos reyezuelos no hacen más que hostigar al poder central, con lo que hacen que los políticos que ocupan este no se dediquen con la intensidad que deben a resolver los problemas que realmente interesan a la inmensa mayoría de los ciudadanos españoles.

18.5- Disolución de los Mossos, de la Ertzainza, y de la Policía Foral, y redespliegue de la Policía Nacional y de la Guardia Civil en todo el territorio nacional

No tiene ningún sentido que en estas tres Comunidades Autónomas exista un verdadero Cuerpo Policial dependiente de los Gobiernos respectivos de esas Comunidades Autónomas, habiendo desplazado de las mismas a los Cuerpos Policiales Estatales (Policía Nacional y Guardia Civil).

Sin duda esta fue otra cesión que los "redactores de la Constitución de 1978" hicieron a los líderes nacionalistas independentistas, pensando que con ese importante caramelo serían en el futuro buenos chicos. Porque en cuanto a que hubiese necesidad de crear nuevos Cuerpos Policiales, objetivamente hablando no había ninguna.

Hoy en día, a la vista de lo sucedido en los últimos 41 años, y especialmente con la aceleración de acontecimientos de los dos últimos años, en que los nacionalistas independentistas están apretando más que nunca, con discursos incendiarios que a veces aparecen en los medios de comunicación de todo el Estado, y que cuando son más agresivos los emiten localmente en el idioma de esa región, en los que hay líderes que amenazan con ir a la independencia por cualquier vía (legal o ilegal), es sumamente peligroso el que la Policía no esté centralizada, y dependa de esos incendiarios líderes nacionalistas independentistas.

Puesto que este es un asunto muy delicado, no es este el sitio para decir más. Solo que debe reformarse la Constitución, mediante referendo de obligado cumplimiento, para aprobar un artículo que diga:
* *quedan disueltos los Cuerpos Policiales Mossos d´Esquadra, Ertzaintza, y Policía Foral, pasando sus miembros a integrarse en la Policía Nacional o en la Guardia Civil, y cesando inmediatamente a sus mandos políticos y a sus mandos profesionales.*
* *los Cuerpos de Policía Nacional y Guardia Civil volverán a desplegarse en todas la Comunidades Autónomas, dependiendo exclusivamente del Ministerio del Interior del Estado Central.*

En todos los municipios españoles hay policía municipal. Aunque tienen el nombre de "policía" realmente son alguaciles. Es verdad que en la mayoría de los municipios llevan pistola, pero eso no les califica como una verdadera Policía. Tiene muy mermadas las funciones policiales. Por ejemplo, tienen que entregar inmediatamente a cualquier detenido a las verdaderas Policías, que en España son Policía Nacional, Guardia Civil, Mossos, Ertzainza, y Policía Foral.
La Policía Municipal de Madrid y la Guardia Urbana de Barcelona tienen alguna función más, pero no tienen todas las que ejercen esas cinco Policías mencionadas.

¿Por qué tres comunidades (País Vasco, Cataluña, y Navarra) tienen Policía, y no la tienen el resto, y especialmente Madrid, Valencia, y Andalucía que tienen entidad comparable o superior a la de las antes mencionadas?.
No encontramos otra razón que la política. Los independentistas vascos y catalanes lograron en la negociación de la Constitución colar el gol de tener Policía propia, que

siempre incrementa notablemente el poder del gobierno autónomo que la posee. Y los navarros lograron colar el gol de mantener sus fueros y recuperar la Policía que tuvieron antes de la guerra civil.

18.6- Derecho de Gracia, de Indulto, y de Amnistía.

El Artículo 62, en su punto i) dice:

i) (Corresponde al Rey:) Ejercer el derecho de gracia con arreglo a la ley, que no podrá autorizar indultos generales

El derecho de gracia estaba muy bien para cuando los Reyes (y también el General Franco, según estaba grabado en las monedas) gobernaban España por la Gracia de Dios.

Hoy, independientemente de que se sea o no creyente, en una democracia se gobierna porque el pueblo elige a los gobernantes. Y por ello la gracia, y el derecho de gracia del Jefe del Estado, es algo fuera de los tiempos.

Y desde luego el que haya alguien, aunque sea Jefe de Estado, que tenga autoridad para modificar la sentencia de un Tribunal de Justicia es ilegítimo y antidemocrático.

Y no vale alegar que el derecho de gracia viene a corregir el error que pueda haber cometido un Tribunal. Las leyes españolas conceden muchas (a veces excesivas) garantías a los inculpados. Y si así no fuese, y pudiese cometerse un error porque la ley aplicada sea injusta o porque a esos jueces se les haya aflojado algún tornillo, debe realizarse un cambio constitucional que establezca que deberán revisarse por un Tribunal superior las sentencias impuestas en esas circunstancias. Pero nada de derecho de gracia. Solo Tribunales de Justicia.

En el mismo punto i se menciona "que no podrá autorizar indultos generales". Lo que permite al Jefe del Estado autorizar indultos individuales o de grupos. A esto hay que aplicar lo mismo anterior. No debe estar autorizado a ningún tipo de indulto.

Por ello, debe reformarse en consecuencia, por medio de referendo de obligado cumplimiento, el punto i del Artículo 62 de la Constitución, haciendo así desaparecer de la normativa legal española cualquier mención a derecho de gracia y a ningún tipo de indulto. Especificando además que no podrá ser aprobada ninguna norma legal que contemple ni derecho de gracia, ni indulto, ni amnistía, ni modificación parcial o total de ninguna condena (civil o penal) a la que haya sido condenada en sentencia firme cualquier persona física o jurídica.

Es curioso pero en la Constitución vigente no se dice nada de amnistía, y sin embargo la amnistía se practica, seguramente porque hay leyes de rango inferior a la Constitución que la autorizan y regulan. Y lo mismo respecto al indulto, que es bien sabido que es potestad del Presidente del Gobierno.

No tiene sentido que exista ningún tipo de amnistía. Quien incumpla una ley, y sea condenado en firme por los Tribunales, debe cumplir la pena impuesta. Y nadie debe tener la potestad legal de concederle gracia, de indultarle, ni amnistiarle.

Para evitarlo, debe incorporarse a la Constitución un Artículo que diga que queda prohibido cualquier tipo de amnistía, indulto, o gracia, lo cual debe someterse previamente a la aprobación en referendo de obligado cumplimiento de la ciudadanía española.

Son repugnantes los indultos y amnistías que han acordado algunos de los Gobiernos que desde 1978 hasta hoy ha habido en España, bien para favorecer a alguien de su partido o bien a alguien de otro partido.
Y es repugnante la amnistía fiscal que decidió el Gobierno de Rajoy, en el invierno de 2012 (poco después de llegar al Gobierno), para amnistiar a coste muy bajo y sin pena de cárcel a los defraudadores que habían aparecido en la Lista Falciani sacada de la información interna de la filial suiza del Banco HSBC.

El miércoles 13Dic17 Iceta, líder del PSC (partido socialista catalán federado con el PSOE) manifestó públicamente que si ganaba las elecciones catalanas presionaría al Gobierno de España para que indultase a los políticos catalanes que puedan ser condenados en firme por los Tribunales de Justicia por los delitos cometidos en el Otoño de 2017.
El que eso lo manifestase en período electoral, sin duda buscando votos entre los votantes independentistas, no disminuye la irresponsabilidad de esa declaración.
En un Estado de Derecho los asuntos no se resuelven con indultos. Se resuelven cumpliendo escrupulosamente la ley, y metiendo en la cárcel a quien la incumple. Obviamente ello no gustará a los interesados, ni a sus familias, ni a los grupos que los sustentan. Pero la ley debe ser cumplida si queremos vivir en paz y en forma honrada en un Estado en que la justicia impere, y en el que "quien la haga la pague".

Esperemos que, si cuando llegue el momento, no está derogada la facultad del Presidente del Gobierno y del Rey de conceder gracia, indulto, o amnistía, no se atrevan a ejercerlas con los presuntos delincuentes independentistas catalanes, que actualmente están con gravísimos cargos en celebración de juicio ante el Tribunal Supremo (unos en prisión preventiva, otros en libertad bajo fianza, y otros huidos de la Justicia).

No obstante, a Marzo 2019 hay dudas razonables respecto a que si Pedro Sánchez vuelve a ser elegido Presidente del Gobierno indulte a los que resulten condenados en el juicio que el Tribunal Supremo está celebrando actualmente contra los presuntos delincuentes líderes de los partidos independentistas catalanes.
Pedro Sánchez ha sido preguntado varias veces por periodistas sobre si indultará a esos presos. Unas veces no ha contestado, y otras ha dicho que hay que esperar a la sentencia para no influir en el Tribunal. Pero nunca ha dicho que no los indultará, lo que obviamente significa que lo hará o no lo hará en función de los acuerdos que alcance con esos partidos independentistas. Lo que sin duda es repugnante, y solo tiene la solución de eliminar esa prerrogativa en base a que así lo determine un referendo de obligado cumplimiento que cambie ese texto de la Constitución.

18.7- Comunidades Autónomas

18.7.1- Igualdad de todas las Comunidades Autónomas, y libertad de circulación y establecimiento en todo el territorio español.

El punto 1 del Artículo 139 (Igualdad de los Españoles en los territorios del Estado) dice:

1. Todos los españoles tienen los mismos derechos y obligaciones en cualquier parte del territorio del Estado.

Lo que deja bien claro que la "asimetría" que pretenden algunos políticos del PSOE, y los políticos nacionalistas independentistas vascos y catalanes, está prohibida por la Constitución vigente.

Si PP y/o PSOE pactan ahora con los nacionalistas independentistas la reforma de ese artículo, esperemos que reconozcan la soberanía del pueblo español, para votarla en referendo de obligado cumplimiento, y no utilicen la puerta falsa que ya han usado en dos ocasiones anteriores. Para ello debe modificarse el texto del Artículo 92.1 (para eliminar los referendos consultivos, y que todos sean de obligado cumplimiento) y el Artículo 167.3 (para hacer obligatorio realizar referendo de obligado cumplimiento para cualquier reforma constitucional).

El punto 1 del Artículo 139 se opone frontalmente a los Fueros y privilegios especiales de Navarra.

Es sorprendente que los mismos que redactaron ese punto 1 del Artículo 139, también redactaron la Disposición Adicional Primera, que dice:

La Constitución ampara y respeta los derechos históricos de los territorios forales. La actualización general de dicho régimen foral se llevará a cabo, en su caso, en el marco de la Constitución y de los Estatutos de Autonomía.

Lo que quiere decir que, en esa Disposición Adicional, la misma Constitución se encarga de que se incumpla el Artículo 139.1 que marca igualdad de todos los españoles en cualquier parte de España.

Consecuentemente, hay que reformar la Constitución, por medio de referendo de obligado cumplimiento para derogar la Disposición Adicional Primera, y para modificar todas las Normas Legales del Estado y Autonómicas que hagan referencia a cualquier fuero, privilegio, o prebenda de cualquier tipo que tenga cualquier región española por encima de las de cualquier otra.

El Artículo 150 en su punto 1 dice:

1. Las Cortes Generales, en materia de competencia estatal, podrán atribuir a todas o a alguna de las Comunidades Autónomas la facultad de dictar, para sí mismas, normas legislativas en el marco de los principios, bases y directrices fijados por una ley estatal. Sin perjuicio de la competencia de los Tribunales, en cada ley marco se establecerá la modalidad del control de las Cortes Generales sobre estas normas legislativas de las Comunidades Autónomas.

Vemos en este punto que lo que pactaron fue realmente extender al máximo las competencias de las Comunidades Autónomas, reduciendo al Estado Central a su mínima expresión. En este punto 1 se habla de delegar competencias estatales pero conservando el control. Y poco debían de confiar en ese control cuando ponían la venda antes de la herida al afirmar que si alguna Autonomía (y lógicamente estas serían las dominadas por los nacionalistas independentistas) no atendía a ese control serían los Tribunales los que finalmente decidiesen.

Un Estado que no quiera ir hacia su descomposición, un Estado igualitario para todos sus ciudadanos, un Estado justo y moderno, no puede tener un artículo como este en su Constitución. *El punto 1 del Artículo 150 debe ser derogado, de forma que se imposibilite que ninguna competencia estatal pueda ser atribuida a todas, y mucho menos solo a algunas de las Comunidades Autónomas.*

El punto 2 del Artículo 150 dice:
2. El Estado podrá transferir o delegar en las Comunidades Autónomas, mediante ley orgánica, facultades correspondientes a materia de titularidad estatal que por su propia naturaleza sean susceptibles de transferencia o delegación. La ley preverá en cada caso la correspondiente transferencia de medios financieros, así como las formas de control que se reserve el Estado.
Por la misma razón del punto anterior, este punto 2 debe ser derogado.

El punto 3 del Artículo 150 dice:
3. El Estado podrá dictar leyes que establezcan los principios necesarios para armonizar las disposiciones normativas de las Comunidades Autónomas, aun en el caso de materias atribuidas a la competencia de éstas, cuando así lo exija el interés general. Corresponde a las Cortes Generales, por mayoría absoluta de cada Cámara, la apreciación de esta necesidad.

El punto 3 del Artículo 150 es demencial. Reconoce que la descentralización puede dar lugar a que cada Comunidad Autónoma pueda hacer la guerra por su cuenta, y por ello habla de dictar leyes "armonizadoras". Mucho mejor es que no exista la posibilidad, y por tanto que no se deleguen competencias, sino solo gestión.
Lo que se puede hacer como se hacía anteriormente, por medio de las Delegaciones Ministeriales en cada provincia, con objeto de acercar al ciudadano la gestión, y hacerla así más eficiente y más barata.

Por cierto, en ningún lugar de la Constitución se dice que la principal razón de la descentralización de las competencias del Estado Central a las Comunidades Autónomas fuese el hacer más eficiente y más barata la gestión de cada competencia descentralizada. Por tanto, se hace evidente que se hizo por otra razón, que seguramente fue la de satisfacer los deseos e intereses de los partidos nacionalistas independentistas en su camino hacia la secesión.

Como colofón de lo anterior debe decirse que la orientación de la Estructura del Estado Español debe ser justamente la contraria de la que pactaron los políticos en 1978. Esto es, hay que delegar gestión, y no hay que delegar competencias ni control. Y para evitar ineficiencias y corrupciones hay que poner en marcha un fuerte control del Estado Central. Y consecuentemente hay que derogar el poder de las Comunidades Autónomas de elaborar leyes propias.

Las leyes que se redacten para el Estado Central deben incluir, si ello fuese preciso y en forma muy restrictiva, disposiciones adicionales que recojan algunas particularidades, lo que prácticamente debe quedar reservado para los territorios extra-peninsulares, debido a que para hacerlos iguales necesitan que se les compensen los costes superiores que les supone esa extra-territorialidad.

El punto 2 del Artículo 156 dice:
1. Las Comunidades Autónomas gozarán de autonomía financiera para el desarrollo y ejecución de sus competencias con arreglo a los principios de coordinación con la Hacienda estatal y de solidaridad entre todos los españoles.
2. Las Comunidades Autónomas podrán actuar como delegados o colaboradores del Estado para la recaudación, la gestión y la liquidación de los recursos tributarios de aquél, de acuerdo con las leyes y los Estatutos.

El punto 1 debe ser derogado. No hay nada que conduzca más directamente a la corrupción y a la injusticia distributiva, que dejar a cada uno que se administre los dineros que recibe (autonomía financiera). Y eso de vendernos a los españoles que ello se controlará por medio de someterse a "principios de coordinación" es música celestial que por un oído entra y sale por el de enfrente. El control no se ejerce por medio de principios. Se ejerce por normas legales, que si se incumplen llevan a los incumplidores a la cárcel.

El punto 2 también debe ser derogado. Eso de actuar de recaudadores lleva a lo que en varias ocasiones se ha producido entre el País Vasco y el Estado Central, en que esa autonomía recauda, y después entrega lo que según sus cuentas le parece bien entregar, lo que conduce a que el Estado Central reciba mucho menos de lo que debería en concepto de justa y equitativa contribución de todos los españoles a las arcas comunes. O dicho de otra forma, conduce a que unos españoles paguen más y otros menos al Estado Central para que este sufrague los servicios comunes a todos los españoles.

Como comentario final debe añadirse lo siguiente. España tiene más de 500 años unida, y sus pueblos al menos un par de milenios de historia. Por ello, eso de pretender que los vascos, catalanes, y navarros tienen derechos históricos por encima y diferenciados del resto de los españoles es una falsedad histórica y un engaño interesado.
Es algo tan estúpido como reconocer una pensión especial a los sucesores de D. Pelayo, o reconocer a los árabes su derecho a Al Ándalus, o revisar la expulsión de España de los moros de Granada, o de los Judíos unos años después.

Los españoles de hoy no les debemos nada a los españoles de hace 100, 200, o 500 años. Ellos vivieron su vida y nosotros la nuestra. Ellos hicieron algunas cosas buenas y otras malas, que sería estúpido hoy ponernos a juzgar, si no es en un sentido de mera investigación histórica de lo que entonces sucedió.

Lo justo es que hoy ningún andaluz deba nada a ningún catalán, ningún extremeño deba nada a ningún vasco, y ningún gallego deba nada a ningún navarro. Ni viceversa.

Y por ello es justo el punto 1 del Artículo 139, que hace tabla rasa de supuestas deudas del pasado, que todos podríamos reclamar a todos.

Otra cosa, realmente miserable, es la cantinela de los últimos 41 años de que "España nos roba" que han vendido los partidos nacionalistas independentistas entre sus votantes. Y con esa cantinela, han presionado a líderes políticos del PSOE y del PP que, cuando estos han necesitado sus Diputados para alcanzar los 176 que necesitaban para ocupar las poltronas del Gobierno, han vendido a los españoles a base de dar privilegios económicos y de otros tipos a esas regiones a cambio de esos votos que solo iban en beneficio personal de ellos y de sus partidos.

18.7.2- Cierre definitivo del proceso de descentralización

El Artículo 148 en su punto 2 dice:

2. Transcurridos cinco años, y mediante la reforma de sus Estatutos, las Comunidades Autónomas podrán ampliar sucesivamente sus competencias dentro del marco establecido en el artículo 149.

O sea, que por si se ha descentralizado poco, o los nacionalistas independentistas siguen queriendo más y más, los "padres de la patria" dejaron abierto que fuesen obteniéndolo en el futuro.

La realidad ha demostrado plenamente, especialmente en los casos del País Vasco y de Cataluña, que la descentralización no se acordó en la Constitución de 1978 porque ello llevase a un Estado Español más eficiente y menos costoso, sino porque ello era para que los nacionalistas independentistas de esas Comunidades avanzasen en su camino hacia la independencia de España.

Consecuentemente, debe reformarse la Constitución, por medio de referendo de obligado cumplimiento, para que sea derogado el punto 2 del Artículo 148. Y para añadir en su lugar un nuevo punto 2 que diga:

2. Queda cerrado el proceso de descentralizaciones. Salvo reforma de la Constitución, por medio del Artículo 168 (establecido para reformas muy importantes), no podrán descentralizarse más competencias desde el Estado Central a las Comunidades Autónomas.

18.7.3- Derogación de la descentralización de la estructura del Estado

18.7.3.1- Derogación del "CAPÍTULO TERCERO, De las Comunidades Autónomas"

En los dos puntos anteriores (18.7.1 y 18.7.2) se han planteado reformas de la Constitución mientras que el régimen de autonomías que define la misma siga existiendo. No obstante creemos que es más justo y eficiente que se derogue al completo el Capítulo Tercero, que todo el poder lo ostente el Estado Central, que desaparezcan los Parlamentos Autonómicos y los Estatutos de Autonomía, y que solamente se descentralice la gestión.

El Capítulo Tercero incluye un buen número de artículos definiendo derechos y obligaciones de las Comunidades Autónomas en el Estado de gran descentralización que creó la Constitución de 1978.

Comenzaremos comentando el Artículo 2 de la Constitución, que dice:
La Constitución se fundamenta en la indisoluble unidad de la Nación española, patria común e indivisible de todos los españoles, y reconoce y garantiza el derecho a la autonomía de las nacionalidades y regiones que la integran y la solidaridad entre todas ellas.

Este Artículo es incongruente con la realidad que ha generado la Constitución vigente, que ha conducido a la actualmente puesta en duda de la "indisoluble unidad de la Nación española".
E incluso es incongruente conceptualmente porque es difícil de aceptar teóricamente que una Nación pueda ser indisoluble dentro de un Estado integrado por nacionalidades y regiones, varias de ellas regidas desde el principio por partidos nacionalistas independentistas cuyo objetivo básico declarado por ellos mismos es lograr la independencia.

Otra prueba de incongruencia del bodrio que redactaron los "padres de la Constitución" es el atreverse a escribir que una Nación puede estar compuesta por nacionalidades. Nacionalidad es el atributo de una nación, por lo que afirmar que en una Nación pueden caber varias nacionalidades es ser estúpidos (que no hay duda de que no lo eran) o que querían engañar a los ciudadanos españoles al hacerles creer que la unidad de la Nación española nunca sería puesta en duda puesto que la Constitución reconocía a España como una nación.

Y finalmente, es repugnante ver que ya en el texto constitucional se definen dos tipos de Comunidades Autónomas. Unas, las nacionalidades, donde sin duda pretendían colocarse País Vasco y Cataluña, y el resto a las que se considerarían regiones, o sea Comunidades Autónomas de segundo nivel.
El hecho de que ya en 1978 se metiese en la Constitución que en España habría Comunidades Autónomas consideradas como nacionalidades y Comunidades Autónomas consideradas como regiones es la evidencia de que desde el principio los "padres de la Constitución" estaban preparando el camino para que explotase lo que hoy es una realidad que ha explotado.
Y decimos que ha explotado porque desde Noviembre 2015 están maniobrando los nacionalistas independentistas catalanes, en el Parlamento Catalán, para proclamar la independencia de Cataluña. Lo cual han hecho en Octubre 2017, y por ello están siendo actualmente juzgados por el Tribunal Supremo los líderes de aquella rebelión contra el Estado Central.

Por ello, este Capítulo Tercero debe derogarse, y reescribirse desde cero. O sea, derogarse en su totalidad, y volverlo a escribir desde papel en blanco.

Y cuando se comience a escribir desde cero tener en cuenta lo siguiente:

* En primer lugar hay que celebrar un referendo de obligado cumplimiento para preguntar a la totalidad de la ciudadanía española si desea o no una estructura del Estado como la que ha habido en los últimos 41 años. Con una descentralización tan exagerada que ha conducido a notables diferencias entre los españoles de cada Comunidad Autónoma, y que ha facilitado el deslizamiento hacia que hoy estén más cerca de su objetivo de independencia los nacionalistas independentistas del País Vasco y de Cataluña.

* En segundo lugar hay que preguntarles, en otra pregunta del mismo referendo de obligado cumplimiento, si desean una descentralización de competencias, con Parlamentos Autonómicos, Gobierno Autonómicos, y toda esa parafernalia, o simplemente desean una descentralización de la gestión, para hacer más eficiente y menos costosa la Administración Pública.

Y si en el referendo anterior saliese algo muy extraño como que el pueblo español apuesta por la descentralización de competencias, con el establecimiento de Administraciones Públicas con autonomía para aprobar leyes y para gestionar en exclusiva competencias en sus territorios, habría que preguntar, en referendo de obligado cumplimiento a la totalidad del pueblo español, sobre el tipo de Estado que desea, para lo cual deberían los partidos hacer una campaña previa de al menos tres meses, dándoles suficiente tiempo gratuito en los medios de comunicación del Estado, para que explique cada uno los diferentes tipos de Estados posibles, por cual se inclinan, y en qué forma concreta lo desarrollarían.

Así los españoles se enterarían por fin de las ventajas e inconvenientes de los Estados Centralizados, los descentralizados por medio de Comunidades Autónomas, los Federales, los Confederales, y los que incluyen Territorios Libres Asociados (como Puerto Rico en USA).

18.7.3.2- Recentralizaciones transitorias

Posiblemente la derogación del Capítulo Tercero (eliminación de la descentralización del Estado Central hacia las Comunidades Autónomas) deba realizarse a medio plazo, puesto que aunque se decida (por referendo de obligado cumplimiento) no más tarde de 2020, el desmontar algo complejo lleva tiempo.

Por ello, seguramente será conveniente que sin esperar a esa derogación, se re-centralicen tres servicios que fueron descentralizados y que han tenido un resultado desastroso (en legislación regional dispar, en coste excesivo, y en gestión ineficiente). Estos servicios son Sanidad Pública, Educación Pública, y Estructura Jurisdiccional.

18.7.3.2.1- Recentralización de la Sanidad Pública

La Sanidad debe volver a estar centralizada por dos razones:

* Porque la realidad de la descentralización efectuada va contra el Artículo 14 que dice:

Los españoles son iguales ante la ley, sin que pueda prevalecer discriminación alguna por razón de nacimiento, raza, sexo, religión, opinión o cualquier otra condición o circunstancia personal o social.

Si la Sanidad está descentralizada, siendo gobernada por 17 autoridades diferentes es imposible que un ciudadano español pueda obtener los mismos servicios y la misma calidad de servicio en todo el territorio español.

* Porque descentralizada es más cara. Existe un notable ahorro de coste con la Sanidad centralizada por:
   - gestión más controlada, y por tanto con mucho menor riesgo de corrupción.
   - economías de escala que harán bajar notablemente los precios a igualdad de productos y servicios comprados. Es evidente que si 17 comunidades compran obtienen peores precios y condiciones que si compra una unidad centralizada.
   - no es lo mismo coordinar 17 autonomías (las nacionalistas independentistas no quieren que nadie de fuera las coordine) como pretenden algunos políticos "buenistas" como solución al caos que se observa, que existir una autoridad única, con la responsabilidad y el deber de que funcione eficientemente el servicio en toda España.

Nunca debió descentralizarse la Sanidad. Solo se explica por la misma razón expuesta al hablar de las Policías Autonómicas. Los políticos del PSOE y del PP cedieron en 1978 ante los nacionalistas independentistas, y con ello provocaron la ineficiencia y el sobrecoste que se ha producido en estos últimos 41 años.

Avanzar en el Estado Autonómico no es, como dicen los nacionalistas independentistas, descentralizar más, llegando a dejar al Estado Central con funciones meramente anecdóticas.

Avanzar en el Estado Autonómico hay muchos millones de españoles que piensan que es hacerlo más injusto e ineficiente.
Y por supuesto ir conformando al Estado Central en la forma apetecida por los nacionalistas independentistas vascos y catalanes (a los que en el futuro se podrían añadir los gallegos, baleáricos, y valencianos) es ser o bien un político inocentón o un prevaricador. Es dejar preparado el Estado Central para que cuando llegue una circunstancia de debilidad del mismo con un empujón más logren su sueño de hacer independientes a sus regiones, bajo la bota de su dictadura contra los que no piensan igual que ellos,
Consecuentemente hay que reformar la Constitución, por medio de referendo de obligado cumplimiento, para derogar toda la descentralización efectuada en la Sanidad Pública, y volver a su situación de decisiones estratégicas centralizadas y gestión descentralizada, pero controlada desde el Estado Central.

18.7.3.2.2- Recentralización de la Educación Pública
Anteriormente se ha razonado sobradamente que la Educación Pública en su totalidad (guarderías, párvulos, primaria, secundaria, formación profesional, estudios medios, y estudios universitarios) debe ser vuelta a centralizar.

La realidad de estos 41 años de Constitución demuestra que:
* descentralizada ha sido mucho más cara.

* descentralizada ha servido para crear problemas de todo tipo. En las comunidades con lengua propia se ha obstaculizado gravemente la movilidad de los españoles, impidiendo a los que no hablaban la lengua propia de esa comunidad (catalán, valenciano, mallorquín, vasco, o gallego) el poder incorporarse a esos centros públicos, o hacerlo en condiciones de grave inferioridad respecto a los estudiantes nativos en la misma. Ello porque las autoridades han dado la orden a los centros de que las clases se impartan exclusivamente en esa lengua, y los textos escritos en la misma.

* descentralizada ha servido para crear textos diferentes para las mismas asignaturas en casi todas las comunidades, y especialmente en la catalana y la vasca. Llegando a redacciones esperpénticas como a que un texto oficial de geografía de la comunidad catalana decía que el Río Ebro "nace en tierras extrañas". Lo que es una estupidez puesto que los que fuimos al colegio en otros lares de la piel de toro aprendimos que nace en el circo del Pico de Tres Mares, dando lugar al Río Híjar que entrega la mayoría de su caudal, por camino subterráneo, al manantial de Fontibre en el que arranca con su nombre el Río Ebro.

Consecuentemente hay que volver a centralizar, por medio de referendo de obligado cumplimiento, teniendo en cuenta, entre otros los siguientes puntos:

* todos los funcionarios por oposición conservarán sus puestos, pero ahora en la escala estatal.

* los que sean empleados no funcionarios, debe intentarse que conserven su puesto, lo que no debe ser difícil puesto que erróneamente el PP, con sus medidas de austeridad extrema y temeraria, ha despedido a muchos, rebajando así la calidad de la enseñanza pública.

* los cargos políticos y su personal de confianza de los mismos, deben ser cesados.

* se publicarán nuevos textos para el año siguiente, estando unificados para toda España. Y puesto que el español todos los ciudadanos españoles lo hablan, serán escritos solo en español (para ahorrar costes no se publicarán en otras lenguas).

* para evitar discriminación será obligatorio que en todos los centros públicos de enseñanza en España, se den las clases solo en español. Si un profesor alega que no domina esta lengua, debe ser despedido.

18.7.3.2.3- Recentralización de la Estructura Jurisdiccional

El Artículo 117 en su punto 5 dice:

5. El principio de unidad jurisdiccional es la base de la organización y funcionamiento de los Tribunales. La ley regulará el ejercicio de la jurisdicción militar en el ámbito estrictamente castrense y en los supuestos de estado de sitio, de acuerdo con los principios de la Constitución.

El Artículo 123 en su punto 1 dice:

El Tribunal Supremo, con jurisdicción en toda España, es el órgano jurisdiccional superior en todos los órdenes, salvo lo dispuesto en materia de garantías constitucionales.

El 117.5 obliga a la unidad jurisdiccional en toda España. El 123.1 obliga a acatar al Tribunal Supremo, como máxima autoridad jurisdiccional en todo el territorio español. Ambos artículos no se han cumplido en las comunidades con gobiernos nacionalistas independentistas, habiendo manipulado sus políticos para convertir sus Tribunales Superiores en órganos finales e independientes.

La única solución es volver a centralizar, y eliminar todo poder de los políticos (directo e indirecto) sobre los Jueces, Magistrados, y Fiscales de esas comunidades autónomas.

El ingreso, la formación, la asignación de destinos, los ascensos, los sueldos y complementos, y la relación de dependencia (la real) de Jueces, Magistrados y Fiscales debe ser exclusivamente del Consejo General del Poder Judicial, sin que tenga ninguna intervención y ninguna autoridad ningún órgano ni autoridad política de ninguna Comunidad Autónoma.

Volviendo a centralizar se logrará:
* Una estructura judicial más barata.
* Una mayor garantía de imparcialidad para la ciudadanía, y por tanto de justicia.
* Una notable disminución de la corrupción, al estar más libre el poder judicial de perseguir, y meter en la cárcel cuando proceda, a los políticos corruptos que según los medios de comunicación existen en varias comunidades, y especialmente en Cataluña.
* Lograr que se cumpla el objetivo de seguridad jurídica, permitiendo al ciudadano que no tenga que conocer 17 ordenamientos jurídicos diferentes cuando deba recurrir a Tribunales de Comunidades Autónomas diferentes a la suya propia.

Consecuentemente debe ser aprobado en referendo de obligado cumplimiento la redacción de un artículo de la Constitución que establezca la vuelta a la centralización de la estructura jurisdiccional del Estado.
Obviamente ello no llevará a ningún cambio físico, puesto que la red de Juzgados y de profesionales de la Justicia, seguirá siendo la misma. Solo cambiará la dependencia formal, que lógicamente producirá el cese inmediato de unos centenares de personas puestas en las cúpulas judiciales regionales por su afinidad a los políticos y partidos locales.

18.7.4- Derogación de los Derechos Históricos y de los Fueros

La Disposición Adicional Primera (sobre: Derechos Históricos de los territorios forales), dice:
La Constitución ampara y respeta los derechos históricos de los territorios forales.
La actualización general de dicho régimen foral se llevará a cabo, en su caso, en el marco de la Constitución y de los Estatutos de Autonomía.

Esto representa que en las Comunidades a las que se reconozcan fueros y/o derechos históricos, sus ciudadanos disfrutarán de ventajas económicas y de otro tipo por encima de los ciudadanos del resto de España. Es evidente que fueros y derechos históricos deben ser abolidos, por medio de referendo de obligado cumplimiento en el que participen todos los españoles, sin necesidad de incorporar ningún nuevo texto, puesto que en otro lugar, que ya se ha expuesto, la Constitución obliga a que en todos los territorios del Estado existan los mismos derechos.

En cuanto a la segunda parte de esa adicional primera se dice:
La actualización general de dicho régimen foral se llevará a cabo, en su caso, en el marco de la Constitución y de los Estatutos de Autonomía.
Debe derogarse puesto que se trataría de una reforma constitucional importante, y todas estas deben ser aprobadas por referendo de obligado cumplimiento. Además de que ello llevaría a diferenciación de los derechos que los ciudadanos tendrían en regiones diferentes.

18.8- Población mundial, Esperanza de vida, Edad de Jubilación, y Población en España

A continuación entramos en los temas apasionantes del título de este punto, que generalmente son tratados bien con gran ignorancia o bien en base a intereses derivados de la política, la ideología, o la religión.

18.8.1-Evolución de la población mundial
18.8.1.1-Datos Globales

* La población mundial a finales de Febrero 2017 era de unos 7.500 millones de personas. El 50,4% hombres, y el 49,6% mujeres.
* En 1951 la población mundial era de 2.541 millones de personas.
* En 1961 de 3.037;
* En 1971 de 3.707;
* En 1981 de 4.463;
* En 1991 de 5.356;
* En 2001 de 6.167;
* En 2011 de 6.973;
* Y a finales de Febrero de 2017 de 7.500.

En Septiembre de 2014 Naciones Unidas publicó una estimación basada en datos de 2012 y en una metodología probabilística. Según tal estudio:
* Es improbable que la población mundial deje de crecer en lo que queda de Siglo XXI.
* Hay un 80% de probabilidad de que la población mundial esté en el año 2100 entre 9.600 y 12.300 millones de seres humanos.
* El porcentaje mayor de crecimiento se producirá en África.
* El porcentaje de personas en edad laboral respecto al de personas mayores disminuirá sustancialmente en todos los países, incluso en aquellos en que actualmente la edad media es menor.

Las cifras anteriores dan una idea de la LOCURA del crecimiento de la población mundial:
* Desde 1951 a hoy (2017) la población mundial se ha multiplicado por tres.

* Y aun así seguirá creciendo, llegando como mínimo a los 9.600 millones a finales del presente siglo.

Es cierto que en los países del G-7 la inmensa mayoría de la población vive hoy mucho mejor que en 1951, aunque también hay pobres, y también hay gente que muere de hambre y de enfermedad sin que nadie les atienda.

Es cierto que en los restantes países del G-20 la mayoría de la población vive hoy mejor que en 1951, aunque también hay un porcentaje significativo de parados, de pobres, y de personas que mueren de hambre y de enfermedad sin que nadie les atienda.

Y también es cierto que en el resto del Mundo, en 2017, hay más de 4.000 millones de personas que sufren los efectos del paro y la pobreza, en países dominados por minorías que tienen el poder económico, político y militar, y que prefieren que la mayoría sea analfabeta y pobre con objeto de dominarla mejor.

Es curioso, y es indignante, que ninguna voz autorizada (sindicatos, sociólogos, líderes religiosos, líderes políticos) se haya pronunciado públicamente respecto a la locura de este crecimiento desbocado de la población mundial, sin que el mismo haya corrido paralelo a una mejora significativa del nivel de vida de TODOS los humanos (desaparición del paro; amparo público para que todo humano tenga protección total en caso de enfermedad; educación gratuita a todos los niveles para que, quien valga y quiera, pueda estudiar y goce de un mínimo nivel de vida que le permita ocupar una vivienda digna; etc.).

Y es más indignante todavía, y refleja estupidez supina en quien lo defiende, el que haya personajes que se manifiestan en los medios de comunicación diciendo que la población está envejeciendo, y que por tanto hay que incrementar la natalidad por encima de la tasa de defunciones.

Menos mal que al menos en los países del G-7 la gente tiene mucho más sentido común, y desde hace muchos años la tasa de natalidad ha decrecido en forma importante en esos países, y son solo los inmigrantes que llegan a los mismos los que mantienen cifras de crecimiento excesivas (sin duda debido a las importantes ayudas económicas públicas que en esos países existen para los niños y para sus padres).

18.8.1.2- Evolución de la población de China

Los datos que se exponen a continuación son los del censo que elabora el Gobierno de China:

Censo del año	Millones de censados
1953	583
1964	695
1982	1.008
1990	1.134
2000	1.266
2010	1.340

A 26Feb2017 la población en China fué de 1.384 millones de personas, de los que el 51,2% eran hombres, el 48,8% mujeres, y el 91,5% de toda la población pertenecía a la etnia Han.

El que casi toda la población pertenezca a la etnia Han significa que existe una idiosincrasia común, que el grado de integración de la población es muy alto, que el idioma común, el mandarín, es hablado por la inmensa mayoría, que los dialectos se le parecen mucho, y que los activistas extranjeros tienen muy difícil socavar los valores comunes del extraordinario pueblo chino.

La proporción de jóvenes respecto a mayores es mucho menor en China que en el resto del Mundo, debido a la política de hijo único de las últimas décadas. El Gobierno Chino estima que esa política, puesta en vigor en 1979 (y recientemente relajada, aunque no abolida) ha evitado que en China hayan nacido unos 400 millones más de seres humanos. Sin esa política hoy habría en China 400 millones de parados (o de infra empleados con sueldos de miseria) más de los que hay hoy.

La tasa de crecimiento demográfico de China es solo de 0,47%, lo que la sitúa en el lugar 156 del Mundo, que es prácticamente la tasa más baja a nivel mundial.

Aun así la población china es a Febrero 2017 (1.384 millones) respecto a 1953 (583 millones) 2,37 veces mayor, lo que representa un crecimiento enorme para un período de solo 64 años. Y si hubiesen nacido esos 400 millones la cifra sería de 3,06 veces (1.784/583), que es similar a la que realmente ha crecido la población mundial.

18.8.1.3- Esperanza de vida

Suele definirse "esperanza de vida o expectativa de vida" como la media de la cantidad de años que vive una determinada población absoluta o total en un cierto período.

Se suele dividir en masculina y femenina, y se ve influida por factores como la calidad de la medicina, la higiene, las guerras, etc., si bien actualmente se suele referir únicamente a las personas que tienen una muerte no violenta.

La "esperanza de vida al nacer" es una estimación del promedio de años que viviría un grupo de personas nacidas el mismo año si los movimientos en la tasa de mortalidad de la región evaluada se mantuvieran constantes. Es uno de los indicadores de la calidad de vida más comunes, aunque resulta difícil de medir. Algunos economistas han propuesto usarlo para medir el retorno de la inversión en el capital humano de una región.

La definición de esperanza de vida del PNUD (ONU) es la siguiente:
"Años que un recién nacido puede esperar vivir si los patrones de mortalidad por edades imperantes en el momento de su nacimiento siguieran siendo los mismos a lo largo de toda su vida"

Los siguientes son datos publicados en 2015 por la OMS (Organización Mundial de la Salud), referentes a 2015:

Puesto General	País	Esperanza de vida General (años)	Esperanza de vida Hombres al nacer (años)	Esperanza de vida Mujeres al nacer (años)
1	Japón	84	80	87
2	**España**	**82,8**	**80,1**	**85,5**
5	Suiza	82	81	85
6	Italia	83	80	85
9	Francia	83	79	85
18	Suecia	82	80	84
25	Reino Unido	81	79	83
27	**Alemania**	**81**	**78**	**83**
37	**USA**	**79**	**76**	**81**
59	México	76	73	79
62	Arabia Saudita	76	74	78
76	China	75	74	77
93	Brasil	74	70	77
101	Nicaragua	73	70	76
113	Egipto	71	69	74
114	Indonesia	71	69	73
121	Bangladés	70	69	71
122	Rusia	69	63	75
141	**India**	**66**	**64**	**68**
144	Pakistán	65	64	66
158	Haití	62	61	64
184	Nigeria	54	53	55
194 (último)	**Sierra Leona**	**43**	**45**	**46**

Del cuadro anterior se desprenden muchas conclusiones, aunque este libro no es el lugar para explayarse en ello.

Solamente queremos resaltar que la esperanza de vida de los países desarrollados es mucho mayor que la de los no desarrollados (sin duda por la incidencia conjunta de mortalidad infantil, pobreza, carencias de médicos, hospitales, y fármacos, y por vida con mucha menor higiene). Y que en los países superpoblados también es menor que en los que tienen una razonable densidad de población.

18.8.1.4- Edad de jubilación

La edad de jubilación tiene interés a efectos del comienzo del momento de pagar una pensión al jubilado, y de retirar a una persona del mercado de trabajo considerándolo jubilado y no desempleado.

Realmente la edad de jubilación solo tiene interés económico en los países que tienen establecido un sistema de pensiones que garantice estas. Lo cual se circunscribe en la práctica a los países del G-20 y pocos más. Por tanto, para más de la mitad de la población mundial la edad de jubilación no tiene trascendencia económica, de forma que más de 1.500 millones de humanos mayores de 65 años sobreviven como pueden, realmente no se jubilan nunca, y es la muerte la que acaba con su miseria para aquellos en que su familia no se preocupa por ellos.

La edad de jubilación en los países del G-12 (los del G-7, más China, mas España, y más los tres países escandinavos) está actualmente establecida entre los 60 y los 65 años. En 1967 una persona de 65 años que viviese en uno de esos países era una persona mayor, con achaques, y con una esperanza de vida diez años menor que en 2015.

En 2015 la esperanza de vida en los países del G-7 fueron los 80 años, excepto en hombres en USA que fue de 76.
Lo que hace pensar que es factible, y económicamente necesario, ir elevando la edad de jubilación con derecho a pensión del Estado, de forma que como mínimo sea en 2020 de 67, en 2025 de 69, y en 2030 de 71 años.

Afortunadamente al aumentar la esperanza de vida ha ido aumentando también la salud. El que hoy la esperanza de vida en España esté en media en 82,8 años, con una salud y vigor físico muy superiores a los de hace 20 años, permite elevar la edad de jubilación sin ningún problema hasta los 67 años. Y en 2030, en que posiblemente la esperanza de vida esté en más de 84 años, permitirá que la edad de jubilación sea de 71 años.
Otra cosa es que haya algunos caraduras que quieren jubilarse y comenzar a cobrar pensión aunque tengan salud y vitalidad suficiente para trabajar, y por ello hagan todo el ruido que pueden para que no se eleve la edad de jubilación. Y menos justificable es que partidos de izquierdas y sindicatos de izquierdas también defiendan que no se eleve. Esos ciudadanos y esas instituciones deben tener la decencia de admitir que prolongar la situación actual solo llevará a que el sistema quiebre, con la única solución de tener que rebajar la cuantía de la pensión que se paga a cada jubilado. Es más justo, y más honrado, el admitir que las pensiones no deben bajar (porque en España son bajas respecto a los principales países de la UE) y que debe elevarse la edad de jubilación porque ello es perfectamente factible.

En adelante debe ser inadmisible (prohibido por la Constitución) lo que los políticos en el poder han estado haciendo en España en los últimos 41 años. Ha sido generalizado el uso abusivo de las jubilaciones anticipadas para resolver todo tipo de problemas empresariales y sociales. El autor conoce a muchas personas jubiladas con menos de 55 años, y a muchísimas jubiladas con 60 años. Y todas ellas en plenitud física y mental.
Para evitar este pernicioso hecho, debe incluirse un artículo en la Constitución que diga que es ilegal jubilar a nadie (salvo por razones médicas, comprobadas por tribunal médico) antes de la edad de jubilación vigente en ese momento.

Las pensiones mínimas de jubilación existentes en España son ridículas. Debe aprobarse ya, sin esperar meses ni años, una Ley Orgánica que fije la pensión mínima anual en no menos de 700 euros netos por 14 pagas anuales, revisándose anualmente por el coste real de la vida (teniendo en cuenta el incremento de los servicios de agua, gas, electricidad, basuras, IBI, y demás). Y ese nuevo valor mínimo debe servir tanto para las pensiones de procedencia cotizada como de las no cotizadas.

En los países en vías de desarrollo la edad de jubilación no puede elevarse en esas proporciones puesto que su esperanza de vida en 2019 es bastante menor que la de los países mencionados como G-7.

Y en los países pobres, en los que realmente no existen pensiones pagadas por el Estado para la generalidad de sus ciudadanos, lo que precisan es ayuda urgente de los países ricos para tener lo antes posible una forma decente de vida, que les permita irse acercando a medio plazo a los estándares de esperanza de vida de los primeros.

18.8.1.5- Control de natalidad

¿Cuántos humanos podremos supervivir en la Tierra?. Supervivir es lo básico, o sea comer, beber, y protegerse del frío y de la intemperie.

Hoy somos más de 7.500 millones. ¿Cabrían en la Tierra 12.000, en esas miserables condiciones de supervivencia?. ¿Y 15.000?. ¿Y 18.000?. Menos mal que el autor morirá bastante antes, pero que no cuenten con él cuándo haya más de 8.000.

¿Cuántos humanos pueden vivir en la Tierra con el actual "standard of life" de USA?. Hoy no viven así más de 1.000 millones de personas. Y dentro de 50 años, cuando se comercialice y se ponga a precio asequible en los países más desarrollados del planeta la energía de fusión (la procedente de la fusión de dos isótopos del hidrógeno, deuterio y tritio, por medio de una reacción nuclear) quizá se pudiese llegar a que 2.000 millones de personas vivan como hoy se vive, en media, en USA.

Cualquier ingeniero que haya trabajado en una fábrica con abundante robótica sabe que las máquinas cada vez son más sofisticadas, cada vez hacen trabajos que poco tiempo antes se consideraba que eran exclusivos de operarios cualificados, y cada vez se despiden más trabajadores porque se meten más máquinas que los convierten en innecesarios. Por ello esos ingenieros no se van a sorprender por leer lo que se expone a continuación:

* En España y en el Mundo hay que poner en marcha en forma inmediata un estricto control de natalidad. Mejor sería que las familias decidiesen traer menos hijos a este mundo. Pero si no es así, hay que imponer por ley el control de natalidad.

* En China hay, desde hace años, control de natalidad. Si no fuese por ello, en lugar de los 1.350 millones de chinos actuales habría ya más de 1.800, de los que más de 500 vivirían con salarios de miseria.

* Poner ese control por ley en los países Occidentales no va a ser políticamente correcto. Además, las autoridades religiosas y las organizaciones civiles vinculadas a estas, de varias religiones, se opondrán frontalmente a ello.

* No obstante, en Occidente existe libertad de conciencia, que la mayoría de los ciudadanos pone por encima de las recomendaciones de los grupos que defienden una u otra postura. Y por ello son y serán las parejas las que decidirán los hijos que quieren tener, a partir del momento en que conozcan la gravedad del problema que ya existe y que en el futuro se agudizará mucho más. Lo que tendrá por consecuencia una importante reducción de la natalidad respecto a la actual existente.

* Esa reducción voluntaria será muy positiva, pero no suficiente debido a que:
    - en Occidente las parejas influenciadas por esos grupos pro-natalidad seguirán teniendo más hijos de los que deberían.
    - en los países del tercer mundo (especialmente en África), y en los países dominados por grupos que desean gran natalidad como medio para tener mano de obra barata, seguirá habiendo mucha mayor natalidad de la que los tiempos venideros aconsejan.

* La parte más importante del problema va a estar en el tercer mundo, donde todavía perdura el concepto medieval de que los hijos abundantes son el sostén de los padres cuando estos envejecen. Y por ello sigue habiendo familias con muchos hijos, aunque a estos se les dé una vida miserable desde que nacen.

* En suma, ¿qué hacer?. Los políticos, para bien o para mal fabricarán el futuro. Y si dentro de 80 años hay en la Tierra 12.000 millones de habitantes, de los cuales 1.500 viven con un excelente nivel de vida, 1.500 más con un nivel aceptable, 1.500 más con un nivel de vida bajo, y los restantes 7.500 como viven hoy en día los parias en la India, entonces que nadie se lamente. Esto se veía venir, y los que tuvieron la obligación de resolverlo no quisieron meter el diente al problema, porque no era políticamente correcto.

Hemos hablado de control de natalidad, y nos ratificamos en que, bien voluntariamente cada pareja o bien como lo han hecho en China, es necesario frenar el crecimiento de la población mundial, y desde luego sería mejor que empezase a decrecer lo antes posible.
Pero queremos hacer notar que no hemos hablado de aborto. Este es otro asunto en el que no entramos en este libro. Es posible realizar un adecuado control de natalidad sin que se utilice el aborto para conseguirlo. La medicina tiene hoy soluciones efectivas y sin efectos colaterales para conseguir ese objetivo, sin recurrir al aborto.

La exposición anterior hace que muchos aspectos actuales deban ser reconsiderados. Por ejemplo los siguientes:
* La inmigración que hoy en día aceptan, con pocas trabas, muchos países, no podrá mantenerse en el futuro. Dentro de pocos años, cuando en esos países crezca el paro y no haya forma de disminuirlo, no habrá más remedio que impedir la nueva inmigración y tomar medidas con los inmigrantes que antes vinieron y que todavía no hayan alcanzado la ciudadanía.
* Y no solamente los de fuera de la UE, sino también los de otros países de esta, para lo cual habrá que derogar la libertad de residencia que políticos soñadores de constituir algún día un país que se llamase la Unión Europea, aprobaron

insensatamente sin tener en cuenta que Europa lleva muchos siglos de estar formada por países muy diferenciados con fortísima personalidad propia.

* La formación profesional de los hijos habrá que impulsarla hacia oficios y profesiones de futuro. Seguramente dentro de 50 años cualquier trabajo será desarrollado más barato y con mayor calidad por las muchas clases de robots (hardware y software) que habrá entonces. Pero posiblemente dentro de 20 años todavía se seguirán necesitando humanos con oficios y profesiones que harán con mayor calidad y mejor precio que los robots que haya entonces. Por ello los padres conscientes de ese futuro seguro que empujarán a sus hijos hacia profesiones necesarias cuando estos lleguen a la madurez.

* En los 20 próximos años no creemos que vaya a desaparecer ninguna profesión. Solo creemos que sucederá que muchos humanos serán sustituidos por unos cuantos robots más un pequeño grupo de humanos. Por ejemplo, si ahora limpian las calles de una ciudad 50 barrenderos, posiblemente dentro de 20 años la limpiarán 10 robots de diversos tipos dirigidos por dos humanos, más dos técnicos de mantenimiento que no harán limpieza sino solo supervisión de los robots. Lo que provocará 46 barrenderos en paro.

* La consecuencia del párrafo anterior es que se necesitarán muchos menos humanos en casi la totalidad de las profesiones y oficios. Especialmente en los de bajo nivel intelectual y bajo nivel de aprendizaje profesional. O dicho de otra forma, dentro de 30 años habrán desaparecido en Europa más de 100 millones de empleos respecto a los que había en 2019.

* Y a quien le parezca que no hay que preocuparse por lo que pase dentro de 30 años hay que decirle lo siguiente. Al autor personalmente le preocupa poco, porque para entonces todo tipo de bichos habrán dejado limpios de carne sus huesos en la tumba. Pero al autor le preocupan sus nietos, que si no los encaminan profesionalmente bien sus padres, y los políticos no resuelven bien este problema, vivirán en un país terrible, mucho peor que como se vive en 2019 en España.

* Dentro de 60 años la situación será mucho más dramática:

- En los próximos 30 años no se dispondrá de la energía nuclear de fusión, a nivel comercial y en grandes cantidades. Ello no parece que vaya a suceder hasta dentro de 50 a 60 años. Los robots necesitarán mucha energía eléctrica. La extracción de petróleo irá decreciendo, y el precio subiendo. Al petróleo lo sustituirá el carbón, pero ello provocará un desfase en el tiempo, y un enorme coste de cerrar instalaciones para petróleo y poner en funcionamiento las de carbón. Debido a ello la implantación en la vida cotidiana de los robots no será tan rápida como la tecnología lo permitiría. Aunque no obstante dentro de 50 años habrán desaparecido en el mundo centenares de millones de puestos de trabajo actualmente ocupados por humanos.

- Pero cuando dentro de 60 años exista, en los países desarrollados, abundante y barata energía eléctrica (por la energía nuclear de fusión) y existan muy sofisticadas máquinas que posean Inteligencia Artificial, el problema habrá escalado muchos peldaños. En ese momento realmente se necesitarán muy pocos humanos, puesto que prácticamente todo el trabajo podrá ser hecho por las máquinas.

O dicho de otra forma, dentro de 60 años los robots habrán avanzado muchísimo respecto al día de hoy, de forma que poquísimos humanos tendrán capacidad para supervisar a robots muy avanzados para hacer muchísimo trabajo, tanto del muy especializado como del muy sencillo.

Y por supuesto la población mundial se habrá ajustado. Por decisión propia o por imposición en los Estados más avanzados, o por desaparición por inanición en los Estados que no hayan seguido las consignas de los primeros.

¿Que esta predicción es exagerada?. A quien así piense le retamos a que volvamos a este mundo dentro de 60 años para comprobarlo.

Desde una ética democrática de la convivencia ciudadana son absolutamente inaceptables las presiones de uno y otro bando a favor y en contra del control de natalidad.

En la mayoría de los Estados Occidentales su Constitución reconoce que sus ciudadanos pueden creer y practicar las creencias de cualquier religión seria. Y también señala que el Estado es aconfesional, esto es no aboga por que sus ciudadanos se adhieran a ninguna religión determinada.

La Constitución Española, en su Artículo 16, dice que se garantiza la libertad religiosa. Y también dice que ninguna confesión tendrá carácter estatal.

La cúpula política de la derecha, por convicciones religiosas propias y por presiones sobre ellos de las autoridades religiosas, maniobra y presiona todo lo que puede contra una posición del Estado a favor del control de natalidad.

La cúpula política de la izquierda, movida por el ateísmo declarado por la mayoría de sus líderes, y por su odio secular hacia las autoridades religiosas, maniobra y presiona para que del Código Penal salga cualquier condena a hechos que impidan que una nueva vida aparezca si la mujer o la pareja no lo desean.

A los millones de personas de clase media, que unos se abstienen, otros votan a derechas, y otros a izquierdas, no se les da ni voz ni voto en esta lucha política. Ni se les exponen en detalle los problemas que conlleva el control de natalidad, ni los problemas que crea el crecimiento sin control de la población.

Y por supuesto, ni los políticos de derechas ni los de izquierdas proponen a la ciudadanía resolver el asunto por medio de un referendo de obligado cumplimiento.

Los políticos profesionales tienen tendencia a pensar y a actuar consecuentemente con su idea de que los asuntos que ellos consideran importantes no se pueden dejar a la decisión colectiva de los ciudadanos. Son consecuentes con la idea de que el ciudadano debe votar cada cuatro años, y despúes irse a sus asuntos y no molestar a los políticos. Aquello de "todo para el pueblo, pero sin el pueblo" del Despotismo Ilustrado de finales del Siglo XVIII, sigue imperando más de dos siglos después.

De lo anteriormente expuesto se deduce que el Mundo (y España) necesita poner en marcha inmediatamente un férreo control de natalidad que haga que las cifras de nacimientos estén sensiblemente por debajo de las de fallecimientos, de forma que antes de 2079 (en 60 años) la población mundial se reduzca en al menos 3.000 millones de personas. Lo que quiere decir que la población mundial sea en 2079 similar a la que había en 1981. Y que a partir de 2079 se siga reduciendo al menos a la misma tasa de reducción, siendo ideal que a final del presente Siglo XXI sea similar a la que existía en 1951, que fue de 2.541 millones de personas.

Y, por supuesto, que esa reducción de población venga acompañada de una elevación general de la esperanza de vida, de un mayor nivel de formación general y profesional, de un desarrollo amplio y profundo de la inteligencia, y de los valores de los seres humanos de todo el planeta.

18.8.2- Población e Inmigración en España
18.8.2.1- Crecimiento demográfico e Inmigración

En España, según el Padrón, la población ha sido la siguiente:
* 1 de Enero 1960: 30.582.936 habitantes.
* 1 de Enero 1970: 33.956.047   "
* 1 de Enero 1981: 37.742.561   "
* 1 de Enero 1991: 39.433.942   "
* 1 de Enero 2001: 40.499.791   "
* 1 de Enero 2006: 44.708.964   "
* 1 de Enero 2011: 47.190.493   "

De las cifras anteriores sale:
* Crecimiento demográfico de 1Enero1991 a 1Enero2001:   1.065.849 personas.
* Crecimiento demográfico de 1Enero2001 a 1Enero2011:   6.690.702 personas.

Las proyecciones del INE sobre la población de España en la próxima década son de un decremento del 1,2% hasta 2021, quedando en esa fecha en 45,6 millones de habitantes.

Según el censo del INE de 2006, el 9,27% de la población de España era de nacionalidad extranjera.
La inmigración a gran escala empezó a mediados de la década de los noventa.
Hacia el año 2000, España recibía el segundo mayor número de inmigrantes de todo el mundo en términos absolutos (tras USA).
España fue en 2013 el décimo país del mundo con mayor población extranjera.
Los inmigrantes que han llegado a España provienen de Centroamérica y Sudamérica (36,21%), de Europa Occidental (21,06%), de Europa del Este (17,75%), y de Marruecos (14,76%).

Desde 1976 disminuyó notablemente la tasa de fertilidad en España, lo que hacía prever que para 2030 la población total decreciese. Lo que no ha sido así debido a que los inmigrantes han traído una tasa de fertilidad mayor.

Las cifras anteriores reflejan que entre 1 Enero 2001 y 1 Enero 2011 la población española creció en 6.690.702 personas (más los inmigrantes ilegales no censados) que pueden llevar la cifra a un valor entre 8.000.000 y 9.000.000 de personas, y sin embargo en la década anterior el crecimiento fue de 1.065.849 personas, cantidad mucho menor.

Respecto a los inmigrantes ilegales no incluidos en el censo hay opiniones de que son no menos de dos millones, aunque esta cifra es dudoso que las autoridades tengan ni siquiera una idea aproximada de su cuantía.

A este enorme crecimiento de la población española hubiese sido imposible darle trabajo si no hubiese sido por la burbuja inmobiliaria, puesto que España nunca tuvo un ritmo de desarrollo de un crecimiento en media del PIB mayor del 3,5% en los mejores momentos. Se hubiese requerido un crecimiento anual del PIB superior al 10% para poder haber dado trabajo a tanto inmigrante.

La explosión de la burbuja inmobiliaria, la crisis financiera y económica, y los gastos desorbitados del Estado y de las Comunidades Autónomas, que han hecho crecer desmesuradamente la Deuda Pública, han contribuido a agravar tremendamente el problema.

Debe hacerse notar que si el crecimiento demográfico hubiese sido el de la década anterior, esto es de 1.065.849 personas en lugar de las más 9.000.000 de personas que hemos mencionado, en estos momentos el paro en España sería un problema inferior al que hoy padecen Francia o Italia, y por ello nuestra única preocupación sería la disminución de la Deuda Pública y la reactivación de la economía. Y ambos problemas tendrían solución a corto plazo, porque con toda la población trabajando las arcas del Tesoro darían para pagarlo todo.

A España ha venido todo el que ha querido. La inmensa mayoría de los inmigrantes han venido buscando una vida mejor que la mala que tenían en sus países, porque en estos la población con bajo nivel de formación profesional lleva una vida mísera.

Inmigrantes con formación de graduados medios o universitarios, son menos del 1% de los que han llegado.

La consecuencia es que su integración profesional en España es difícil, ahora que los puestos de más baja cualificación están sometidos a un terrible paro, debido a que se importan productos y servicios elaborados en países donde la población cuesta mucho menos y tiene muy escasos privilegios sociales.

Hay inmigrantes que pretenden estar en España el tiempo suficiente para ahorrar, con ese dinero montarse un medio de vida en su país, y volver a este.

Pero la mayoría de ellos han quemado las naves. Están aquí para permanecer aquí. Para con el tiempo obtener la residencia, y con más tiempo obtener la ciudadanía. Y sus hijos, unos que vinieron pequeños y otros que nacieron aquí, van a la escuela con los españoles, por lo que anímicamente son españoles, y legalmente lo son o lo serán.

Este punto no se puede terminar sin decir lo siguiente:
* Las razones para emigrar de un país son muy variadas. Hay una minoría de delincuentes que emigran, de aventureros que emigran, y de marginados de todo tipo que emigran. Pero la gran mayoría son gente que quiere resolver un acuciante problema económico que padecen, o bien llevar a sus familias a lugares que les parecen mejor para el futuro de las mismas. Por ello, la inmensa mayoría de los inmigrantes merecen respeto, y hay que ayudarles en lo que se pueda, que sea compatible con no crear graves problemas a los ciudadanos españoles.
* Y también los países que reciben inmigración, y que en el presente y en el futuro van a tener que cerrar el grifo a esta, para no crear graves problemas a sus ciudadanos, tienen que tomar una postura activa para ayudar a resolver el problema de los países que permiten o inducen a sus ciudadanos a que emigren.

* Es inadmisible que un país quiera resolver su problema de paro por medio de empujar a emigrar a la parte que le sobra de su población.

* También hay países que carecen del capital que precisan para crear los puestos de trabajo que su población necesita. A estos países, los países ricos de la Tierra tienen que ayudarles en venderles a bajo precio cañas de pescar y en comprarles la pesca que no se coman. Con este símil obviamente nos referimos a que hay que invertir en esos países para crear puestos de trabajo para su población, parte de cuyos productos consumirán, y parte deberán ser exportados, a precios justos, a los países ricos.

* Y también que los países ricos deben dejar de apoyar a los dictadores y a las oligarquías opresoras, que gobiernan muchos de los países del segundo y del tercer mundo, aprovechándose de la miseria de su población, la mejor de la cual (la más joven, más sana, y mejor formada) emigra para buscar vivir en un mundo mejor.

* Y por supuesto hay que dejar inmediatamente de vender armas y municiones a esos países que oprimen a su gente, y que no les ofrecen oportunidad de vivir dignamente.

18.8.2.2- Evolución de la población en España en los próximos años

Hace quinientos años la vida cambiaba poco. Solo las guerras, las epidemias, o las hambrunas producían cambios importantes en una generación de un país determinado. Los cambios tecnológicos no suponían apenas cambio, porque realmente apenas existían personas y medios económicos que se dedicasen a mejorar las condiciones de vida de las gentes.

Hoy, 2019, la situación es absolutamente diferente. Si un muerto hace 40 años se levantase hoy de su tumba pronto descubriría que había vuelto a la vida en su misma ciudad pero que se encontraba fuera de su tiempo.

Y si ello sucediese en 2059 se encontraría con cambios muchísimo más profundos, principalmente por el uso en la vida real de todo tipo de robots (entendidos en sentido amplio de hardware y software) que harán que el trabajo que en 2019 realizaban 2.000 millones de humanos lo realizan mejor y mucho más barato esos robots. Y por tanto sobrarán esos 2.000 millones de humanos.

Y también descubriría que en 2059 los que entonces tengan trabajo remunerado (trabajo por el que un empresario privado está dispuesto a pagar) sabrán profesionalmente mucho más que la media de hoy (2019) gracias a su experiencia y a su reciclaje permanente, con una salud y vitalidad muy superior a las que tenían los de su misma edad en 2019. Y ello sin que su fuerza física se necesite para lograr la excelencia en su trabajo, y por tanto con una edad en que hoy la mayoría querrían estar jubilados. Sin duda le sorprendería que la edad de jubilación estuviese en los 80 años, y más que los de 75 estuviesen física y mentalmente en mejores condiciones que los que en 2019 tienen 60.

A quien le parezca la descripción anterior algo así como el cuento de "Aladino y la Lámpara Maravillosa" le recomendamos leer el libro que este autor publicó en Amazon en 2017 titulado "ROBOTS crean PARO" con el subtítulo "PROFESIÓN que deben elegir HOY nuestros HIJOS y NIETOS para que dentro de 40 años los ROBOTS no los dejen en PARO", y con la leyenda de "En 2057 (en 40 años) habrá en el Mundo 2.000 millones de parados adicionales a los que hay en 2017".

Ante la realidad actual de un inmenso paro en España en 2019 (muy superior al razonable 3% máximo que debería existir) y a la realidad de que en el momento presente hay en el Mundo más de 3.000 millones de personas adultas sin un trabajo que les proporcione los ingresos mínimos para poder supervivir, muchos nos preguntamos si todos esos políticos, "opinadores" profesionales, periodistas, representantes de ONG,s, líderes religiosos, y líderes sociales, que día a día machacan a los ciudadanos a través de los medios de comunicación, tratando de vender la mercancía defectuosa de que se necesita incrementar la natalidad, están con las neuronas gravemente averiadas o bien defienden intereses bastardos.
"Ladran, luego cabalgamos", escribió Goethe. El incremento o descenso de la natalidad en un país no es algo que esos líderes puedan controlar. Ni siquiera los líderes religiosos que tanto poder tienen sobre las conciencias de sus creyentes. La natalidad es algo que deciden un hombre y una mujer. Y que si el embarazo llega en forma no deseada, hoy en día en los países desarrollados hay múltiples formas de resolver, unas legales y otras ilegales. Por ello es por lo que esos líderes que defienden que se necesita más natalidad, fracasan en la realidad de la población de países como España, y en casi todos los restantes de la Unión Europea.

Otra cosa es que en realidad ese argumento es una artimaña que utilizan como cortina de humo que esconde su verdadero fin, que es conseguir que en los países de la UE se abra la mano a la inmigración masiva sin restricciones de ninguna clase. De lo que hablaremos más adelante.

La estimación de la evolución de la población en España es difícil de hacer porque depende mucho de la emigración e inmigración que exista, de la presión de los empresarios para que se admitan inmigrantes de baja cualificación que se conformen con salarios de miseria, de la presión de los partidos de izquierda para que entren inmigrantes de bajo nivel económico que lógicamente cuando tengan derecho a voto les voten y así desequilibren el 50%-50% (derecha--izquierda) a favor de la izquierda, de lo generosa que sea en los Presupuestos la ayuda a los parados y pensionistas, y de la presión de la ciudadanía para que no se eleve la edad de jubilación.

18.9- Inmigración, Robots, Edad de Jubilación, Incremento edad útil, Control de natalidad, versus PARO.
18.9.1- Situación y perspectivas

Los factores mencionados en el título de este punto tienen relación directa con el paro que hay en España, y en cualquier otro país.

Hoy hay decenas de miles de robots (en el sentido amplio de hardware y software) realizando trabajos en España, que hace 30 años eran realizadas por seres humanos. No es exagerado decir que, hoy en día, con la tecnología, electrónica, informática, telecomunicaciones, robots, e instalaciones robotizadas que existen en España, 100 profesionales (manuales o intelectuales) que trabajen con medios modernos, realizan el trabajo que hace 30 años realizaban 400 profesionales de similar nivel de formación y experiencia. Lo que ha llevado a 300 al paro, o a no crearse el empleo que antaño se creaba.

Cierto que el PIB (Producto Interior Bruto) de España es hoy mayor que el de hace 30 años. Pero, sin duda, no es tres veces mayor. Lo que significa que a igualdad de población activa, la introducción de todos esos nuevos medios crea paro.

Y puesto que los robots e instalaciones robotizadas, y las nuevas tecnologías, son algo que no hay quien lo pare, porque si se lograse parar su entrada en España, seguirían entrando en decenas de países que con ellos producirían mejor y más barato, España no tiene más remedio que tenerlos en cuenta en su planificación de futuro.

Dicho de otra forma, los robots y las nuevas tecnologías han creado y seguirán creando paro en España si el país no logra adaptar su número de habitantes y las características de formación y experiencia de estos, a las nuevas circunstancias.

Mayor y mejor medicina preventiva; mayor práctica de gimnasia y deporte a lo largo de todas las edades; avances médicos increíbles que ya existen y que se van a incrementar brutalmente a lo largo de las tres próximas décadas harán que en 2030 la media de trabajadores españoles con 75 años tenga igual o mejor salud general que en 2000 tenía la media de los mismos de 65 años.

Y habrá una gran presión para elevar la edad de jubilación, por muchas razones:
* Una, porque los jubilados querrán pensiones más altas, y ello solo se logrará subiendo la edad de jubilación.
* Dos, porque los menores de 50 años presionarán para elevar la edad de jubilación, como medio para disminuirles a ellos sus impuestos.
* Tres, porque la mayoría de los interesados querrá seguir siendo útiles, bien a jornada completa, o al menos a media jornada, esto último como medio para conseguir completar su pensión con otros ingresos.
* Cuatro, porque el país no puede seguir realizando el inmenso derroche actual de obligar a jubilarse a personas eficientes y con buena salud, pagándoles una jubilación mucho menor que el sueldo que tenían en activo, por la única razón de que se necesita hacer hueco para que los jóvenes puedan acceder al mercado de trabajo.

Los factores ya mencionados, por si solos hacen que si la población sigue siendo la misma (en número de personas con capacidad para trabajar) el paro se incrementará. O dicho de otra forma, los medios modernos y el alargamiento de la vida útil, harán que en 2030 haya en España menos personas con trabajo que las que hay en 2019, a pesar de que puede que el PIB de 2030 sea superior al de 2019.

Consecuentemente España no podrá seguir recibiendo inmigración. Ni legal, ni ilegal. Si lo hace, ello solo hará que el número de parados se incremente.

Todas las semanas se oye en los medios de comunicación a políticos y periodistas afines que dicen que "la población española está envejeciendo, por lo que se necesita incrementar la natalidad, y como esta ha disminuido se necesita recibir a más inmigrantes". Un planteamiento como ese solo se puede defender bien desde la total falta de conocimiento de lo que se dice, o bien desde posiciones ideológicas radicales a favor de la inmigración.

Quien no sea capaz de ver que las personas que hoy, en media, tienen 60 años están en mejores condiciones vitales, que los que, en media tenían 50 años hace 30 años, es porque necesitan gafas con un montón de dioptrías.
Y quien no sea capaz de prever hoy que los que en 2030 tengan 75 años tendrán, en media, igual o mejor salud que los que, en media, tenían 65 años en 2000, es porque lee poco sobre los avances realizados en medicina y en farmacopea, y los que están en curso.

El control de natalidad es algo de lo que los políticos no quieren hablar a la población, en lo que los periodistas afines a esos políticos no entran porque sus editores no se lo permiten, de lo que los líderes religiosos (de todas las religiones) huyen como si se tratase de algo urdido por el demonio, y a lo que muy pocos países se enfrentan seriamente.

En los países del Norte de Europa no se habla de control de natalidad. Se calla y se actúa. La natalidad ha descendido en esos países por debajo de la media de los países democráticos avanzados, y muy por debajo de la de los países pobres, donde los nuevos seres humanos se esperan con ansiedad para que con su sangre y músculos ayuden a sus mayores a seguir viviendo su actual miserable vida económica. O sea, mulos de carga.

En China hay desde hace años la ley de hijo único por pareja, con multa y apercibimiento a quien tiene dos, y con graves problemas para los que tienen tres. Así se ha ralentizado su enorme crecimiento demográfico de los últimos decenios, habiéndose parado actualmente el mismo.
En China, hoy en día, están las fábricas de todo tipo más modernas del mundo, aplicándose las nuevas tecnologías en forma intensiva en todo tipo de actividades privadas y públicas.
En China, la combinación de los dos factores anteriores (junto con la exportación masiva a los países occidentales, que les han rebajado brutalmente sus cupos y tasas de importación) es lo que ha producido un enorme incremento de riqueza en general, y de nivel de vida de la clase trabajadora.

En España debe abrirse un amplio foro, a nivel de medios de comunicación y de calle, para que los españoles adquieran conciencia por si mismos de donde estamos y hacia dónde va el mundo.
Y para que allá por 2022 los españoles decidan, por medio de referendo de obligado cumplimiento, cuyo resultado debe incluirse en una reforma de la Constitución (con ánimo de que los políticos no puedan cambiar fácilmente lo que los españoles decidan), las medidas que los Gobiernos de España deben adoptar en el corto, medio, y largo plazo, respecto a lo que en este punto se ha tratado.

Con esa decisión estará en manos de los españoles el avanzar hacia lo que hoy es Alemania, USA, Canadá, Suiza, Suecia, Noruega, Finlandia, Dinamarca, y otros pocos; o descender hacia lo que hoy son decenas de países de Sud América, África, y Sud Asia, que tienen casi imposible el prosperar.

Por razones humanitarias y de justicia social, los países más desarrollados deben ayudar a los menos. Pero no a tiros si sus líderes se oponen a esa ayuda. Aunque, en los casos de líderes sádicos, los tiros serán necesarios.

Seguramente la mejor ayuda será en formación para que aprovechen en forma más eficiente sus recursos. La formación lleva directamente al incremento del nivel de vida, y es algo que no pueden robar los dictadores (en dictaduras más o menos encubiertas) que dominan la mayoría de los países que no logran salir de la pobreza.

Pretender resolver el problema de los países pobres en base a promover la inmigración masiva de sus hombres y mujeres jóvenes hacia los países desarrollados es crear graves problemas a ambos lados.

A los que proporcionan miles de inmigrantes porque se desprenden del elemento humano que necesitarán a medio plazo, y porque no dedican sus esfuerzos a arreglar su país para salir de su miseria. Mejor sería que implantasen un férreo control de natalidad y que eliminasen a las mafias que empujan a la emigración.

A los países que reciben a esos inmigrantes les crean el problema de incrementar su paro y de crear un grave problema de integración puesto que la realidad es que los inmigrantes, con otro idioma y otras costumbres no se integran jamás, con lo que se crean perniciosos guetos que perpetúan la no integración.

La solución eficiente y humanamente justa consiste en impedir la promoción de la emigración e inmigración. Y en que los países desarrollados ayuden in situ, con abundantes medios, a los países pobres a que mejoren notablemente su nivel de vida. Y si para ello hay que eliminar a mafias y a regímenes corruptos, hacerlo.

18.9.2- Inmigración y paro

Admitir inmigrantes cuando en España hay más de 3,3 millones de parados (y varios millones más que saldrían a buscar trabajo si tuviesen alguna expectativa de encontrarlo), y los salarios han descendido un 30% en los últimos diez años, es incrementar notablemente el gasto social del país, sin que ello se haya reflejado en el Presupuesto y este se haya votado en Cortes.

Admitir pagar este coste a extranjeros cuando en España hay cientos de miles de familias viviendo en la indigencia es una grave irresponsabilidad de los políticos que gobiernan y de los que no se oponen debidamente.

Admitir la llegada de personas de bajísima o nula formación profesional es rebajar gravemente el nivel medio profesional de los españoles, lo que se traducirá en exceso de personas para realizar trabajos sencillos y mal pagados, y escasez de personas cualificadas para acometer empresas exportadoras de tecnología avanzada.

Ignorar los problemas de falta de integración de los inmigrantes en general, y más de los procedentes de países que no hablan español, y que tienen costumbres, idiosincrasia, y religiones muy diferentes, es una grave irresponsabilidad, que se traduce en la realidad que existe de aparición de guetos en las grandes ciudades españolas (cuyos líderes luchan habitualmente por lo contrario, la no integración).

Consentir inmigración masiva sin analizar a los que vienen (en sus vertientes de ausencia de enfermedades contagiosas, ídem de mentales, historial delicuencial, y condenas penales) es una grave irresponsabilidad, que en la práctica se traduce en que el porcentaje de delitos cometidos en España por inmigrantes es superior al de los cometidos por nacionales.

Con un paro como el actual del 15% en España es imposible admitir inmigrantes, puesto que van directamente al paro, o peor a la economía sumergida.

Debe crearse una norma legal que establezca que no pueden aceptarse inmigrantes hasta que el paro en España esté por debajo del 3%.

La inmigración es un asunto de la mayor importancia, y por ello debe ser sometida a referendo de obligado cumplimiento decidido por todos los ciudadanos españoles. Es un asunto tan importante que no se debe dejar en manos de los políticos, ni del gobierno ni de la oposición.

Y el resultado de ese referendo debe incorporarse a la Constitución para que los políticos no puedan cambiar fácilmente lo que la voluntad de los ciudadanos decida.

18.10- Uso obligatorio del español, como lengua oficial y preferente, en todo el territorio nacional

Resulta ridículo que en todos los países hispanoparlantes la lengua oficial sea el español, y que en la Constitución de 1978 se diga que la lengua común en España es el castellano, sin mencionar en ninguna parte de ella la lengua española.

Debe incluirse en la Constitución un artículo que manifieste que en España la lengua común y preferente es el español, y eliminar de ella la ridiculez del término castellano.

Esa estupidez, de que en España se habla castellano, la metieron en la Constitución, al redactarse esta, los independentistas catalanes y vascos, y los restantes "padres" de la misma callaron cobardemente.

Debe incluirse en la Constitución un artículo que manifieste que el idioma común de todos los ciudadanos españoles es el español, que todos los españoles tienen el deber de conocerlo, y que las instituciones públicas y medios de comunicación públicos tienen la obligación de usar en exclusiva el español en todos sus actos.

Y para evitar sobrecostes, en todas las instituciones públicas y en todos los medios de comunicación públicos solamente se hablará y escribirá en español.

Privadamente podrán utilizarse otras lenguas o dialectos, pero el español será siempre la lengua general y la única obligatoria de aprender en los centros de enseñanza públicos y privados.

18.11- Paro, Normativa laboral, y Política económica
18.11.1- Situación dramática de falta de trabajo y de salarios razonables

España lleva muchos años siendo la campeona del mayor porcentaje de parados entre los países desarrollados del planeta.

El paro en España fue del 15,28%, que significa 3.490.100 parados según la Encuesta de Población Activa del 2º Trimestre 2018. Ello después de llevar diez años el paro en España por encima del 15%. Y habiendo pasado por un máximo del 25,77% en 2012.

El último dato existente a finales de Marzo 2019 es el de la EPA del 4º Trimestre de 2018. Según esta a 31Dic18 había en España 3.304.300 parados, lo que suponía un 14,45% de la población activa.

Ningún político ni ningún partido se han arriesgado a decir en los medios de comunicación cuando en España el paro estará por debajo del 3%, que es el valor considerado generalmente como de pleno empleo.

Y ello con un número de ocupados que no llega a 20.000.000 personas de un total de población de unos 47.000.000.

El que menos de 20 millones de personas mantengan a 47 millones es el gran problema de España. Así no hay forma de resolver adecuadamente los grandes y graves problemas que aquejan al país: subsidios a parados, pensiones, enseñanza, sanidad (hospitales, farmacopea gratuita, odontología gratuita), empleo público, inversión pública, deuda pública, déficit presupuestario, seguridad policial, seguridad jurídica, etc..

La verdadera solución de los problemas económicos de España está en llegar a tener una tasa de paro similar a la de USA (4% a Noviembre 2017), o mejor del 3%, y una tasa de actividad bastante más elevada (en España al final del Tercer Trimestre 2017 era del 57,45%, y a la misma fecha fue de 66,23% en USA).

O dicho de otra forma, con 7.500.000 más de personas trabajando en España (correspondientes a paro del 3%, más una tasa de actividad del 66,23%), los citados graves problemas actualmente existentes no existirían. Así podrían bajarse los impuestos e incrementar el estado del bienestar. No se necesitaría la clásica fórmula comunista de obligar a aportar más a los que tienen para dárselo a los que no tienen.

¿Qué se puede hacer para disminuir pronto y drásticamente el paro?. Ningún político español, ni de derechas ni de izquierdas, habla de ello. No es este libro el lugar para entrar a fondo en ese tema, pero si para dar pistas de por dónde hay que ir. Lo cual se trata en el punto que se expone a continuación.

18.11.2- Derecho al trabajo

El Artículo 35, en su punto 1, dice:

1. Todos los españoles tienen el deber de trabajar y el derecho al trabajo, a la libre elección de profesión u oficio, a la promoción a través del trabajo y a una remuneración suficiente para satisfacer sus necesidades y las de su familia, sin que en ningún caso pueda hacerse discriminación por razón de sexo.

En ningún sitio de la Constitución se dice que los artículos de la misma "obligan si ello es posible, y no obligan si en estos momentos no se puede". Lo que dicen los artículos de la Constitución es obligatorio en todo momento, y los políticos tienen la obligación legal de hacer que se cumplan, inmediatamente y en cualquier momento en que se dé el caso.

La creación de trabajo no es un teorema matemático, que tiene única solución, y puede comprobarse mediante la demostración correspondiente.
No es válido decir que "como no hay dinero ese artículo hoy es imposible de cumplir".

La creación de trabajo depende de la política económica que se lleve a cabo, y de los intereses dominantes que en cada momento existen, en función del color político de los que ostentan el poder.
Se podría haber creado mucho más trabajo del que creó el PP en los siete años en que recientemente ha detentado el poder (hasta Junio 2018). Ha creado poco, inestable, temporal, y de muy bajos salarios. Con una diferente política económica, no tan de derechas y no tan servicial con la UE, se podía haber creado mucho más.
No hay más que mirar a China para darse cuenta que con otra política económica es posible crear mucho más empleo y a la vez incrementar mucho más el PIB.

Y se podrá crear mucho más trabajo si un partido más centrado socialmente cambia esa política económica por otra que:
* permita exportar mucho más,
* obligue legalmente a invertir en España la totalidad de los capitales españoles,
* ponga freno a las importaciones de productos, unos que ya se fabrican en España, y otros que se pueden fabricar en nuestro país,
* reduzca sensiblemente el consumo de petróleo, que al ser todo él de importación resta enorme capacidad de crear puestos de trabajo en España.
* reduzca sensiblemente la inmensa corrupción económica existente.
* se eliminen los enormes gastos superfluos y faraónicos que mantienen los políticos y las administraciones públicas.
* se luche eficientemente contra la economía sumergida y contra la defraudación fiscal.
* se suban los impuestos a la clase alta (renta al 60% para ingresos anuales superiores a 200.000 euros, y 2% de patrimonio para los de valor superior a 2.000.000 euros).
* se derogue la legislación de las SICAV.
* se deroguen los tratados de doble imposición que España tiene actualmente con varios importantes paraísos fiscales.
*se prohíba que cualquier español tenga cuentas (a su nombre o anónimas) en instituciones financieras de paraísos fiscales.
* se incrementen notablemente los beneficios fiscales a los españoles y extranjeros que inviertan en crear empresas en España que den trabajo a ciudadanos españoles en puestos estables y con remuneraciones decentes.
* se impida legalmente a los bancos que operan en España que el dinero que captan en España lo inviertan fuera de este país.
* se levanten barreras (aranceles y cupos) a las importaciones de productos que pueden elaborarse en España, incluso aunque los de importación sean actualmente más baratos. Ello debe hacerse pidiendo esa excepción a la UE, en el bien entendido de que si no dan permiso ello se realizará en cualquier caso, incluso llegando a la salida de España de la UE.

se den facilidades fiscales y financieras a las empresas que exporten a cualquier país de la UE o del resto de mundo.

se presione a la UE para que baje (devaluación de al menos un 20%) la paridad del euro respecto al yuang chino y al dólar norteamericano, llegando incluso, si ello no se consigue, a reinstaurar la peseta, y para ello abandonar la eurozona.

etc., etc.

No es este el lugar para entrar en el detalle de lo que se acaba de decir. Quien tenga curiosidad por ello, puede hacerse en www.amazon.com con el libro publicado por este autor, titulado:

Cómo crear 2.000.000 de empleos netos en ESPAÑA, en el cuatrienio 2014-2017, con el subtítulo *Problemas que España debe resolver si quiere volver a estar entre los grandes*

El Artículo 35 obligaba legalmente a los políticos en el poder a empezar a tomar medidas contra el paro desde que en 2008 empezó a crecer.

No lo hizo el PSOE cuando mandaba, porque los líderes que entonces tenía ese partido carecían de la formación y experiencia precisa para hacerlo.

No lo ha hecho el PP en los siete años que ha mandado recientemente, porque el paro está por detrás de otros objetivos económicos que interesan más a los poderes fácticos de derechas.

En estos momentos, en que el paro ha estado años en España en brutales cifras superiores al 21% (actualmente al 15%), el Artículo 35 debería obligar legalmente a los políticos en el poder, bajo penas de inhabilitación y cárcel (por prevaricación), a postergar cualquier otra actuación económica que no conduzca a la creación de empleo, y a reducir hasta niveles espartanos los gastos del Estado en toda su extensión territorial (Central, Comunidades, y Municipios).

¿Hay que reformar algo al respecto en la Constitución?:

* *El Artículo 35 está bien. No es necesario cambiarlo.*

* *Solo debe añadirse en ese Artículo que la creación de empleo tiene preferencia sobre cualquier otra medida de política económica (excepto pagar en su fecha la Deuda Pública y sus intereses), por lo que los Presupuestos Generales del Estado deben desarrollarse con arreglo a la misma. O sea el dinero que se estima ingresar por tributos se dedicará primero a pagar la Deuda y sus intereses; lo que quede a Pensiones, Sanidad, y Educación; lo que quede a incentivar la creación de puestos de trabajo, fijos y razonablemente remunerados; y lo que quede al resto.*

* *También hay que incluir en ese Artículo de la Constitución, para que ningún cantamañanas pueda cambiarlo fácilmente (por ejemplo ofreciendo en su programa la jornada de 35 horas/semana), ni vender a sus votantes que puede cambiarse chasqueando los dedos, el que la jornada de trabajo es de 40 horas/semana, salvo en casos de fuerza mayor o emergencia nacional (en que deberá ser superior).*

* *Una medida adicional es la de que el despido colectivo (no el individual por falta muy grave) debe ser eliminado hasta que el paro en España baje del 3%. Hay que derogar la potestad de los empresarios de despedir al bajísimo coste de indemnización actual. En su lugar hay que poner en vigor una nueva legislación laboral que determine que en caso de crisis de la empresa los trabajadores seguirán trabajando 40 horas pero*

cobrando un sueldo menor durante el plazo que dure la falta de rentabilidad de la empresa. Si no acepta el empleado, podrá solicitar la baja, obteniendo la indemnización actual. Pero el empresario carecerá de poder legal de despedir colectivamente en caso de crisis de la empresa. Y por supuesto esa nueva legislación debe incluir el que el empresario tramposo cometerá delito, que le llevará a la cárcel sin posibilidad de indulto ni reducción de pena.

* Otras medidas necesarias para reducir a corto plazo el paro y para ir preparando al país al futuro de desempleo que nos irán trayendo los robots son:

    * Incrementar notablemente la formación profesional tanto de los que tienen trabajo como los parados. Se trata de formación práctica y por tanto no se puede dar en las Universidades ni en los Centros de Formación Profesional. Debe darse en las empresas, y para ello el Estado debe ayudar a estas, bien por subvenciones directas, o bien por reducción de impuestos.

    * Reducir prácticamente a cero la inmigración, exceptuando la de profesionales que tengan una formación profesional y una experiencia que se necesiten en España, y que no haya españoles que puedan cubrir esos puestos de trabajo

18.12- Cumplimiento de las sentencias de los Tribunales de Justicia

18.12.1- Exigencia del cumplimiento de las sentencias y demás resoluciones firmes

El Artículo 118 dice:

Es obligado cumplir las sentencias y demás resoluciones firmes de los Jueces y Tribunales, así como prestar la colaboración requerida por éstos en el curso del proceso y en la ejecución de lo resuelto.

La redacción de este artículo es impecable. No obstante, puesto que ha habido sentencias que no se han cumplido, ni por los condenados ni por los que tenían la obligación de hacerlas cumplir (casi todas circunscritas a asuntos políticos), creemos que en este artículo debe añadirse el siguiente texto:

Cualquier sentencia o resolución que no sea cumplida en plazo legal será perseguida de oficio por el Fiscal General del Estado, el cual hará que se cumpla. Y si el FGE no lo hace, incurrirá personalmente en grave prevaricación.

Cualquier ciudadano que sea encontrado culpable de ese incumplimiento dentro de plazo, será inhabilitado a perpetuidad para cargo público, además de cumplir la pena civil y/o penal que le sea impuesta.

Lo anterior será sometido a referendo de obligado cumplimiento, para su aprobación o rechazo. Y si es aprobado se incorporará al texto constitucional.

Es demencial que en España sea frecuente que la autoridad judicial emita disposiciones y sentencias que después no son cumplidas, y que el Gobierno no ejerza control sobre el incumplimiento, o el mismo sea muy deficiente.

Por ejemplo, en el caso de una mujer maltratada o amenazada, existe responsabilidad moral (y debería existirla legal) en jueces, fiscales, policías, y políticos relacionados, cuando una mujer denuncia que un hombre la ha amenazado gravemente, o incluso la ha maltratado. A veces se condena a este a orden de alejamiento, la incumple, y acaba lesionando gravemente o incluso matando a la misma. Y a veces va a prisión, y al salir mata a la mujer.

Deben ponerse más medios y deben modificarse leyes. Entre ellas las que se refieren a que la policía y los fiscales deben actuar de oficio, y no ser requerida la denuncia de la mujer correspondiente.

No es excusa que no existan medios para proteger a todas esas mujeres. Los políticos en el poder son responsables moralmente de esas lesiones o muertes por no haber bien puesto esos medios o bien por no haber aprobado leyes que impidan físicamente al delincuente llevar a cabo su propósito. Por ejemplo, si no hay medios suficientes, estos delincuentes deben entrar en prisión sine die hasta que los medios se pongan.

Y si existen medios suficientes son los jueces, los fiscales, y los policías los que tienen esa responsabilidad moral.

Y como la responsabilidad moral suele ser "música celestial" para el afectado, dando todo tipo de excusas para eludirla, debe incluirse en el código penal la responsabilidad penal y civil de los que debieron velar por que se cumpliese lo establecido en cada caso, y resultó herida o muerta la persona amenazada. Seguro que así no desaparecerán todos los casos (porque hay canallas que no cejan hasta que consiguen su venganza) pero posiblemente disminuyan las lesiones y muertes en más del 80%.

Y ojo con los inmigrantes que se admiten alegremente en este país. Los políticos obligan a los medios a que apenas se divulgue la procedencia de este tipo de delincuentes. Es un hecho que el porcentaje de inmigrantes que hieren o asesinan a mujeres es muy superior al de ciudadanos españoles.

Lo anterior también es aplicable a los incumplimientos de sentencias que en los dos últimos años han efectuado políticos y civiles ligados al independentismo vasco y catalán. Y en este caso serán los políticos estatales que mandan en el Ministerio de Justicia y en el Ministerio del Interior los que deben ser sometidos a esa nueva responsabilidad civil y penal.

El incumplimiento debe ser recogido en el código penal como un delito de cárcel, con altas penas de privación de libertad, que debe ir aparejado a que el condenado no pueda obtener beneficio carcelario de ningún tipo. Además de inhabilitación permanente para cargo público.

18.12.2- Cumplimiento íntegro de las penas dictadas por los Tribunales de Justicia

En este libro se defiende que se derogue toda la normativa de Potestad de Amnistía, de Indulto, y de Gracia, por parte del Gobierno y por parte del Jefe del Estado. Deben desaparecer de todos los textos legales las palabras amnistía, indulto, y gracia.

Los Tribunales deben aplicar las Leyes, condenar cuando corresponda, y vigilar que se cumplen íntegramente las penas. Estas solo deben revisarse en la forma que establezcan las Leyes, y esa revisión debe ser potestad exclusiva de los Tribunales de Justicia.

Las sentencias en firme de los Tribunales deben cumplirse en su totalidad, por lo que debe derogarse la potestad actual de las autoridades penitenciarias de minorar penas y dar libertad provisional (en cualquiera de sus modalidades) a los condenados en firme.

No tiene ningún fundamento ético ni legítimo el que una persona que ha sido condenada por los Tribunales, a partir de que entra en la cárcel se le reduce la pena por buen comportamiento (más o menos fingido), por realizar estudios en su provecho propio, o por cualquier otra razón.

Y ello no lo justifica el que un Juez de Vigilancia Penitenciaria participe en ese proceso.

Dicho más crudamente, es una farsa hacia el ciudadano el que condenas a 25 años de prisión, en la práctica se conviertan en 10 años en la cárcel, más 2 pernoctando en esta, más 3 de libertad vigilada.

Y más farsa todavía es que quien asesina a tres personas en la práctica cumpla un período de cárcel igual a que si hubiese asesinado a una.

De vez en cuando aparecen en los medios de comunicación voces, de periodistas y de políticos, denunciando hechos concretos de este tipo. Pero nunca se oye que sus partidos afines pidan formalmente el cambio de la ley para que se subsane ese injusto proceder.

Lo siguiente se ha convertido en una práctica habitual en España. Inmediatamente después de suceder un hecho repugnante salen políticos, y sus comentaristas afines, a los medios poniendo cara de circunstancias y clamando contra los culpables. Mucha indignación y mucha repulsa. Hace 2000 años los políticos se rasgaban en público las vestiduras, y las plañideras se ganaban la vida llorando intensa y desconsoladamente durante horas ante el cadáver de un desconocido al que su familia las pagaba para llorar. Ahora los "numeritos" no llegan a tanto, pero casi.

Con ello salvan la cara, y hacen creer a los ciudadanos que están atentos a la denuncia de lo inmoral, ilegal, o ilegítimo.

Pero nunca piden la revisión profunda e inmediata de las leyes que permiten que ello suceda, con lo que dentro de poco el hecho se vuelve a repetir.

Un ejemplo lo tenemos en la violencia de género. Es una canallada a nivel humano, y una vergüenza a nivel de país, que se sucedan (cuatro o cinco asesinatos de mujeres cada mes) asesinatos que están previamente anunciados. Individuos maltratadores, tarados mentales, vengativos, y/o malnacidos, amenazan a mujeres con matarlas si los denuncian, y cuando salen de la cárcel (si no antes, porque no vayan a ella) realmente las asesinan.

El crimen estaba cantado. Pero el sistema no hace nada. No se cambian las leyes para que el que amenaza vaya largo tiempo a la cárcel, y cuando salga vuelva una larga temporada a la cárcel si se le encuentra a menos de cien kilómetros de su anunciada víctima.

Tampoco se conceden permisos de armas cortas de fuego a las amenazadas.

En suma, si te toca la china, te fastidias. Ya sabes que algún día vendrán a matarte y te matarán. Solo te queda tener preparado un cuchillo para defenderte, y eso es fácil de comprar legalmente. Aunque la realidad demuestra que para ello se necesita ser una mujer bragada, y de estas no abundan.

Sinceramente, prefiero vivir en USA, o en Finlandia, o en Suiza, donde si no me protegen las Leyes, ni los políticos, ni la Policía por orden de estos (como sucede en España), puedo hacerme legalmente con una Glock de 25 balas, enseñársela a quien me amenace, y decirle bajito y sin que lo oiga nadie, que soy yo el que va a ir a por él.

Y resulta ridículo el que los políticos en el poder, rodeados de periodistas, como ha sucedido recientemente, anuncien a bombo y platillo que se ha creado un fondo de no sé cuántos muchos millones de euros para luchar contra la violencia de género.
Eso me recuerda las famosas Cuentas del Gran Capitán, D. Gonzalo Fernández de Córdoba, cuando el Rey Fernando el Católico se las pidió por los gastos realizados en la campaña de Nápoles en 1506.
D. Gonzalo, que sabía que el Rey le pedía cuentas por la envidia que sus éxitos militares habían despertado en los cortesanos enemigos suyos, que aprovechaban que había muerto en 1504 la esposa del Rey, Isabel la Católica, que había sido su valedora.
D. Gonzalo envió una carta al Rey que decía así:

Cien millones de ducados en picos, palas y azadones para enterrar a los muertos del enemigo. Ciento cincuenta mil ducados en frailes, monjas y pobres, para que rogasen a Dios por las almas de los soldados del rey caídos en combate. Cien mil ducados en guantes perfumados, para preservar a las tropas del hedor de los cadáveres del enemigo. Ciento sesenta mil ducados para reponer y arreglar las campanas destruidas de tanto repicar a victoria. Finalmente, por la paciencia al haber escuchado estas pequeñeces del rey, que pide cuentas a quien le ha regalado un reino, cien millones de ducados.

Dicho de otra forma, las mujeres amenazadas en España no necesitan preferentemente dinero (aunque no les viene mal). Lo que necesitan es que se modifiquen las leyes para que se meta en la cárcel por mucho tiempo a los que las amenazan y que al salir de la cárcel se pongan muchos kilómetros de distancia entre ellos, con la obligación de personarse dos veces por día en una Comisaría de Policía. Y a la que lo requiera se le conceda un permiso de arma corta de fuego, de la misma forma que se le concede a muchos que solo guardan dinero, y que no tienen que defender su vida.

Ya sabemos que muchos hipócritas se echarán las manos a la cabeza por lo de defender dar licencias de armas cortas. Muchos de esos hipócritas están ahora protegidos por policías porque son políticos, y otros lo están por guardaespaldas porque tienen dinero para pagarlos.
Retamos desde aquí a todos esos hipócritas para que renuncien a su protección personal a cambio de que nadie reciba permiso de armas.
Y cuando decimos nadie, decimos nadie. O sea fuera licencias de todo tipo de escopetas de caza (que también se pueden usar para matar), y a las cinco armas

largas, de balas, que muchos cazadores de caza mayor tienen en sus casas, muchos de los cuales hace mucho tiempo que no participan en ninguna cacería.

Y a esos "buenistas" que aborrecen las armas, y que luchan con todas sus fuerzas para que el ciudadano amenazado no pueda conseguirlas legalmente, hay que decirles que solo tendrán razón si consiguen que el Estado emprenda una lucha intensiva y eficiente para retirar todas las armas (blancas y de fuego) que tienen los delincuentes, dedicando a ello, en toda España, todos los recursos necesarios en medios y en funcionarios policiales. Y a que se revisen al alza las penas a los que amenazan. Y a que se legisle que quien amenaza, cumpla o no su amenaza, se le condene al destierro de al menos 100 kilómetros de su víctima.

El Artículo 25 de la Constitución dice::
1. Nadie puede ser condenado o sancionado por acciones u omisiones que en el momento de producirse no constituyan delito, falta o infracción administrativa, según la legislación vigente en aquel momento.
2. Las penas privativas de libertad y las medidas de seguridad estarán orientadas hacia la reeducación y reinserción social y no podrán consistir en trabajos forzados. El condenado a pena de prisión que estuviere cumpliendo la misma gozará de los derechos fundamentales de este Capítulo, a excepción de los que se vean expresamente limitados por el contenido del fallo condenatorio, el sentido de la pena y la ley penitenciaria. En todo caso, tendrá derecho a un trabajo remunerado y a los beneficios correspondientes de la Seguridad Social, así como al acceso a la cultura y al desarrollo integral de su personalidad.
3. La Administración civil no podrá imponer sanciones que, directa o subsidiariamente, impliquen privación de libertad.

Como vemos habla solo de reeducación y de reinserción del delincuente.
No dice nada de que las penas tienen por objeto hacer justicia.
No dice nada de que las penas deben servir de ejemplo para que los delincuentes y los que puedan serlo, desistan en el futuro de serlo.
No dice nada de que condenar al delincuente es algo que en justicia se debe a sus víctimas.
No dice nada de que la justa pena impuesta a un delincuente, y cumplida en su totalidad, es lo que hace innecesaria la venganza, y lo que deslegitima a esta.
No dice nada de que la justa pena y el cumplimiento íntegro de esta, es lo que hace innecesario el tomarse la justicia por la mano de los deudos de la víctima, y lo que deslegitima esto.

Eso de hablar solo de reeducación y reinserción le suena a muchos ciudadanos españoles como que los redactores de la Constitución estaban en la higuera cuando redactaban, y no se enteraban de que la inmensa mayoría de los delincuentes reincidentes no son almas cándidas que necesitan un empujón de "buenismo" para que al salir de la cárcel no vuelvan a reincidir nunca más. Y consecuentemente los funcionarios de prisiones no tienen por qué ser unos padres de esos hijos descarriados a los que deben reeducar para que al salir se reinserten felizmente.

La mayoría de los españoles piensa que el delincuente tiene que cumplir íntegramente la sentencia de los Tribunales, sin más. Y si al salir se comporta bien, mejor. Y si vuelve a delinquir, otra vez a la cárcel. Y si dentro de la cárcel aprende, o decide, no volver a delinquir, mejor. Pero la pena por un delito debe ser un escarmiento al delincuente, y a quien pretenda serlo, de que mejor es no delinquir. Y eso de que el delincuente delinque, y a partir del momento en que entra en prisión lo único que le interesa a los políticos es "reeducarle y reinsertarle", debe erradicarse completamente de las leyes y de los reglamentos vigentes.

En suma, es preciso un cambio profundo en la práctica del cumplimiento de las penas:
* Es preciso que las penas firmes impuestas por los Tribunales se cumplan íntegramente, y que por ninguna razón se rebajen. Si en prisión el penado se comporta bien lo único que hace es cumplir con su deber. No hay que premiarle por ello. Hay que incrementarle la pena si se porta mal.
* La cárcel tiene que servir para hacer justicia del daño causado y para dar ejemplo de lo que le puede pasar a quien piense en ser delincuente.
* Es ridículo defender, como determinados juristas y políticos españoles hacen, que el objetivo primordial de la cárcel es rehabilitar. Si se rehabilita un condenado, mejor. Y si no, pero para él, pero que cumpla la pena en su totalidad. La realidad demuestra, y los juristas y personal de prisiones lo conocen bien, que la cárcel no rehabilita. Muchos salen peor, porque aprenden lo que todavía no sabían, y salen a reincidir. Y otros aprenden que libre se vive mejor, y que no reincidirán para no volver al trullo.
* Debe volver a ponerse en vigor la doctrina Parot, por medio de un artículo en la Constitución que diga que las penas de los delitos cometidos se suman. Es ridículo que hoy cueste lo mismo (la misma pena en la práctica) el matar a una persona que matar a tres.
* Hay que eliminar la prisión perpetua revisable. La estancia en la cárcel debe ser la que fija el Código Penal para cada uno de los delitos cometidos, sumando las penas de cada uno de ellos. Y ello, con el cumplimiento íntegro, sin indultos, sin permisos carcelarios, sin libertad vigilada, y sin reducción de pena por ninguna causa (ni enfermedad, ni vejez).
* Debe reformarse el Código Penal de forma que la repetición de faltas y de delitos conduzca a una pena superior. Los reincidentes deben saber que la reincidencia les penaliza gravemente.
* No puede ser que un individuo haya sido detenido docenas de veces, cada vez dejado en libertad con cargos, y mientras tanto siga cometiendo faltas o delitos. La reincidencia debe ser causa suficiente para ingresar en prisión, sin libertad condicional.
* La Fiscalía General del Estado debe estudiar uno a uno los casos de personas que han sido detenidas más de dos veces, puestas a disposición judicial, y un Juez los ha puesto en libertad (con o sin cargos). Y proponer soluciones para que ello desaparezca. El problema puede estar en el Juez, o puede estar en la Policía que detuvo sin pruebas válidas, por lo que uno de los dos no hace bien su trabajo. Pero el problema debe resolverse.

18.13- Reposición del recurso previo de inconstitucionalidad

El recurso previo de inconstitucionalidad estuvo vigente muchos años, hasta que el Presidente Zapatero logró que fuese derogado. Debe ponerse otra vez en vigor.

Ese recurso estaba para que el Gobierno Central paralizase una disposición legal que dictase una Comunidad Autónoma en su territorio hasta que el Tribunal Constitucional se pronunciase al respecto. Nada más lógico. El Gobierno Central es lógico que esté por encima del de cualquier autonomía, por lo que si esta aprueba una norma contraria a alguna norma estatal debe poder pararla hasta que se pronuncie el TC. No es válido que se ponga en vigor y más adelante el TC la anule, porque en los meses o años que transcurran hasta que el TC emita sentencia firme puede hacerse mucho daño.

Con la reposición de ese recurso se logrará además otro resultado muy importante, en cuanto a que se evitará que haya una gran variedad de normas legales en vigor que marquen diferencias sensibles en las diferentes regiones de España, como es la situación actual.

18.14- Necesidad de normas legales más concretas y detalladas, y de reducción notable del margen de discrecionalidad de los Jueces y Magistrados

En España existen tres graves problemas respecto a las normas legales vigentes:
* Muchas normas (leyes y otras disposiciones de menor rango) importantes son inconcretas e incompletas, lo que deja un gran margen a los Jueces y Magistrados para "interpretar" en cada caso. Se da frecuentemente el que en casos similares los fallos son bastante diferentes, lo que es contrario a un principio básico de la Justicia, que es que ante una situación determinada la ley debe ser tan concreta que cualquier Juez o Magistrado se vea obligado a dictar una sentencia sustancialmente igual.
E incluso se da el caso peregrino de que en sentencias con Tribunal haya Magistrados que emiten un voto particular que difiere sustancialmente del de sus compañeros.

La solución a esta grave anormalidad es que el Parlamento trabaje intensamente, para que en pocos meses (nada de años, y menos de décadas) las leyes españolas sean mucho más concretas y completas, de forma que el margen de discrecionalidad, de opinión o interpretación, de los Jueces y Magistrados sea prácticamente nulo.

En la Constitución debe introducirse un artículo nuevo, aprobado en referendo de obligado cumplimiento entre todos los ciudadanos españoles, que enuncie el principio de que las leyes vigentes y las nuevas deben redactarse desde el principio de máxima concreción y detalle, de forma que el margen de Jueces y Magistrados para expresar opiniones diferentes o para mantener posiciones distintas, sea prácticamente nulo.

* El llamado "clamor popular" contra determinadas sentencias y autos no es algo que los juristas deban despreciar. Y mucho menos rasgarse las vestiduras porque consideren que Jueces y Magistrados están siempre en posesión de la verdad, y el pueblo llano es fácil de ser engañado y manipulado.
Hay países jurídicamente muy serios, como el Reino Unido y USA, que desde hace años utilizan los jurados populares para decidir sobre delitos importantes. Y lo hacen

en forma muy diferente a la que la ley marca en España. Aquí muchos casos están fuera de los jurados populares, y todas las sentencias de estos son no vinculantes para los Tribunales Españoles, que pueden dictar sentencias muy diferentes a la del jurado popular legalmente constituido. Lo cual es inconcebible en RU y USA, en que la sentencia del jurado popular no puede ser modificada por el Tribunal.

* En España se llega a Juez bien por oposición o bien por años de práctica de la Abogacía. En España, salvo casos poco frecuentes, es fácil admitir que los Jueces y Magistrados saben de leyes, y como el sistema no les presiona con prisas, tienen tiempo suficiente para repasar algo que puedan haber olvidado o que haya cambiado.
Pero los Jueces y Magistrados además de juristas son personas. Y las personas tienen virtudes y defectos. Y tienen filias y fobias. Y tienen ideología, la cual les acompaña en todos los actos de su vida, aunque no lo manifiesten explícitamente. Y tienen valores, que pueden estar en línea con los de la mayoría de la población o ser muy diferentes.
Ello justifica el que las normas legales deban ser mucho más concretas y detalladas, y que el margen de discrecionalidad de Jueces y Magistrados deba ser mínimo, o mejor nulo.
O dicho de otra forma, si un caso se juzga en Gijón la sentencia debe ser sustancialmente igual que si el mismo, con iguales datos y circunstancias, se juzga en Almería.

18.15- Impulso a la exportación y freno a la importación

La exportación de España se ha incrementado en los últimos dos años. Ello ha sido consecuencia de que la demanda interna ha disminuido mucho, muchas empresas han cerrado o lo están pasando mal, y solo las que podían exportar han sobrevivido exportando más.
Con un euro excesivamente alto respecto al dólar americano y respecto al yuang chino, la exportación ha sido posible reduciendo los sueldos de los trabajadores de las empresas, o utilizando mano de obra ilegal. Por supuesto que hay empresas fuertes, que pagan mejor y que no utilizan mano de obra ilegal, que están exportando gracias a su ventaja competitiva. Pero de las otras hay muchas, a las que no criticamos porque es mejor tener quinientos euristas que echar trabajadores al paro.

China es en estos momentos la principal potencia mundial en exportaciones de todo tipo de productos (sencillos y sofisticados) producidos por una mezcla de trabajadores con salarios muy bajos y sin derechos sociales (comparando con lo usual en Europa) y de una enorme inversión (interior y extranjera) en modernísimas instalaciones con una fuerte y progresiva utilización de la robótica. Que empresarios españoles logren exportar, teniendo a ese monstruo como competidor, es para darle la Laureada de San Fernando a cada uno de esos heroicos empresarios españoles.

Cuando España tenía la peseta como moneda resolvió varias gravísimas crisis, que conllevaron a altísimos niveles de paro, devaluando la misma y logrando que en los siguientes meses y años la exportación se incrementase, la importación disminuyese, y el paro se redujese sustancialmente.

Desgraciadamente ello no es posible con el euro. El tiempo ha demostrado que ser miembro de la Unión Europea y adoptar al euro como moneda es bueno solamente cuando las cosas van bien. Esto es: bajo porcentaje de deuda, déficit nulo o negativo, crecimiento del PIB por encima de la media de la eurozona, y un Gobierno preocupado por y competente en materia económica. Este no es el caso actual de España, y por ello a Marzo 2019 es una lacra para España el ser miembro de la eurozona, y quizá también de la UE.

Quizá se pudiese arreglar suficientemente bien, continuando en la UE pero abandonando la Eurozona y volviendo a la peseta. Como actualmente hacen 9 de los 28 países que componen la UE, puesto que solo son 19 los miembros de la Eurozona.
A Marzo 2019 son miembros de la UE pero no de la Eurozona los siguientes países: Reino Unido, Dinamarca, Suecia, Polonia, República Checa, Bulgaria, Croacia, Hungría, y Rumanía.
Reino Unido saldrá próximamente de la UE (Brexit). Dinamarca tiene cláusula de exclusión por lo que no va a adoptar el euro, pero seguirá siendo miembro de la UE. Y los otros siete países tienen formalmente la obligación de pasarse al euro en un futuro a medio plazo, aunque habrá que verlo, puesto que en todos ellos la mayoría de sus ciudadanos están en contra de ello.

La situación actual española no es transitoria. El paro ronda el 15% y es previsible que en los próximos años vuelva a crecer, y más con el favorecimiento de la inmigración ilegal que practica el Gobierno de izquierdas actual, cuya coalición con partidos comunistas, separatistas, y pro-etarra, es muy probable que gane las próximas elecciones generales.
Ello hará que los salarios disminuyan, que el déficit y la deuda crezcan, que el incremento del PIB disminuya, y que ello provoque una situación en que no se pueda crear el empleo que se necesita para disminuir drásticamente el nivel de paro.
La solución de volver a la peseta sin abandonar la UE es posible de ser negociada ante las características económicas y sociales que España atraviesa desde hace ya demasiados años. Pero los tres partidos que deberían apoyar esta medida (PP, Ciudadanos, y PSOE) nunca han hablado de ello, por lo que difícilmente va a abandonar España, a corto o medio plazo, el euro.

Y del euro no hay que esperar nada. El nivel de cambio del euro respecto al dólar americano está firmemente controlado por Alemania. Y como a este país le interesa un euro alto, puesto que exporta productos de alta tecnología en que el precio no es la variable definitiva (aunque ello le proporciona pingües benerficios), el cambio actual se mantendrá.
Y puesto que el americano Presidente Trump es mucho más listo que los dirigentes de la mayoría de los países de la Eurozona, seguirá manteniendo ese nivel de cambio, con ligeras devaluaciones de su moneda cuando lo crea conveniente, lo que hará que la situación siga siendo contraria a los intereses españoles.

La pertenencia al euro ha llevado a países como España, Italia, Portugal, y Grecia a sufrir las imposiciones del Banco Central Europeo y de las Autoridades de la UE respecto a resolver los problemas internos en base a las famosas reestructuraciones que han empobrecido a las clases media, media baja, y baja, que han reducido notablemente los sueldos y salarios, que han incrementado la precariedad en el empleo, que han impedido mejorar sustancialmente el nivel de paro, y que han reducido notablemente el estado del bienestar que todos ellos habían conseguido.

Si España no rompe de un tajo, como hizo Alejandro Magno, este nudo gordiano que impide aumentar sensiblemente las exportaciones y disminuir las importaciones, el empleo en España no será el que se necesita para disminuir la deuda e incrementar el estado del bienestar.

18.16- Vivienda digna y adecuada para todos los españoles
18.16.1- Artículo 47 de la Constitución

El Artículo 47 de la Constitución dice:
"Todos los españoles tienen derecho a disfrutar de una vivienda digna y adecuada. Los poderes públicos promoverán las condiciones necesarias y establecerán las normas pertinentes para hacer efectivo este derecho, regulando la utilización del suelo de acuerdo con el interés general para impedir la especulación
La comunidad participará en las plusvalías que genere la acción urbanística de los entes públicos."

En los más de 40 años de vida de la Constitución este artículo ha sido incumplido por todos y cada uno de los Gobiernos que han existido, y las Oposiciones no han luchado con la suficiente energía y eficiencia para conseguir que se cumpliese al menos en una parte aceptable.

Desde el año 1978 hasta hoy los poderes públicos no han establecido las "normas pertinentes para hacer efectivo este derecho". O sea, otro Artículo de la Constitución que no le interesa a los poderes fácticos económicos que sea desarrollado, y que los políticos del PSOE y del PP no han querido desarrollar en las más de cuatro décadas en que han gobernado en España.

¿Cómo se justifica que un texto tan explícito y tan concreto que dice meridianamente claro que "Todos los españoles tienen derecho a disfrutar de una vivienda digna y adecuada .... " haya sido ignorado por los políticos que han mandado, del PSOE y del PP, que durante casi 26 años han estado coaligados con CiU y con el PNV?.

Algunos cínicos políticos y juristas dicen que en la Constitución hay artículos, como este, que son una especie de deseo, y que son para cumplirlos solo si se puede.

Una Constitución es una ley que expresa derechos y deberes. No es una manifestación de deseos. Por ello todo lo que dice es para cumplirse. Se podría aceptar que en los 40 años de vigencia haya habido épocas en que se hayan producido menos viviendas sociales porque la coyuntura lo haya impedido. Pero el que en todo ese largo período no se hayan producido millones de viviendas sociales, y sigan existiendo millones de familias que no poseen una "vivienda digna y adecuada" es una vergüenza para la clase política que ha gobernado España desde 1978.

A quien argumente que es un artículo del tipo "buenista" que se "hará cuando se pueda" hay que contestarle que la Constitución no es un texto filosófico que define el bien y el mal. El texto Constitucional es un mandato que juran (o prometen) cumplir los que son nombrados para ocupar puestos públicos. Por tanto, en las últimas cuatro décadas ha habido muchos prevaricadores en España.

No hubiesen sido prevaricadores si hubiésemos visto que en los programas de los partidos, en las declaraciones de los líderes, y en las acciones de estos, el conseguir que ese derecho se cumpla ha estado en el primer lugar de los Presupuestos Generales del Estado, de las Autonomías, y de los Municipios de cada año. Pero no ha sido así, por lo que se les puede acusar de prevaricadores.

El texto constitucional dice que los españoles tienen derecho. Por tanto los millones de personas que viven en España y que no son españoles, no tienen ese derecho. Es necesario puntualizar esto porque si ya es muy difícil satisfacer ese derecho para los españoles, sería misión imposible satisfacerlo para todos los que han venido a España y han utilizado las generosísimas facilidades que los políticos les han dado para generar multitud de derechos.

Desde un punto de vista realista ese derecho solo se puede satisfacer, al menos en los próximos diez años, en la siguiente forma:
* Hay que poner la creación de empleo por delante de cualquier otro objetivo del Estado.
* Quien consiga un trabajo y genere una nómina, debe poder comprar una vivienda a precio de mercado de hoy (que es mucho más bajo que el de 2007), y conseguir para ello una hipoteca en condiciones razonables.
* Se puede y se debe generar una legislación que obligue a los Bancos y Cajas a vender o alquilar las viviendas que tienen en sus activos, y a hacerlo a los precios de mercado que hay hoy.
* No se puede consentir que un Banco o Caja, que ha recibido un montón de dinero con el aval del Estado y a bajo tipo de interés, y sin aportar garantías suficientes, no quiera vender a los precios de hoy porque piensa que dentro de cinco a diez años sacará mucho más dinero. Y para controlar que así se cumple, los Inspectores del Banco de España tienen que crecer en número y desarrollar mucha más labor que hasta el presente (lo que quiere decir que los políticos que les mandan deben dejar de frenarles).

En el Reino Unido, desde hace muchos años, muchos municipios han dedicado una parte importante de sus presupuestos a construir viviendas sociales, de las que son propietarios, y a alquilar estas a trabajadores con los sueldos más bajos. Los precios de alquiler no se fijan a coste real, sino que son subvencionados, por lo que el arrendatario paga una factura por alquiler menor que el coste de mercado de este. Eso se lleva haciendo en el Reino Unido durante muchas décadas, y por ello ahora hay un inmenso parque de viviendas alquiladas.

Empezar desde cero un sistema similar en España no lo recomiendo. Y las subvenciones eternas no me gustan nada. Creo que es mejor sistema el planteado arriba. Que se encuentre empleo, que se pongan en el mercado las viviendas vacías (que son muchos millones de unidades), que se obligue a Bancos y Cajas a dar hipotecas con condiciones razonables. Y que quien necesite una vivienda y tenga empleo para pagarla la compre a precio de hoy.

Y además, que el Estado impulse la construcción de viviendas de buena calidad, de tamaño razonable, y de precio barato, que se fabriquen con técnicas modernas de prefabricación y racionalización.

El Instituto Torroja puede ayudar mucho en esto. Y el que no sepa a qué me refiero puede darse una vuelta por Torrejón de Ardóz, provincia de Madrid, para ver una gran urbanización, construida hace más de 50 años por un famoso arquitecto, de buena calidad, de máxima funcionalidad, y a precio barato.

El prefabricado puede abaratar tremendamente los costes, y en España tenemos muchas y excelentes empresas que solo están esperando los pedidos para ponerse a la faena. Solo falta el impulso del Estado. Y ese, Señores Gobernantes, tienen la obligación de darlo Vds., poniendo por delante la financiación que se necesite, porque es un mandato constitucional.

No puede terminarse este punto sin manifestar nuestro asombro porque los Partidos de izquierdas, los Sindicatos de izquierdas, la Iglesia Católica, las Iglesias Protestantes, la Comunidad Judía, la Comunidad Musulmana, Cáritas, el Opus Dei, la Masonería, el Rotary, y muchas otras organizaciones que en sus Estatutos tienen el mandato de impulsar el bien común, nunca hayan dicho ni pío en los medios de comunicación sobre este asunto.

La crisis padecida en España desde 2008 no es excusa para que desde entonces no se haya hecho nada por cumplir este mandato de la Constitución. Es mentira que no hay dinero. No hay dinero para todo, como pasa en todas las empresas y en todos los hogares. Por tanto, el que haya dinero para viviendas se consigue poniendo este objetivo en la cabecera de los gastos e inversiones presupuestarias. Y evitando otros gastos como son corrupción, fraude fiscal, exceso de estructura de la administración del Estado, exceso de gastos suntuarios, exceso de gastos en actividades innecesarias, etc.

18.16.2- Valoración para concesión de hipoteca, y dación en pago cuando no se pueda pagar

Cuando un ciudadano solicita una hipoteca en un banco en la inmensa mayoría de los casos el banco sabe mucho más que él. Posee equipos profesionales que están al tanto de la coyuntura económica presente y futura, sabe valorar inmuebles y medir riesgos, y tiene poder para imponer las condiciones que le interesan en contratos de adhesión que no son negociables por la inmensa mayoría de los solicitantes.

Cuando todo va bien, todos felices. El hipotecado paga su hipoteca, y el banco cobra intereses, comisiones, y gastos.

Pero cuando la cosa va mal, todo cambia. El ciudadano que ha perdido su empleo, y no encuentra otro, se arruina y se queda sin vivienda. El banco pretende cobrar todo, y para ello usa sin misericordia a sus servicios jurídicos.

Esa es la situación real. Que debe corregirse por medio del cambio en la legislación. Y para que sea más duradero ese cambio y más efectivo, debe incluirse un artículo en la Constitución que lo proclame.

Abogamos porque la valoración que hace el banco y que obliga al cliente a aceptar, sea válida jurídicamente, de forma que si en el futuro el precio de las viviendas cae esto no repercuta sobre el hipotecado. Abogamos porque en caso de impago de la hipoteca en que el banco ejecute la misma, los Tribunales reconozcan como valor del inmueble el que consta en la valoración. Esto es, si el inmueble se valoró en 100.000 euros, la hipoteca se firmó por 80.000 euros, el cliente pagó 30.000, y dejó de pagar cuando debía 50.000, la ejecución de la hipoteca debe de hacerse por esos 50.000. Esto es, el banco debe devolver al cliente 50.000 euros, cancelar por su cuenta la hipoteca, y quedarse con la vivienda.

Lo que quiere decir que si el valor de mercado actual de la vivienda es de 60.000 euros (se ha depreciado en 40.000 euros) debe ser el banco el que sufra esta minusvaloración, puesto que fueron sus servicios de valoración los que calcularon e impusieron al hipotecado los 100.000 euros. Y consecuentemente el banco no puede quedarse con la vivienda por 10.000 euros (60.000-50.000) sino que debe pagar al desahuciado los 50.000 euros mencionados.

Y por supuesto debe modificarse la interesada costumbre bancaria de cobrar primero cuantiosos intereses con pequeña cuota de capital, para hacerlo al revés. Legalmente se debe considerar que el hipotecado primero todo lo que paga es de capital y al final paga los intereses, comisiones, y gastos. Y es por el capital restante de pago por el que debe calcularse el desahucio (mucho menor que la práctica bancaria actual).

Hay casos en que lo anterior no es suficiente. Por ello, debe establecerse legalmente la dación en pago. Esto es, cuando el cliente no puede pagar, ni tiene expectativas de poderlo hacer a medio plazo porque el valor de mercado es inferior al capital más intereses y gastos pendientes de pago, debe valer legalmente la "dación en pago", lo que significa que el hipotecado queda libre de responsabilidades entregando la propiedad de la vivienda al banco.

Lo anteriormente expuesto, de ser aprobado, causaría una revolución en el negocio hipotecario de los bancos, que haría que unos endureciesen notablemente coste y condiciones, y otros se retirasen de tal actividad.

Por ello consideramos que la única forma de lograr que todos los españoles tengan acceso a una *"vivienda digna y adecuada"* es que **se vuelva a crear la banca pública especializada en la concesión de hipotecas,** y que esta banca pública sea dotada por el Estado de abundante capital, actualizado cada año en los Presupuestos Generales del Estado, hasta que se cumpla el mencionado artículo 47 de la Constitución.

Debe recordarse aquí que la banca pública que desapareció hace unos años en España después de gravísimos desfalcos, no lo fue porque la banca pública sea inviable, sino porque los líderes políticos pusieron al frente de esas entidades a personajes que no sabían de banca y que resultaron ser unos ladrones. La banca pública debe volver a existir, pero con profesionales competentes al frente de ella, con un código penal endurecido para perseguir malversaciones y fraudes, y con una fiscalía que deba perseguir de oficio y con diligencia los delitos que se produzcan.

También en la ley, y mejor mencionándolo en la Constitución, debe establecerse que no se podrá desalojar de su domicilio a ninguna familia en que alguno de sus miembros deba permanecer en cama (por prescripción facultativa) o ser mayor de 80 años; carezca de recursos para no tener que irse debajo de un puente; o tenga hijos menores de dieciséis años. Por supuesto la ley debe impedir la picaresca, pero esto es un problema de inspección y control por parte del Banco de España.

18.17- Remuneración adecuada del ahorro de los españoles

Siempre ha sido una buena política familiar el ahorrar. Siempre ha sido un signo de falta de sentido común el gastar en bienes o servicios que no son imprescindibles para la familia. Siempre ha sido tildada de manirrota la persona que malgasta en el presente y no ahorra para el futuro. Esto es a nivel de economía familiar e individual.

A nivel de economía general es diferente. Los Estados a veces sufren bajas de actividad que llevan a que el empleo y los negocios no vayan bien. Y entonces, en determinadas circunstancias, puede ser conveniente gastar hoy el dinero de mañana. Por supuesto con la condición de que se gaste en bienes y servicios necesarios, y a ser posible que se gaste todo o casi todo en inversiones creativas de riqueza futura.
Y dentro de ello puede ser conveniente que el Banco Central Europeo promueva abundantes préstamos a interés bajo, de forma que las empresas reciban una financiación más barata.

La situación actual, que lleva así unos cuantos años y que no se sabe cuándo va a cambiar, es que el ahorro familiar depositado en un banco produce un interés cero. Esto es sumamente pernicioso porque estimula el que el ciudadano gaste en cosas innecesarias, y pierda interés en el ahorro.
Por supuesto para los bancos, que actualmente gozan de un extraordinario margen (toman dinero del ahorro al 0% y lo prestan en media a más del 5%), la situación es ideal, y presionan porque no cambie. Y como realmente son un oligopolio, por ahora lo logran.
Y para los políticos que hoy están en el poder y mañana Dios dirá, el que los ciudadanos gasten en cualquier cosa les beneficia porque anima (por supuesto temporalmente) la actividad económica.

La anómala situación que hoy vive España (sin duda impuesta por el Banco Central Europeo) debe corregirse. El ahorro familiar debe protegerse y promoverse. Y puesto que la banca privada no coopera en ello, hay que encontrar una fórmula diferente.
Una forma es que la deuda pública que España emite y renueva (por la que paga un diferencial al alza) se ponga al alcance del pequeño ahorrador (y no solamente de los bancos) de forma que este pueda pasar a obtener del 2% al 3% por lo que actualmente los bancos le dan el cero por ciento. Y si a esa retribución se la exime de pagar el impuesto sobre la renta, mejor. Ello sería una inversión sin riesgo, puesto que la Deuda del Reino de España siempre se ha pagado a su vencimiento.
Abogamos porque en la Constitución se incluya un artículo que mencione que el ahorro familiar e individual es un bien positivo que debe protegerse y promoverse, desarrollando para ello la normativa legal correspondiente.

18.18- Pensiones

En los países en que no existe una seguridad social universal (obligatoria para todos los ciudadanos) si un ciudadano (sea o no trabajador por cuenta ajena) desea tener una pensión cuando se retire, deberá haber contratado un seguro privado, al que deberá contribuir durante un buen número de años, y que le pagará la pensión concertada después de la edad de retiro estipulada.

Es común que uno de los fringe benefits (beneficios adicionales al sueldo y bonus) de los puestos de alto directivo de multinacionales y de empresas grandes en todo el Mundo, sea que la empresa paga, en nombre y por cuenta del alto directivo, la contribución mensual a un seguro privado de pensiones, con lo que a los 60 años miles de altos directivos prefieren dejar sus puestos, retirarse, y a partir de ese momento empezar a cobrar una jugosa pensión. La cual por cierto, para evitar la doble imposición de sus propios Estados, conciertan que les paguen en paraísos fiscales, y así no pagar lo que sería que le aplicasen el impuesto sobre la renta a esa pensión (como sucedería si se la pagasen en España).

En los países en que no hay un sistema de pensiones del Estado, como sucede en China, la inmensa mayoría de los ciudadanos no pueden dejar de trabajar, porque nadie les dará un duro, y por ello (a los que no han ahorrado para la vejez) se ven en las calles de las más importantes ciudades chinas a personas muy mayores tratando de obtener algún dinero por medio de vender algo o de prestar algún servicio.

Existen algunos países en el Mundo (no muchos) en que por ley existe una seguridad social universal (y obligatoria). Realmente son los de la Unión Europea y pocos más. Por cierto, lo poco que existía en USA (creado por Obama) se lo ha cargado Trump.

En esos países al empleado por cuenta ajena le detrae su empresario la cuota que fija el Estado, y se la abona al organismo de seguridad social correspondiente. O dicho de otra forma, quiera o no quiera el empleado, de su nómina es detraído ese impuesto por el empresario, que a continuación lo ingresa en ese organismo público. En la ley correspondiente se especifican los diferentes porcentajes, constando claramente la cuota que se detrae al trabajador por concepto de pago mensual para tener derecho a recibir una pensión cuando se jubile.

Para los que no trabajan, o trabajan por cuenta propia, el sistema no es obligatorio. Pueden adherirse al mismo, y en este caso cobrarán pensión en su momento. O pueden no hacerlo, en cuyo caso no tendrán derecho a pensión. Es importante decir, que las pensiones que en España cobran los autónomos son menores que las correspondientes a trabajadores por cuenta ajena. Desconocemos por qué es así.

El sistema que acabamos de describir ha sido el existente en España (suponemos que parecido al de los países de la UE que lo tienen) hasta bien entrado el actual régimen democrático que sucedió al franquismo (el General Franco murió en la cama el 20 Noviembre 1975).

Años después de morir el General Franco, los políticos en el poder aprobaron en el Parlamento una ley por la que el Estado Español pasaba a pagar una pensión mensual a todo ciudadano que no tuviese derecho a cobrar la existente (bien porque no había cumplido las condiciones de años de cotización, o bien porque nunca hubiese cotizado). Lo cual nos parece loable, y digno de la solidaridad que debe existir entre todos los ciudadanos de un Estado moderno y justo.

Lo que no es loable, ni legítimo, ni justo (realmente es una estafa a los ciudadanos cotizantes, cometida por esos parlamentarios) es que aprobasen esa extensión de la pensión a millones de personas pero sin dotar el fondo correspondiente con cargo a los Presupuestos Generales del Estado, haciendo que fuesen los fondos de pensiones de la seguridad social (que estaban formados por las aportaciones de los cotizantes) los que pagasen ese *"invento de los políticos, para quedar de puta madre con la ciudadanía, pero sin poner un duro"*.

Y con ello se cambió el sistema. Anteriormente se trataba de un sistema por el que un trabajador cotizaba mensualmente como en un seguro privado, el Estado cuidaba y multiplicaba con buenas inversiones esos fondos, y con ellos pagaba las pensiones a los cotizantes que se iban retirando. Con aquel sistema, los trabajadores tenían un sistema mejor que el de los seguros privados de pensiones, porque el Estado siempre es mejor garantía de que no se cometen estafas (desaparición de compañías privadas de seguros, que han sucedido varias veces en la historia, con lo que miles de asegurados perdieron su futura pensión).

Al nuevo sistema le dieron los políticos otro nombre, **sistema de reparto**.
Llamándolo con nombre diferente se engaña mejor al personal, porque los ciudadanos incautos piensan ahora que los jubilados que cotizaron no tienen derecho legal a pensión, y que son los parlamentarios los que magnánimamente deciden cada año cuanto se cobra al año siguiente, por lo que deben estar eternamente agradecidos a esos "padres de la patria".
Incluso esos políticos (y sus voceros mediáticos, y algunos ciudadanos que no saben lo que dicen) se permiten la cara dura de decir en los medios de comunicación que son los trabajadores actuales los que con sus contribuciones pagan las pensiones a los pensionistas que fueron trabajadores cotizantes, creando en los desinformados de estos el complejo de que deben estar agradecidos a los que hoy trabajan, porque gracias a estos consiguen cobrar mensualmente su pensión.

Y como "a rio revuelto ganancia de pescadores" hay quien torticeramente se aprovecha del miedo de los jubilados y de los que pronto lo serán:
* Hay organizaciones religiosas y colectivos integristas, que argumentan que lo de "creced y mutiplicaos" es beneficioso para los pensionistas porque si nacen muchos niños habrá en el futuro muchos trabajadores que paguen la pensión a los jubilados. Y por ello el aborto y el control de natalidad, además de ser pecados, van en contra de los intereses de los pensionistas.
* Y hay partidos de izquierdas que intentan que entren el mayor número de inmigrantes sin restricciones, como medio para que a medio plazo, cuando adquieran derecho a votar, se desequilibre el balance izquierda-derecha de votantes, y así consigan el poder legal. Y como esto no lo pueden decir, porque quedaría como

actuación ilegal reñida con las prácticas democráticas, argumentan que debe abrirse al máximo el grifo de las inmigraciones para que los pensionistas cobren su pensión. Lo cual es ridículo porque muchos inmigrantes van directamente al paro y no pagan impuestos; muchos otros a la economía sumergida en la que no pagan impuestos; y muchos otros trabajan por sueldos muy bajos por lo que los impuestos que pagan son nulos o mínimos.

De lo anterior se deduce fácilmente que los trabajadores que cotizaron para obtener en el futuro su pensión tienen derecho a que esta les sea pagada por el Estado, y por ello la misma debe estar garantizada con preferencia por delante de todos los demás gastos, inversiones, y subvenciones, que los parlamentarios aprueben en los Presupuestos Generales del Estado de cada año.

Si los políticos no lo reconocen así legalmente, estarán actuando deshonesta e ilegítimamente, y serán acreedores del desprecio de los que así estafan.

Y como en este libro ya se ha dicho en repetidas ocasiones que el pueblo es soberano, y que por tanto no debe estar a merced de que los políticos sean o no sean decentes, el pago de la pensión, calculada en forma actuarial y por tanto manteniendo al menos el valor adquisitivo, debe incorporarse a la Constitución, después de haberse aprobado el texto correspondiente en referendo de obligado cumplimiento en que participen todos los ciudadanos españoles.

No puede terminarse este punto sin mencionar el Artículo 50 de la Constitución, que dice:

Los poderes públicos garantizarán, mediante pensiones adecuadas y periódicamente actualizadas, la suficiencia económica a los ciudadanos durante la tercera edad. Asimismo, y con independencia de las obligaciones familiares, promoverán su bienestar mediante un sistema de servicios sociales que atenderán sus problemas específicos de salud, vivienda, cultura y ocio.

En ese texto se dice **"mediante pensiones adecuadas y periódicamente actualizadas",** lo que claramente expresa que su cuantía no puede ser mísera (todas las que están por debajo del salario mínimo interprofesional lo son) y que deben ser actualizadas (lo que hace inconstitucional el que se hayan subido en los últimos años el 0,25%, y se esté discutiendo si se suben o no según el coste de la vida). Los políticos que han incumplido este artículo han prevaricado gravemente (han perjudicado a muchos millones de jubilados) y por ello deberían ser inhabilitados de por vida, y abandonar la política para siempre.

18.19- Dotación de armas adecuadas a los cuerpos policiales

Sin duda la profesión de policía tiene más riesgo que la mayoría de las profesiones.

Pero una cosa es que el riesgo sea mayor, y otra es que los líderes políticos (principalmente de izquierdas), los líderes de los movimientos antisistema, los periodistas afines a estos, y los periodistas "buenistas" que siempre están dispuestos a estar del lado del que les puede dar un ladrillazo en la cabeza, exijan como mínimo empatar a heridos.

Esto es, que si hay heridos (que fácilmente los hay en una manifestación en la que los activistas mueven a la masa, esta se desmanda, y la Policía tiene que cargar), que haya igual o mayor número de heridos entre los policías que entre los manifestantes. Es una aberración. Y si hay muertos, peor.

En consecuencia, los policías tienen que estar dotados de los instrumentos precisos para que puedan cumplir las órdenes que reciben, haciéndolo con un riesgo razonable. Ello quiere decir lo siguiente. Debe existir presunción de actuación justificada de los policías cuando deban detener a presuntos delincuentes y cuando se les ordene controlar o disolver manifestaciones. Lo que quiere decir:

* Debe modificarse la legislación correspondiente para que el policía que actúa cumpliendo órdenes tenga presunción de inocencia, y consecuentemente no se vea sometido a una investigación interna, ni fiscales y jueces le empapelen por una mera denuncia de algún individuo u organización política, sindical, independentista, o antisistema.

* Debe dotárseles de armas adecuadas, que les permitan lograr sus objetivos sin producir las heridas o muertes propias de las armas de fuego. Deben estar dotados, con permiso para usarlas, de cañones de agua, botes de humo, gases lacrimógenos, pelotas de goma, pistolas eléctricas, y similares.

* Debe modificarse la legislación para que los indicios y pruebas presentados por la policía a los Tribunales respecto a los detenidos, tengan presunción de veracidad, y deban ser los presuntos culpables los que deban acreditar su inocencia. Y esa modificación debe incluir un freno a la actual práctica de algunos jueces de poner fácilmente en libertad a los detenidos, en lugar de ordenar prisión hasta el juicio correspondiente.

* Deben incrementarse notoriamente las cámaras de video y audio que porte la policía, y que esas grabaciones deban ser admitidas como prueba fehaciente por los Jueces.

* Debe incluirse en la normativa legal el que para poder ejercer el derecho de manifestación será condición necesaria que se coloquen cámaras de grabación durante todo el recorrido de la misma, no pudiendo comenzar la manifestación hasta que se compruebe que las cámaras están, funcionan bien, y cubren todo el recorrido. Esa grabación deberá ejecutarse con cargo a los organizadores de las manifestaciones.

* Debe incluirse en el Código Penal, como delito, con pena de cárcel que deberá cumplirse, en el que incurrirá cualquier manifestante o activista que vaya enmascarado, o con casco de moto, o con pasamontañas, o con cualquier otra medida que impida su identificación por las cámaras instaladas en la vía pública o que porte la Policía.

* Y también incluirse en el Código Penal que la Fiscalía General del Estado debe perseguir de oficio a los periodistas y medios que inventen o que propaguen informaciones falsas que conduzcan a que el ciudadano que las oye o vea saque la conclusión de que se utilizó por la Policía fuerza excesiva contra los manifestantes y contra los activistas que se escondían entre ellos.

18.20- Derogación de la autoridad actual del Poder Ejecutivo de tomar decisiones importantes, sin consulta previa al pueblo español, por medio de referendo de obligado cumplimiento.

En este libro se dice en varios lugares del mismo que:

* Los políticos en el poder actúan en demasiadas ocasiones en favor de sus intereses personales y de su partido, más que en favor de los intereses de los ciudadanos españoles. Lo cual no es excesivamente sorprendente puesto que por una parte son seres humanos y por otra es por pertenecer a ese partido por lo que ocupan ese puesto. Por ello, la consecuencia es que deben ser controlados en su actividad de gestión, y que no deben tener poder para decidir sobre temas importantes.

* Y no vale decir que si alguien es nombrado Presidente del Gobierno de España, o Ministro de algo de España, ya por eso antepone los intereses de España a sus intereses propios o de su partido, porque la realidad demuestra en demasiados casos que no es así.

* Consecuentemente con lo anterior, todos los temas importantes deben ser decididos por referendo de obligado cumplimiento, y ningún político debe estar autorizado a decidir sobre asuntos importantes sin consultar al pueblo español.

Y si la puerta de escape que se busquen los políticos para librarse de efectuar referendo es calificar de poco importante el tema que quieren decidir, habrá que incluir en la Constitución una redacción a favor de que sean considerados importantes los casos que sean dudosos de serlo.

Para concretar se citan a continuación dos casos, de los muchos que se podrían exponer:

* No hace mucho tiempo que todas las semanas era comentado por algún periodista o invitado en alguna de las cadenas de televisión, el que el Gobierno del ex Presidente Zapatero negoció con representantes de ETA para "alcanzar la paz a cambio de ir poniendo paulatinamente a sus presos en la calle, para hacer la vista gorda en la detención de los que estaban inculpados, y para legalizar los partidos políticos afines a ETA para que pudiesen alcanzar el poder en el País Vasco, y para que sus políticos pudiesen obtener actas de Diputado en el Congreso de España y en el Parlamento Europeo".

A la vez, los medios de comunicación afines al Gobierno repetían machaconamente que ETA ya no existía, cuando era (y es) ampliamente conocido que esta organización no se había disuelto (ni a Marzo 2019 se ha disuelto), que conserva todo su armamento y explosivos, que posiblemente sigue cobrando el impuesto revolucionario, y que por tanto si le interesa puede volver a actuar en cualquier momento.

Es evidente que con los conflictos hay que terminar. En unos venciendo al enemigo. Y en otros negociando con el contendiente. Pero también es evidente que después de tantos años de terrorismo en España, con flagrantes asesinatos que ninguna persona de bien admite como "justificados por la lucha contra el opresor", no se puede terminar así, y menos cuando es evidente que el asunto todavía no se ha terminado.

Que ETA sigue bien viva y fortalecida por los últimos cables que le han echado el PSOE y el PP, y que volverá a utilizar los atentados terroristas en cuanto no consigan en tiempo prudencial todos sus objetivos, que están claramente explicados desde hace años en la Alternativa KAS, es algo que la mayoría de los ciudadanos españoles sabe.

El 30 Enero 1978, ETA Militar dio a conocer la última versión de su Alternativa KAS, que dejó en la forma siguiente:
* Amnistía Total.
* Legalización de todos los partidos políticos, incluidos los independentistas sin necesidad de rebajar sus estatutos.
* Expulsión de Euskadi de la Guardia Civil, Policía Armada y Cuerpo General de Policía.
* Adopción de medidas para mejorar las condiciones de vida y trabajo de las masas populares y especialmente de la clase obrera. Satisfacción de sus aspiraciones sociales y económicas inmediatas expresadas por sus organismos representativos.
* Estatuto de Autonomía que cuando menos abarque los siguientes requisitos:
* Reconocimiento de la Soberanía nacional de Euskadi. Derecho de autodeterminación, incluido el derecho a la creación de un estado propio.
* El euskara lengua oficial, prioritaria de Euskadi.
* Las fuerzas de defensa ciudadana que sustituyan a las actuales represivas serán creadas por el Gobierno vasco y dependientes únicamente de él.
* Las fuerzas armadas acuarteladas en Euskadi, estarán bajo control del Gobierno Vasco.
* El pueblo vasco poseerá poderes suficientes como para dotarse de las estructuras económicas, sociales y políticas que considere más convenientes para su progreso y bienestar, así como para realizar cualquier transformación autónoma de las mismas.

En Abril de 1995, ETA sustituyó la Alternativa KAS por la que denominó Alternativa Democrática. En esta alternativa, ETA sostuvo que ella debía negociar con el Estado la aceptación por éste del derecho de autodeterminación y del ámbito territorial vasco. Si el Estado aceptaba, correspondería a los ciudadanos vascos (en los que incluyen al País Vasco y a Navarra) definir su propio Estatuto Político. Lo que pocos dudan de que lo redactarían incluyendo los objetivos expuestos en la Alternativa presentada el 30 Enero 1978, antes citada.

Lo que demanda ETA, que sigue viva y potente, está tan lejos de lo que siempre ha mantenido el Estado Español, que en negociaciones abiertas, con luz y taquígrafos, es evidente que sería imposible llegar a acuerdo.

Es por ello por lo que cualquier preacuerdo que se alcance deba someterse a referendo de obligado cumplimiento en el que participe todo el pueblo español. Y consecuentemente PSOE y PP deben tener prohibido llegar a ningún acuerdo legal sin ese referendo.

* Es un rumor a voces, que antes Rajoy (PP) y ahora Sánchez (PSOE) han negociado con los líderes nacionalistas independentistas catalanes el reformar la Constitución, por la puerta falsa del punto 3 del Artículo 167 (evitando así la obligación de realizar referendo de obligado cumplimiento) con objeto de convertir en legal lo que actualmente es ilegal, y conseguir así los nacionalistas independentistas realizar su

ansiado referendo, en el que solo voten los residentes en Cataluña, para decidir la independencia de esta región.

Una decisión de este tipo debe estar prohibida de tomar por el Presidente del Gobierno de España, y debe ser decidida, positiva o negativamente, en referendo de obligado cumplimiento en el que participe todo el pueblo español.

Además de que la Constitución debe prohibir el que asuntos importantes sean negociados en secreto, incurriendo en delito e inhabilitación perpetua los políticos que lo hagan.

18.21- Dependencia jerárquica del Fiscal General del Estado, de los Fiscales, y de la Policía Judicial

El Fiscal General del Estado (FGE) es una persona esencial en el funcionamiento del Estado de Derecho, en que la ciudadanía tenga confianza en la Justicia, y en la imagen que España proyecta hacia el exterior de ser o no un Estado de Derecho.

Por ello debe lograrse que su nombramiento sea hecho con amplio consenso, que funcione independientemente de los poderes públicos y privados, y que el puesto lo ocupe una persona con el currículum adecuado y con merecida fama de persona cabal.

La Constitución, en su Artículo 124 (El Ministerio Fiscal y el Fiscal General del Estado), dice:

1. El Ministerio Fiscal, sin perjuicio de las funciones encomendadas a otros órganos, tiene por misión promover la acción de la justicia en defensa de la legalidad, de los derechos de los ciudadanos y del interés público tutelado por la ley, de oficio o a petición de los interesados, así como velar por la independencia de los Tribunales y procurar ante éstos la satisfacción del interés social.

2. El Ministerio Fiscal ejerce sus funciones por medio de órganos propios conforme a los principios de unidad de actuación y dependencia jerárquica y con sujeción, en todo caso, a los de legalidad e imparcialidad.

3. La ley regulará el estatuto orgánico del Ministerio Fiscal.

4. El Fiscal General del Estado será nombrado por el Rey, a propuesta del Gobierno, oído el Consejo General del Poder Judicial.

El punto 2, aunque no está muy claro, es habitualmente interpretado como que la dependencia jerárquica de los Fiscales Jefes al FGE, y la de los Fiscales a su Fiscal Jefe, es vinculante. Es verdad que también dice lo de legalidad e imparcialidad, pero primero habla de dependencia jerárquica, y en la vida real ya se sabe lo que es eso.

En Noviembre 2014 los Fiscales de Cataluña se negaron a cumplir una orden del FGE, por la que debían presentar una querella por varios presuntos delitos contra el Presidente nacionalista separatista Artur Mas, cometidos por convocar y celebrar los actos del 9Nov14 en contra de dos sentencias del Tribunal Constitucional.

En el punto 2 se establece la dependencia jerárquica. ¿Qué ha sucedido después?. ¿Han sido expulsados esos Fiscales de la carrera fiscal?. ¿Han sido trasladados?. ¿Han sido suspendidos de empleo y sueldo?.

Que sepamos nosotros, esa desobediencia no ha sido castigada, ni perseguida en ningún modo efectivo, que busque un cumplimiento de lo no hecho y una sanción por no hacerlo.

En el punto 4 no se explicita que el FGE dependa jerárquicamente del Gobierno, pero vista la redacción y conociendo cómo funciona el mundo ello es evidente.

El punto 4 dice que al FGE lo propone el Gobierno. Por tanto a quien no proponga no será FGE. Y a quien proponga, basta con que el Rey oiga al CGPJ y lo nombre. Eso de oír es música celestial. Todos oímos muchas cosas, que a veces nos entran por un oído y nos salen por el otro. Y en cuanto a que el Rey nombre no es problema. El Rey actual y el anterior han firmado todo lo que cualquiera de los Gobiernos de turno les presentaron a la firma.

Por tanto, es evidente que el Gobierno nombra al FGE. Y no por un plazo concreto. Sino hasta que nombre a otro. Ello quiere decir que el FGE tiene permanentemente la Espada de Damocles encima de la cabeza, de forma que en cuanto haga algo que no le guste al Gobierno, y este decida cesarlo, simplemente el Gobierno presentará al Rey el nombre de otro para que lo nombre, con lo que el que ocupa la silla hasta ese momento queda cesado fulminantemente

No obstante, en la Constitución no se dice que el FGE depende del Gobierno de España. Solo dice como se le nombra y se le cesa. Por ello, una persona íntegra, un FGE íntegro, que reciba una orden del Gobierno que cree que no debe cumplir, no la cumple. Y acepta el riesgo de que le cesen. Y si le cesan, se va a su casa con la frente muy alta, porque una persona íntegra no acepta órdenes que van contra sus valores personales ni contra su opinión profesional. Y por cierto, no se iría a su casa. Solo cesaría como FGE. Y volvería a la carrera judicial, ocupando el mismo puesto que tenía cuando le nombraron FGE. Con lo cual seguiría siendo un señor importante, y cobrando un buen sueldo.

¿Es bueno o es malo que el FGE dependa del Gobierno?.
Es muy malo que no exista separación de poderes, lo que va en contra de esa dependencia.
Y es malo que no haya un Fiscal General del Estado, o sea, alguien política e ideológicamente imparcial, que actúe en defensa del Estado, y no en defensa de los intereses, personales o partidistas, de los líderes del Gobierno.

Realmente, en la práctica, lo que ha existido en los últimos 41 años es un Fiscal General del Gobierno, y no un Fiscal General del Estado. Lo que, aparte de lo manifestado anteriormente, es redundante, puesto que el Gobierno ya tiene la Abogacía del Estado para promover las acciones judiciales que el mismo considere oportuno presentar ante los Tribunales.

El Artículo 126 dice:
La policía judicial depende de los Jueces, de los Tribunales y del Ministerio Fiscal en sus funciones de averiguación del delito y descubrimiento y aseguramiento del delincuente, en los términos que la ley establezca.

En España realmente no existe Policía Judicial dependiente del FGE. Y no existe porque al existir la doble dependencia, puesto que depende del Ministerio del Interior, es más bien una puesta a disposición de la Fiscalía, pero con una dependencia orgánica y jerárquica de dicho Ministerio. La prueba es que son y siguen siendo Policías Nacionales y Guardias Civiles adscritos temporalmente a la Policía Judicial.

Es importante que la Fiscalía tenga un Cuerpo Policial independiente del Gobierno, y que solo obedezca órdenes de la Fiscalía y de los Jueces, no inmiscuyéndose el Gobierno en lo que se hace en ese Cuerpo. Digamos que algo así como actualmente son las relaciones entre los Mossos y el Gobierno de España, en que los mandos políticos de los primeros no dan ninguna explicación al Gobierno de España.

Para eliminar las ineficiencias expuestas, deben reformarse, mediante referendo de obligado cumplimiento, los Artículos 124 y 126 de la Constitución en forma que determinen lo siguiente:

1. El Fiscal General del Estado será elegido por más de los dos tercios de los Diputados del Congreso de España, por un período de seis años, pudiendo ser reelegido para un solo período adicional.

2. Todos los restantes Fiscales, del Estado y de las Autonomías, dependerán jerárquicamente del Fiscal General del Estado.

3. Todas las órdenes, sugerencias, recomendaciones y peticiones, que cada Fiscal haga en el ejercicio de sus funciones (al Gobierno, a la Policía, y a los Magistrados y Jueces) deben hacerse razonadas y por escrito, con objeto de que a posteriori puedan conocerse y recurrirse.

4. Será falta grave o delito (según su gravedad) el que esas órdenes, sugerencias, recomendaciones y peticiones de los Fiscales sean efectuadas sin que quede a priori constancia por escrito de las mismas. Esa documentación escrita se guardará en un Registro Secreto del FGE, del que saldrán, para ponerse a disposición del público, pasados quince años de su fecha. La manipulación fraudulenta de ese Registro será delito castigado con mínimo de diez años de cárcel e inhabilitación a perpetuidad de quien lo cometiere.

5. Ante cualquier indicio razonable de delito, o ante cualquier denuncia razonable de un ciudadano o de algún medio de comunicación, el Ministerio Fiscal deberá actuar de oficio, debiendo razonar por escrito, con posibilidad de ser recurrida, la decisión de no hacerlo.

5. Queda derogado el perdón del ofendido, debiendo el Ministerio Fiscal actuar de oficio ante cualquier delito o indicio de delito, se produzca o no ese perdón.

6. El Cuerpo de Policía Judicial, estará formado exclusivamente por miembros graduados en las Academias de la Policía Nacional o de la Guardia Civil. Este Cuerpo dependerá jerárquicamente del Ministerio Fiscal, y actuará coordinadamente, cuando lo precise, con otros Cuerpos Policiales del Estado. Poseerá sus propios medios y centros de trabajo, siendo dotado en forma independiente en los Presupuestos Generales del Estado, de los que rendirá cuentas al FGE y a la Intervención General del Estado.

7. El Ministerio Fiscal será responsable de hacer cumplir las resoluciones y sentencias de los Jueces y Tribunales, lo que llevará a cabo, si fuese preciso, por medio de la Policía Judicial, que podrá recabar ayuda, si fuese preciso, a otros Cuerpos Policiales, que tendrán obligación legal de prestársela.

8. Se mantiene la redacción actual del Artículo 124 en lo que no sea modificada por los puntos anteriores.

Se puede ver que la estructura que proponemos es similar a la existente en USA en que el Cuerpo Federal de los Marshalls depende directamente de los Fiscales, y es independiente de otros Cuerpos Estatales o Federales.

Con un planteamiento como el anterior se eliminará el bochornoso espectáculo que llevan dando desde hace mucho tiempo los Gobiernos españoles, de derechas y de izquierdas, de obligar a Policías y Fiscales a hacer la vista gorda cuando el asunto no interesa al que manda, al partido del que manda, o han llegado a un acuerdo secreto los partidos implicados.
Y esto deberá ser aplicable a todos los tipos de delitos, incluidos los de los terroristas.

Los españoles no somos tontos, y sabemos que a veces hay que negociar. Pero lo que no aceptamos es que los políticos y los delincuentes intercambien cromos correspondientes a los objetivos que cada parte quiere obtener y a las vergüenzas que cada parte desea que no salgan a la luz pública.

Y tampoco aceptamos el camelo de que hay Asuntos de Estado que deben llevarse secretamente, porque estamos hartos de que bajo el secreto se amparen comportamientos poco éticos, y frecuentemente ilegales.
Debe recordarse el GAL, el Bar Faisán, el 11M, la multimillonaria Ayuda a la Banca, la no actuación contra los responsables de Cajas y Bancos quebrados, la Amnistía Fiscal a los cercanos ideológicamente, el comportamiento sedicioso de las Autoridades del Gobierno Catalán, y mucho más.
Quizá pueda ser necesario que en algún caso concreto se haga secreta temporalmente una actuación o un acuerdo. Pero ello deberá ser recogido por escrito en un Registro Secreto que obligatoriamente se desclasificará a los quince años de su fecha. Y esa desclasificación llevará consigo la posibilidad de que las actuaciones delictivas que se puedan haber producido puedan perseguirse en los Tribunales a partir de ese momento.

Y no estaría de más el que todos los días al levantarse los Políticos en el Poder y los Fiscales de este país recordasen a Leonardo da Vinci, cuando decía "Quien no castiga el mal, ordena que se haga".

El Jueves 18 Diciembre 2014, el que entonces era Fiscal General del Estado, Sr. Torres Dulce, dimitió por "razones personales".
Hay que alabarle dos cosas. Una, dimitir de un cargo tan importante, lo que significa que es un hombre para el que el fuero tiene mucho más valor que el huevo. Dos, hacerlo por "razones personales", lo que es la forma de marcharse de los verdaderos señores, que cuando algunos saben y otros muchos sospechan lo que hay detrás, se van sin recriminar nada ni a nadie, aunque sin duda no será un hecho en el vacío. Seguro que tendrá consecuencias negativas para quien le empujó a marcharse, que hay que sospechar que fue la cúpula del PP.

Ahora, más que nunca, es necesario cambiar la dependencia del FGE. No puede seguir dependiendo del Gobierno. Debe ser independiente, por lo que debe ser nombrado por más de los dos tercios de los Diputados del Congreso. Debe tener presupuesto independiente. Y debe mandar en exclusiva al Cuerpo de Policía Judicial. Lo anterior debe ser sometido a referendo de obligado cumplimiento, y si es aprobado debe ser incorporado a la Constitución.

Si dependiendo el FGE del Parlamento también continuasen las presiones, habría que pasar a que sea elegido por el pueblo español, en Elecciones convocadas específicamente para elegirlo.

18.22- Senado y Diputaciones Provinciales
18.22.1- Disolución del Senado

El Artículo 69 (El Senado, Cámara de representación territorial) dice:

1. El Senado es la Cámara de representación territorial.

2. En cada provincia se elegirán cuatro Senadores por sufragio universal, libre, igual, directo y secreto por los votantes de cada una de ellas, en los términos que señale una ley orgánica.

3. En las provincias insulares, cada isla o agrupación de ellas, con Cabildo o Consejo Insular, constituirá una circunscripción a efectos de elección de Senadores, correspondiendo tres a cada una de las islas mayores -Gran Canaria, Mallorca y Tenerife- y uno a cada una de las siguientes islas o agrupaciones: Ibiza-Formentera, Menorca, Fuerteventura, Gomera, Hierro, Lanzarote y La Palma.

4. Las poblaciones de Ceuta y Melilla elegirán cada una de ellas dos Senadores.

5. Las Comunidades Autónomas designarán además un Senador y otro más por cada millón de habitantes de su respectivo territorio. La designación corresponderá a la Asamblea legislativa o, en su defecto, al órgano colegiado superior de la Comunidad Autónoma, de acuerdo con lo que establezcan los Estatutos, que asegurarán, en todo caso, la adecuada representación proporcional.

6. El Senado es elegido por cuatro años. El mandato de los Senadores termina cuatro años después de su elección o el día de la disolución de la Cámara.

Este Artículo 69 es el único que define al Senado. Lo define como la "Cámara de representación territorial", y dedica muchas palabras a detallar cuantos Senadores hay y cuál es su procedencia. Con tanto detalle parece que en artículos posteriores se van a definir las importantes funciones exclusivas que tiene el Senado.

La decepción llega pronto, porque nunca (realmente solo una vez que se menciona más adelante) se habla del Senado individualmente, y siempre se habla de funciones realizadas por Diputados y Senadores. Por lo que si no existiesen Senadores, esas funciones las podrían realizar, sin ningún problema y en exclusiva, los Diputados.

Se habla como función exclusiva del Senado en el Artículo 90, que dice:

1. Aprobado un proyecto de ley ordinaria u orgánica por el Congreso de los Diputados, su Presidente dará inmediata cuenta del mismo al Presidente del Senado, el cual lo someterá a la deliberación de éste.

2. El Senado, en el plazo de dos meses, a partir del día de la recepción del texto, puede, mediante mensaje motivado, oponer su veto o introducir enmiendas al mismo. El veto deberá ser aprobado por mayoría absoluta. El proyecto no podrá ser sometido al Rey para sanción sin que el Congreso ratifique por mayoría absoluta, en caso de veto, el texto inicial, o por mayoría simple, una vez transcurridos dos meses desde la interposición del mismo, o se pronuncie sobre las enmiendas, aceptándolas o no por mayoría simple.

3. El plazo de dos meses de que el Senado dispone para vetar o enmendar el proyecto se reducirá al de veinte días naturales en los proyectos declarados urgentes por el Gobierno o por el Congreso de los Diputados.

Aunque ello es una función muy pobre. Eso de segundas lecturas está muy bien para el colegio de los niños, pero para un Congreso de Diputados formado por Diputados con muchas horas de vuelo, es algo un poco tonto. Si se lee despacio el artículo 90 se ve que es redundante lo que hace, puesto que los Senadores son nombrados por los mismos partidos que nombran a los Diputados.

Otra cosa sería si el Senado Español fuese una copia del Senado USA. En este último los Senadores los nombran los ciudadanos de cada Estado, y por tanto tienen personalidad propia, incluso por encima del partido al que pertenecen, puesto que el Acta se la deben a sus votantes. Y así vemos que hay real enfrentamiento entre el Presidente de USA y el Senado en los asuntos importantes, en los que a veces llegan a acuerdo y otras no.

El Senado Español no se parece en nada al americano. Los candidatos a senadores españoles son puestos a dedo en la lista por los partidos, y los españoles votan a listas, aunque puedan poner cruz a unos y no a otros. Realmente ni el Pueblo Español ni los Senadores Españoles sienten los primeros y se sienten los segundos nombrados por los primeros.

De lo anterior se deduce que si desaparece el Senado, no pierde nada España, y al contrario gana un muy considerable ahorro. Hay 200 Senadores, con importantes sueldos y mayor parafernalia, que no creemos que tengan un coste total inferior a 300 millones de euros anuales (contando no solo sueldos de los Senadores, sino todos los demás gastos que requiere el funcionamiento y la seguridad de un organismo de esta naturaleza).

Consecuentemente, debe someterse a referendo de obligado cumplimiento la supresión del Senado, el cese de todos los Senadores, la integración del personal funcionarial en otros organismos de la Administración Central, y la asignación de las Fuerzas de Seguridad a otras misiones. Deben reformarse consecuentemente todos los artículos de la Constitución actual que hacen referencia a Senado y Senadores.

Un dicho español muy conocido es "piensa mal y acertarás". Especialmente cuando se trata de asuntos de los políticos que no se entienden bien.

Los políticos profesionales son, en general, gente muy lista y muy viva. Unos más y otros menos, son inteligentes, pero todos son listos y vivos. Por ello, ¿es realmente creíble que en 1978 creasen un órgano como el Senado, de importante coste, que es innecesario?. No es creíble. ¿Entonces?.

Una tesis que mantienen los viejos entendidos del asunto es que la existencia del Senado es necesaria en un Estado Federal, en que cada Estado de este nombra y envía sus Senadores a una cámara federal, en la que se juntan todos los de los diferentes Estados. E incluso existen Estados Federales en que no existe el Congreso de los Diputados que existe, y es imprescindible, en la España actual.

Si esa tesis fuese cierta (y tiene casi todas las papeletas de serla) quiere decir que en 1978 los "padres de la Patria" estaban preparando el camino para que algún día España se convirtiese en Estado Federal. Eso en 1978 era invendible, y por si solo hubiese provocado bien el que la Constitución no hubiese visto la luz, o bien que las Fuerzas Armadas hubiesen dado un golpe de estado, y ese golpe seguro que lo hubiesen ganado por goleada, porque no tenían a nadie enfrente con una mínima fuerza que oponerles.

Los muchos millones de españoles que no queremos que España se desuna en el futuro por el camino de convertirla en un Estado Federal, exigimos que se disuelva inmediatamente el Senado para hacerlo más difícil. Además de para abaratar en costes actualmente innecesarios. Y que han sido innecesarios en los últimos 41 años.

18.22.2- Potenciación de las Diputaciones Provinciales

En la Constitución vigente solo se habla de Diputaciones Provinciales en la Disposición Transitoria Primera diciendo:

En los territorios dotados de un régimen provisional de autonomía, sus órganos colegiados superiores, mediante acuerdo adoptado por la mayoría absoluta de sus miembros, podrán sustituir la iniciativa que en el apartado 2 del Artículo 143 atribuye a las Diputaciones Provinciales o a los órganos interinsulares correspondientes.

De esta Transitoria se desprende claramente que los "padres de la Constitución" redactaron la misma dejándola preparada para que en el futuro fuese fácil convertir a España en un Estado Federal.

Esto es, poniendo en funcionamiento el Senado, que en un sistema de poder centralizado y de gestión descentralizada no tiene ninguna razón de existir. Y eliminando las Diputaciones Provinciales, que dependen del Estado Central, y que tienen potestad sobre más de 8.000 municipios españoles (todos menos las capitales de provincia).

El Estado de las Autonomías ya hemos dicho que debe derogarse por tres razones fundamentales:

* Una, porque en 15 Autonomías y dos Ciudades Autónomas ha servido para incrementar los costes, sin mejorar la eficiencia de la gestión.

* Dos, porque ha producido desigualdades entre los españoles, y especialmente entre los Vascos, Catalanes, y resto de España, en que las dos primeras regiones han conseguido con argucias políticas incrementar su parte de la tarta del conjunto español.

* Tres, porque en manos de los nacionalistas separatistas está sirviendo para que avancen en su camino hacia la independencia de esas regiones, y para que allí se produzca la fractura en dos mitades de la sociedad, que antes o después llevará en las mismas a la confrontación, que podría ser armada si los nacionalistas persisten en su enfoque incendiario. Incluso aunque disfracen la palabra "independencia" con la de "desconexión", lo que sin duda es un comportamiento ladino, pero que no engaña a ningún ciudadano español.

En ese Estado de las Autonomías derogado, con un Senado inexistente, las Diputaciones Provinciales volverán a cobrar un peso esencial en la estructura del Estado, de forma que con sus capitales de provincia (gobernadas estas por sus Ayuntamientos) volverán a formar la unidad orgánica provincial que siempre ha existido (desde Napoleón) en España y que nadie había discutido su eficiencia hasta que los nacionalistas separatistas exigieron a los "padres de la Constitución" cambiar tal estructura por la sumamente de poder descentralizado que es la actual Autonómica.

Y desgraciadamente, esos "padres" accedieron, traicionando así a sus otras decenas de millones de hijos (ciudadanos españoles), al tomar decisiones que legítimamente no tenían derecho a tomar, y que tomaron sin consultar en referendo de obligado cumplimiento a la totalidad de la ciudadanía española.

Por lo expuesto anteriormente:

1) debe derogarse el sistema Autonómico actual, y disolverse toda su carísima estructura,

2) disolverse el Senado y toda su carísima estructura,

3) y deben prepararse las Diputaciones Provinciales existentes, para que a corto plazo vuelvan a tomar la gestión y el control de todos los aspectos provinciales, excepto los de las capitales de cada provincia, que quedarán en las manos de sus actuales Corporaciones.

Lo anterior debe someterse a referendo de obligado cumplimiento entre todos los ciudadanos españoles, y si es aprobado debe incorporarse a la Constitución.

18.23- Misión de las Fuerzas Armadas de España

En Noviembre 2014 un periodista preguntó al Jefe del Estado Mayor del Ejército de Tierra, un Teniente General cuyo nombre no viene al caso, sobre cuál era la misión de las Fuerzas Armadas. El General le respondió, casi literalmente, lo que dice el punto 1 del Artículo 8 de la Constitución, que es lo siguiente:

1. Las Fuerzas Armadas, constituidas por el Ejército de Tierra, la Armada y el Ejército del Aire, tienen como misión garantizar la soberanía e independencia de España, defender su integridad territorial y el ordenamiento constitucional.

Parece que el periodista, y supongo que su editor también, se quedaron asombrados por pensar que tenían entre manos el reportaje del siglo. ¡Un General golpista!, lo que en 2014 era un notición en España. Y consecuentemente fue difundido ampliamente en las emisoras nacionales y autonómicas.

Este autor vio y oyó lo que dijo el General, y de golpismo nada. Se limitó a repetir literalmente lo que dice el punto 1 del Artículo 8, sin añadir ningún comentario adicional.

Enseguida salieron a los medios de comunicación políticos de izquierdas con alguna crítica más o menos velada. Y los políticos, y sus periodistas afines, nacionalistas independentistas, que estos sí que hincharon bien el perro, e incluso alguno pidió públicamente el cese de este Alto Jefe Militar.

No se oyó entonces ni al Ministro de Defensa, ni al Presidente del Gobierno (ambos del PP), defender públicamente a este Alto Jefe. No lo cesaron (¡hasta ahí podíamos llegar!), pero no lo defendieron.

El Artículo 8 es uno más de la Constitución, y como tal debe ser cumplido. Y si no les gusta a los nacionalistas independentistas ello es su problema.

Quizá sea porque recuerden muy bien lo que hizo el Capitán General de Cataluña, General de División Domingo Batet (nacido en Tarragona) en Octubre 1934. Quizá sea oportuno recordarlo brevemente:

El 6 Octubre 1934 el Presidente de la Generalidad, Lluís Companys, desde el balcón del Palacio ubicado en la Plaza de San Jaime, proclamó el Estado Catalán.

Poco después Companys exigió al General Batet que se pusiese a sus órdenes. Este telefoneó al Presidente del Gobierno de España, el socialista Alejandro Lerroux, que le ordenó que declarase el Estado de Guerra en Cataluña. Lo cual hizo inmediatamente.

Después de diversos disturbios en Barcelona, que produjeron tres muertos y un buen número de heridos, el General Batet envió varias compañías, con media docena de cañones, a la Plaza de San Jaime, que estaba defendida por los Mossos d´Esquadra. Batet ordenó al mando de estos rendirse y entregar las armas. La respuesta de ese mando fue ordenar a los Mossos disparar a las tropas, produciéndose varios muertos y heridos. Batet ordenó disparar los cañones contra el Palacio de la Generalidad, desde donde disparaban los Mossos, Cinco horas después los Mossos, con su coronel Frederic Escofet al frente, se rindieron, tomando Batet como prisioneros a todos los ocupantes del Palacio.

Tiempo después, el General Batet, fiel al entonces legítimo poder del Estado, siendo General en Jefe de la VI División Orgánica de Burgos, no quiso unirse al Golpe del General Franco, por lo que fue detenido por dos oficiales a sus órdenes el 18 Julio 1936, condenado a muerte por un tribunal militar, y fusilado el 18 Febrero 1937.

Es de notar que el punto 1 del Artículo 8 de la Constitución, dice que "Las Fuerzas Armadas, ... , tienen como misión garantizar la soberanía e independencia de España, defender su integridad territorial y el ordenamiento constitucional"

No dice que si la integridad territorial de España peligra, deban esperar a que los políticos en el poder, con su Presidente del Gobierno al frente, les ordenen actuar, y si no se lo ordenan, deben quedarse tranquilitos en sus cuarteles.

El punto 1 del Artículo 8 dice lo que dice. Y ello es que ordena a las Fuerzas Armadas defender la integridad territorial de España si la misma peligra.

Bien es verdad que esta Constitución chapucera que hicieron los "padres" de la misma en 1978, no dice quien decide que la integridad territorial está en peligro, por lo que el General que decidiese "tirar pa lante" debería atarse bien los machos, porque si fracasa o le traicionan los políticos, irá 30 años a la cárcel (ahora que no hay pena de muerte).

En cualquier caso, es lógico pensar que los nacionalistas independentistas estén tratando de cambiar ese artículo. Y que lo estén haciendo en esas conversaciones secretas, que de vez en cuando se filtran a los medios, que tienen bilateral o trilateralmente los nacionalistas independentistas con los negociadores del PSOE y del PP.

Si ahora, PP, PSOE, y los nacionalistas independentistas, pactan la derogación del Artículo 8, o su modificación en la forma que los nacionalistas deseen, no deben olvidar todos ellos que será una traición al pueblo español, que algún día se les demandará, y especialmente el que lo hagan sin convocar un referendo de obligado cumplimiento para que sea el pueblo español el que decida sobre esa reforma.
Y si después de las próximas Elecciones Generales, se establece un Gobierno de España encabezado por Pedro Sánchez (PSOE), serán Sánchez y el PSOE los que hurten a los españoles ese referendo, cometiendo así una vil traición, que millones de españoles recordarán en el futuro.

Para evitar que unos u otros impidan a la ciudadanía que decida sobre cualquier cambio en ese Artículo 8 punto 1, debe modificarse el mismo en la forma siguiente:
1. Las Fuerzas Armadas, constituidas por el Ejército de Tierra, la Armada y el Ejército del Aire, tienen como misión garantizar la soberanía e independencia de España, defender su integridad territorial y el ordenamiento constitucional. Será función exclusiva y personal del Jefe del Estado el decidir si está en peligro la integridad territorial y el ordenamiento constitucional, y si así lo decide ordenar a las Fuerzas Armadas el que inmediatamente actúen en su defensa por medio de utilizar la fuerza y los medios necesarios.
Esta modificación, requerirá para su aprobación definitiva, el que sea aprobada en referendo de obligado cumplimiento en el que participe toda la ciudadanía española.

Y como complementario del anterior debe incluirse en la Constitución un Artículo adicional que diga lo siguiente:
Solo el Estado Central, y dependiendo del Gobierno de España, poseerá fuerzas militares o policiales que posean, y tengan permiso para utilizar cuando así les sea ordenado, armas pesadas (fusiles ametralladores, ametralladoras, misiles, morteros, cañones, etc.), blindados, aeronaves, drones, y naves armadas.
Las unidades policiales de las Comunidades Autónomas y de los Ayuntamientos solo podrán poseer y usar armas de fuego del tipo de pistolas y escopetas de postas. Los vehículos antidisturbios y las armas contra provocadores (gases lacrimógenos, pelotas de goma, etc.) solo podrán ser poseídos y utilizados por las policías y fuerzas armadas a las órdenes del Gobierno de España.

Habrá quien arguya que el artículo anterior es más propio de aparecer en el Código Penal o en el Reglamento de cada una de las Instituciones Armadas, que en la Constitución.
Sin embargo, en momentos como el presente en que hay sospechas fundadas de que los políticos centrales pueden negociar con los nacionalistas independentistas este

asunto, hurtándole a los españoles el derecho a decidir por medio de referendo de obligado cumplimiento, la única defensa de la ciudadanía para evitarlo es que se apruebe ese nuevo artículo en referendo y se incluya el mismo en la Constitución.

18.24- Promoción del ahorro público y de la eliminación de los gastos superfluos

Millones de ciudadanos están hartos de:

* Aviones de pasajeros, militares y civiles, pagados por el Estado, en los que vuelan en solitario, o acompañados de periodistas, no solo la Familia Real y el Presidente del Gobierno, sino Ministros, personajes Autonómicos, y a veces quien ni siquiera lo son.

* Fastuosos edificios oficiales, cuya rehabilitación ha costado un ojo de la cara y parte del otro. Hubiese sido más sensato y más económico, derribar esos edificios y comprar o edificar sedes mucho más modestas. Y para quien lo defienda en base a recuperar el tesoro artístico español, hay que decirle que en España hay miles y miles de iglesias, palacios, castillos, pinturas, esculturas, etc., como corresponde a nuestros miles de años de historia, pero no podemos gastar dinero en rehabilitar y conservar todos ellos. Y por supuesto antes está la Sanidad, la Educación, y las Pensiones Dignas, que el arte.

* Decisiones que toma un personaje pensando en votos, como hizo el ex Presidente Rodríguez Zapatero gastando la inmensa cantidad de 13.000 millones de euros (o sea 2.160.000.000.000 de pesetas) en dotar de rotondas, aceras, hogares de jubilados, piscinas municipales, etc., etc., a todo aquel Alcalde que presentó un proyecto pidiéndoselo.

* Derroches estúpidos en Ayuntamientos ricos, por ejemplo malgastando agua en abundancia para regar césped en zonas secas de España, y utilizando los servicios de múltiples jardineros para plantar diversos tipos de flores a lo largo de todo el año.

* Festejos en casi todos los Ayuntamientos de España, en los que los ediles deciden gastar dinero, aunque no participen en ellos ni el 25% de la población.

* Sueldos demasiado elevados a todos los niveles de políticos, sueldos que algunos los merecen y que muchos otros no lograrían ganar ni la mitad en la actividad privada.

* Abuso increíble, obteniendo el máximo nivel de pensión de jubilación solo por haber sido Diputado durante dos legislaturas. Lo que a cualquier español le cuesta 35 años, y la inmensa mayoría no llegan a los altos niveles de la pensión de los políticos.

* Costes importantes de protección a los políticos, que además suponen que esos medios policiales (personas, vehículos, y medios electrónicos) no se dediquen a la población en general, con lo que ellos están bien protegidos y el ciudadano no. Y al no sentir en sus carnes el miedo de la falta de protección policial que sienten muchos ciudadanos, no aprueban la legislación que evitaría esta situación por medio de incrementar los recursos policiales y/o dotar de permisos de armas.

* Existencia del Senado sin funciones específicas y necesarias.

* 350 Diputados, que votan lo que le indican sus jefes de grupo, cuando la Constitución permite rebajarlos a 300 sin cambiar el texto constitucional.

* Etc., etc.

O dicho de otra forma, los Municipios, las Autonomías, y el Estado Central deben recaudar impuestos porque en España hay muchas necesidades sociales que satisfacer, mucha enseñanza que mejorar, y muchas inversiones en reindustrializar España que emprender.

Pero debe actuarse con la máxima mentalidad de eliminar todo gasto que no sea imprescindible, y de eliminar toda suntuosidad (por ejemplo, hay demasiados automóviles oficiales de alta gama).

Debe potenciarse el Tribunal de Cuentas para que en todo el ámbito del Estado Español, incluidas todas y cada una de las Autonomías y Ayuntamientos, realice auditorías detalladas, financieras y de gestión, para comprobar si se invierte el dinero en la forma presupuestada, si se contrata siguiendo la normativa oficial, y si puede conseguirse el mismo objetivo a menor coste. Y para dotarlo de independencia suficiente este organismo debe depender de la Jefatura del Estado.

Y si alguna ley actual impide al Estado Central intervenir para fiscalizar en las Comunidades Autónomas o en los Ayuntamientos, esa ley debe ser inmediatamente derogada.

Si así se hace, además de gastar nada de dinero en obras faraónicas, en asuntos innecesarios, en lujos improcedentes, en chorradas, ni en captación de votos para el partido en el gobierno, disminuirá tremendamente la corrupción, puesto que ya no será tan fácil dar a dedo obras o concesiones a amigos del partido o del político en el poder.

18.25- Segunda vuelta electoral

Hemos hablado anteriormente de que debe instaurarse en España la segunda vuelta electoral para decidir quién debe ser el Presidente del Gobierno de España, el Presidente del Gobierno de cada Autonomía, y el Alcalde de cada Municipio.

En este punto trataremos de cuál debe ser el procedimiento que debe regir la segunda vuelta electoral.

Hay muchos procedimientos posibles. Exponemos aquí el que nos parece más justo y adecuado, que es precisamente el que existe en la inmensa mayoría de los Estados en que la segunda vuelta electoral existe.

El procedimiento es el siguiente:

* Cuando en la primera vuelta ningún partido haya conseguido más del 50% de los votos, los partidos que hayan obtenido más votos que sumen en total más del 75% de los votos, deben presentarse a una segunda vuelta. Dejando de participar en esta segunda vuelta los restantes partidos.

* En la segunda vuelta volverán a votar todos los ciudadanos con derecho a voto (que en España son todos los mayores de edad) pudiendo votar a uno de esos partidos o abstenerse. Si ninguno de los partidos obtuviese en segunda vuelta más del 50% deberían repetirse las elecciones, pasados dos meses que la ciudadanía debe utilizar para reflexionar.

* La segunda vuelta se celebrará quince días naturales después de haberse efectuado la primera vuelta.

* La primera vuelta servirá para designar a los Diputados al Congreso de España, a los Diputados a los Parlamentos Autonómicos, y a los Concejales de los Ayuntamientos.

* La segunda vuelta servirá para nombrar al Presidentes del Gobierno de España, a los Presidentes Autonómicos, y a los Alcaldes.

* A continuación ponemos un ejemplo para que se entienda mejor:

    * Supongamos que se trata de la elección del Presidente del Gobierno de España. A continuación de haberse realizado elecciones generales, con circunscripción electoral de todo el Estado Español, en que no se han asignado Diputados a los partidos que han obtenido menos del 3% de los votos, han obtenido 100 Diputados el Partido A, 80 el B, 70 el C, 50 el D, 30 el E, y 20 el F (lo que suma 350 Diputados).

    * Puesto que ningún partido ha obtenido mayoría absoluta (más de 175 Diputados), quince días naturales después se efectúa la segunda vuelta, en la que solo participarán los partidos A, B, y C (que suman 250 Diputados, que son más del 70% de los 350), y tienen derecho a votar todos los ciudadanos españoles.

    * En esta segunda vuelta el resultado es que el partido A obtiene el 38% de los votos, el B el 52%, y el C el 10%.

    * Puesto que el B ha obtenido mayoría absoluta, será el candidato de este partido el que sea nombrado Presidente del Gobierno de España por cuatro años. No podrá ser cesado por voto de censura como el actual vigente en España, en que se pone a otro por los votos del 50% más uno de los Diputados. Si le cesa el Parlamento por voto de censura, deberá ser porque voten en su contra más del 60% de los Diputados. Y si es cesado quedarán convocadas automáticamente nuevas elecciones generales.

    * Los Diputados al Congreso de España serán los que hayan obtenido el Acta en la primera elección, por lo que tendrán Diputados los Partidos A, B, C, D, E, y F, que entre todos ellos suman los 350.

Como se ve en este ejemplo, la doble vuelta sirve para nombrar, con decisión de la ciudadanía, al Presidente del Gobierno. Pero no sirve para solucionar la atomización de partidos, que sin duda dará problemas en el Parlamento a ese Presidente, e incluso correrá el riesgo de ser cesado y de que se vuelvan a convocar elecciones generales. Pero esto se llama democracia, porque si la ciudadanía decide votar a siete partidos no hay nada que objetar. El país vivirá dividido por lo que piensan y sienten sus ciudadanos, pero estos son soberanos para votar como quieran.

La segunda vuelta, que se utiliza en muchos países con democracias consolidadas, no les gusta a ninguno de los partidos españoles, como lo demuestra el que ninguno ha propuesto la misma. Seguramente es que están acostumbrados al sistema actual, y no quieren cambios.

El sistema actual permite a partidos grandes y pequeños tocar poder, a los pequeños obtener el Ministerio o la Concejalía de Obras Públicas y alguna otra, y así financiar al partido, y a veces a alguno de los políticos responsables.

La financiación de los partidos es un mal español, que debería resolverse. Los partidos deben financiarse algo por el Estado y mucho por sus militantes y votantes. Y deben acostumbrarse a vivir en forma mucho más austera. Además, hay que poner controles eficaces para hacer mucho más difícil la corrupción. Y tienen que ir a la cárcel durante muchos años los corruptos.

Con la segunda vuelta son los ciudadanos los que deciden quién gana las elecciones. Ejercen así su poder soberano, quitando a los políticos la posibilidad de alcanzar acuerdos que los ciudadanos no desean.

La segunda vuelta electoral evitará que los políticos lleguen a pactos contra natura, sin haber recabado previamente la autorización de la ciudadanía.

Por ejemplo, en la anterior legislatura, en la Comunidad de Extremadura gobernó el PP, aunque el PSOE obtuvo más votos, por un pacto del PP con IU (Partido Comunista). Lo que es una aberración para el sentido común.

Y lo mismo en Andalucía, con una coalición entre socialistas y comunistas (los cuales en España siempre se han llevado muy mal), para evitar que gobernase el PP, que obtuvo casi mayoría absoluta en aquellas elecciones.

Con la segunda vuelta se resolverá democráticamente (decidiendo la ciudadanía y no los políticos) el hecho de que ningún partido alcance la mayoría absoluta.

Y con la segunda vuelta se eliminará la no democrática propuesta (impulsada normalmente por la derecha, que frecuentemente padece el problema) de que gobierne la lista más votada, cuando ningún partido ha alcanzado la mayoría absoluta.

Por supuesto que una segunda vuelta podría haber dado en Extremadura el poder a la coalición que acordaron los políticos. Y lo mismo en Andalucía. Pero lo que decidan los ciudadanos no va contra natura. Es su decisión, y punto. En democracia el pueblo es soberano.

Consecuentemente se propone un referendo de obligado cumplimiento por el que la ciudadanía española decida si debe existir la segunda vuelta en cualquier tipo de elecciones, incorporándose el resultado a la Constitución. En el texto sometido a referendo se incluirá el procedimiento concreto de cómo se realizará la segunda vuelta, que si es aprobado se incorporará a la Constitución, evitando así que se deje para ser desarrollado por una ley complementaria en la que la ciudadanía no participaría y los políticos apañarían el texto del procedimiento en la forma más conveniente para ellos.

18.26- Regulación legal del Derecho de Manifestación

El Artículo 21 de la Constitución dice:

1. Se reconoce el derecho de reunión pacífica y sin armas. El ejercicio de este derecho no necesitará autorización previa.

2. En los casos de reuniones en lugares de tránsito público y manifestaciones se dará comunicación previa a la autoridad, que sólo podrá prohibirlas cuando existan razones fundadas de alteración del orden público, con peligro para personas o bienes.

Este artículo es una verdadera barbaridad, como se razona más adelante. Pero previamente hay que decir lo siguiente:

Los muchos años de intenso sindicalismo y de cultura de izquierdas por los que ha atravesado España, como reacción a los muchos años de represión y cultura de derechas del franquismo, han sublimizado la necesidad y la legitimidad de las manifestaciones, como máximo exponente de expresión democrática de los que no concuerdan en algo con lo efectuado o decidido por los que detentan legalmente el poder.

Por supuesto, en los últimos 41 años las Leyes han existido y los Tribunales también. Pero la izquierda no ha dejado nunca de utilizar las manifestaciones como medio de presión, de efecto altavoz, y de intento de lograr lo que se sospecha que legalmente no se obtendrá. En ese empeño han ido aprendiendo los de derechas, y en los últimos tiempos han ido también convocando manifestaciones con los mismos objetivos que sus contrarios ideológicos.

Resulta sorprendente, en un Estado de Derecho, que ese derecho a manifestarse (lo que habitualmente se hace con mucho ruido) sea ejercido sin tener en cuenta cuantos son los manifestantes respecto al total de españoles que tienen opinión contraria a ellos y que no se manifiestan. Lo que sin duda deslegitima a los manifestantes.

Es demasiado frecuente que muchos políticos y sindicalistas de izquierdas (y los de derechas que han ido aprendiendo) convoquen manifestaciones cuando los que detentan legalmente el poder toman decisiones que no les gustan.
Sin duda esa costumbre de pensar, como primera medida a tomar, en convocar una manifestación, proviene de tiempos antiguos, cuando el amo (de la tierra, de la mina, o de la fábrica) dominaba dictatorialmente, y a sus siervos solo les quedaba bien la manifestación en contra, bien la huelga de hambre, o bien el sabotaje.

En un Estado de Derecho no hay amos ni siervos. Solo hay Leyes, Tribunales, y Ciudadanos.
Y existe el Artículo 1.2 de la Constitución que dice:
La soberanía nacional reside en el pueblo español, del que emanan los poderes del Estado.
O sea, en todo el pueblo español, y no solo en los que se manifiestan, por mucha presión que hagan y ruido que metan.

En un Estado de Derecho, como España nos gustaría que fuese, se precisan muchas menos manifestaciones y muchos más referendos de obligado cumplimiento. Esa es la única forma de que todos los españoles decidan (Artículo 1.2) en lugar de que una minoría presione con manifestaciones a los que en cada momento ostentan el poder, y que, desgraciadamente, en más casos de los que debieran, se acojonan y ceden.

Es por ello por lo que muchos españoles piensan que el Artículo 21 de la Constitución debe ser redactado en forma mucho más restrictiva.
No se debe estar frecuentemente cortando el tráfico del centro de las ciudades, y molestando a los residentes, comerciantes, forasteros, y turistas de esas zonas, en la excesiva manera en que se hace frecuentemente en España.
Y tampoco es de recibo que unos miles de personas metan todo el ruido que puedan, y molesten lo máximo posible, cuando en un referendo perderían por goleada.

El Artículo 21 de la Constitución está redactado para los ciudadanos españoles, a los que otorga el derecho de manifestación. A los ciudadanos españoles, no a los extranjeros legales e ilegales que residen en España.

Por ello, las que estos realicen son ilegales sin que necesiten pronunciarse ni las autoridades administrativas ni las jurisdiccionales. Y consecuentemente deben ser dispersadas por la Policía, y sus líderes detenidos.

Es preciso recordar esto, puesto que en los últimos años se han producido manifestaciones de ciudadanos no españoles, exigiendo el reconocimiento de unos derechos que les interesaban y que ni la Constitución ni las Leyes Españolas les otorgan. Supuestos derechos que si se les conceden costarán mucho dinero a los ciudadanos españoles, que deberán pagarlos con sus impuestos.

Volvamos ahora a por qué el Artículo 21 de la Constitución es una verdadera barbaridad. Se recuerda que dice:

1. Se reconoce el derecho de reunión pacífica y sin armas. El ejercicio de este derecho no necesitará autorización previa.

2. En los casos de reuniones en lugares de tránsito público y manifestaciones se dará comunicación previa a la autoridad, que sólo podrá prohibirlas cuando existan razones fundadas de alteración del orden público, con peligro para personas o bienes.

El que no se necesite autorización previa para reunirse más de 50 personas (que no estén de boda, cumpleaños, duelo, o que les haya tocado la lotería) es una aberración. Mejor es que se someta a referendo de obligado cumplimiento el que:

* la Constitución especifique los motivos por los que la Autoridad Administrativa concederá automáticamente permiso para reunirse, pero debiendo los promotores, con la antelación precisa, dar comunicación previa.

* y en los restantes casos, la Autoridad Administrativa decidirá si da o no esa autorización, debiendo siempre tomar la decisión de darla en forma restrictiva.

El punto 2 es otra aberración. No puede permitirse a los convocantes el que realicen manifestaciones por cualquier lugar que deseen. No puede ser que la Constitución permita el caos. Si así lo hacen, los convocantes deben incurrir en ilegalidad, y sus líderes en responsabilidades civiles y penales.

Estamos acostumbrados a ver "rodear el Congreso" sin que los políticos que mandan hayan hecho nada para cambiar la Constitución, que permite hacerlo, puesto que esta "reconoce el derecho de reunión pacífica y sin armas".

Hay que derogar el punto 2, por medio de referendo de obligado cumplimiento, de forma que en ningún caso las manifestaciones puedan legalmente obstaculizar el tránsito público, ni producir daños ni molestias a los residentes o transeúntes de las zonas por las que transcurran, ni perjudicar ni al tráfico ni al comercio.

Con esa nueva redacción del Artículo 21 los activistas que se ganan la vida convocando y participando en manifestaciones se verán muy frustrados. Pero no importa. Deben aprender que en un Estado de Derecho, que es la base de una verdadera Democracia, los cauces para lograr las cosas son los referendos (con los que se pueden cambiar las leyes que no les gusten), y los Tribunales que aplican las leyes vigentes o las nuevas que se aprueban.

En España es frecuente que el poder (hoy en manos de unos, y ayer en manos de sus contrarios) actúe ilegítimamente, y se niegue a actuar por referendo en los asuntos importantes. Y por ello solo le quede al ciudadano el recurso al pataleo. Consecuentemente lo de que no deben existir manifestaciones en España, es realmente un deseo futurible, pero por ahora no totalmente válido. Pero en algún momento hay que empezar a cambiar la situación, y lo expuesto en este punto es una forma razonable de comenzar a hacerlo.

18.27- Regulación legal del Derecho de Huelga

El Artículo 28 de la Constitución, en su punto 2, dice:

2. Se reconoce el derecho a la huelga de los trabajadores para la defensa de sus intereses. La ley que regule el ejercicio de este derecho establecerá las garantías precisas para asegurar el mantenimiento de los servicios esenciales de la comunidad.

Claramente la Constitución reconoce el derecho de huelga. Y claramente ordena que se desarrolle una ley que regule el ejercicio de ese derecho.

Pues bien, desde 1978 hasta hoy (Marzo 2019) los políticos de derechas y de izquierdas no se han puesto de acuerdo, y aunque han podido hacerlo (el PSOE y el PP han tenido legislaturas con mayoría absoluta de Diputados) es evidente que no han querido desarrollar la Ley de Huelga. Y por ello, el mandato constitucional durante 41 años no lo han cumplido los políticos que han pasado por el poder. Muchos creemos que han prevaricado, aunque ningún Fiscal ni Tribunal les ha exigido responsabilidades penales por ello.

Desde 1980 hasta 2000 hubo muchas huelgas. Un buen número de ellas lo fueron por razones políticas, pero sufriendo el público en general y las empresas en particular la irracionalidad e ilegitimidad de muchas de ellas.

Desde 2008 la crisis ha justificado la enorme disminución de derechos de los trabajadores, con lo que hoy es sencillo y barato despedir. Y eso si no le interesa más al empresario cerrar su empresa, abrir otra en India con trabajadores indios, o en China con trabajadores chinos, y desde allí importar a España como si se tratase de empresas de allende los mares que exportan a España.

Hoy en día hay muchas menos huelgas que en 1990, menos duras, con menos exigencias laborales, y realmente circunscritas a empresas de transporte municipal, empresas públicas, servicios públicos, y muy grandes empresas semipúblicas.

Pero las cosas pueden, y seguro que cambiarán, cuando salgamos de la crisis. Cuando salgamos volveremos a tener grandes y duras huelgas ilegítimas si los políticos siguen sin cumplir con su deber, de desarrollar una justa Ley de Huelga.

Hay que reformar la Constitución, mediante referendo de obligado cumplimiento, de forma que al Artículo 28 se le añadan los cinco puntos siguientes:

3. La huelga es un conflicto entre empleador y empleado. Por ello el resultado de la misma nunca deberá perjudicar a terceros. En especial, los servicios mínimos se fijarán teniendo en cuenta la realidad, que es que en horas punta los servicios públicos están ocupados al 100%, y por tanto ese debe ser el servicio mínimo fijado para esos tramos horarios.

4. La no cumplimentación de los servicios mínimos, y las amenazas o sabotajes, crearán para los implicados y para los convocantes de la huelga, además del despido procedente de su puesto de trabajo, graves responsabilidades civiles y penales que la Fiscalía queda obligada a perseguir.

5. La huelga no resuelta en acuerdo en siete días naturales, será resuelta por la Jurisdicción Laboral mediante Laudo de Obligado Cumplimiento, cuyo incumplimiento acarreará a los convocantes y trabajadores incumplidores, además del despido procedente de su puesto de trabajo, graves responsabilidades civiles y penales.

6. El Gobierno deberá presentar antes de seis meses al Parlamento, bajo delito de prevaricación en caso de incumplimiento, un Proyecto de Ley para defenderlo en el mismo, con la intención de llegar a los acuerdos precisos para que antes de nueve meses esté vigente una Ley de Huelga que cumpla con lo estipulado en este Artículo.

7. Toda la normativa legal no concordante con este Artículo, queda derogada.

El Artículo 37 de la Constitución dice:

1. La ley garantizará el derecho a la negociación colectiva laboral entre los representantes de los trabajadores y empresarios, así como la fuerza vinculante de los convenios.

2. Se reconoce el derecho de los trabajadores y empresarios a adoptar medidas de conflicto colectivo. La ley que regule el ejercicio de este derecho, sin perjuicio de las limitaciones que pueda establecer, incluirá las garantías precisas para asegurar el funcionamiento de los servicios esenciales de la comunidad.

Consecuentemente con lo expuesto anteriormente, debe reformarse el Artículo 37, mediante el mismo referendo que se acaba de enunciar, para que quede redactado en la forma siguiente:

1. La ley garantizará el derecho a la negociación colectiva laboral entre los representantes de los trabajadores y empresarios, así como la fuerza vinculante de los convenios.

2. Se reconoce el derecho de los trabajadores y empresarios a adoptar medidas de conflicto colectivo. La Ley de Huelga mencionada en el Artículo 28 regulará el ejercicio de este derecho.

18.28- Necesidad de definir límites a la libertad de expresión

Hoy en día hay una amplísima manga ancha con la libertad de expresión. En los mítines y en los medios de comunicación se dicen frecuentemente enormes burradas, insultos, descalificaciones, y demás, sin que exista ninguna norma legal que obligue a los fiscales a pedir cuentas por ello.

El sentido común, la honestidad personal, y el buen gusto, dictan que no todo puede ser legal. Que los individuos que así actúan deben responsabilizarse por sus hechos, y que la ciudadanía en general debe recuperar una forma de convivencia de que no todo vale, y de que la libertad de uno tiene el límite de la agresión al prójimo.

Cualquier persona adulta, con neuronas en buenas condiciones, conoce bastante bien los límites de la libertad de expresión.

Por ejemplo, no le puedo llamar hijoputa a uno (más bajito y enclenque) con el que me cruzo por la calle, porque además de ser de mala educación, es una falta por la que me condenaría un Juez si este asunto le llegase a su Juzgado.

Pues bien, esto que está bastante claro para cualquier bien nacido, no parece estar muy claro cuando asuntos politizados llegan a los Tribunales.

Por ejemplo, las soflamas que hacen en lugares públicos y en medios de comunicación los políticos nacionalistas separatistas.

Por ejemplo, la insinuación, más o menos explícita, de que actuaciones de la Guardia Civil que no gustan a determinadas personas (políticos o paisanos) se califican públicamente de ser malintencionadas, sin aportar ninguna prueba de que sea así.

Y podrían ponerse diez ejemplos más recogidos de los medios de comunicación del último mes.

España necesita que los políticos cuando hablan en público, y cualquier persona cuando escribe o habla en los medios, tenga límites bien definidos de la libertad de expresión. De forma que traspasar esos límites suponga persecución de oficio por la Fiscalía General del Estado, que deberá aplicar nuevos delitos y faltas que cometerán quienes traspasen los mismos.

Para que eso funcione, y para que la vida de los españoles sea más respetuosa con el prójimo, es necesario que se definan en la Constitución los límites de la libertad de expresión. Y quizá ello deba hacerse por medio de un Artículo nuevo a incorporar a la misma, en la que se definan en forma general los límites, citando además que una Ley Orgánica desarrollará el detalle de la casuística de esos límites, de forma que ninguna autoridad ejecutiva ni jurisprudencial pueda dar el lamentable espectáculo que de vez en cuando se observa de que la misma califica algo, que cualquier bien nacido considera extralimitación, como de estar dentro de los límites porque ello afecta a personas o ideologías queridas por el que así califica.

18.29- Banca pública

España precisa una impresionante inversión para modernizar su entramado industrial, que desde 2007 a 2019 ha sufrido un fuerte parón tecnológico, lo que ha vuelto a muchas de sus instalaciones obsoletas y a otras con costes operativos no competitivos. Y a la vez necesita una inmensa inyección financiera para potenciar la exportación, que es la única forma de que en pocos años se llegue al necesario y ansiado 3% de paro.

Es una realidad que la banca privada está poniendo poco dinero en lo expuesto en el párrafo anterior. Obviamente porque no lo consideran buen negocio, puesto que hay que poner dinero por delante para que empresarios con gusto a la actividad y al riesgo cubran lo que no se ha invertido en España desde 2007. Y ya sabemos que a la banca privada le gustan los negocios en que el riesgo es bajo y el dinero se va dando con cuentagotas.

Es necesario reimplantar la banca pública en España para cubrir las inversiones necesarias en que la banca privada no quiere invertir.

También se necesita la banca pública para proporcionar todas las hipotecas que la ciudadanía demande, haciéndolo en condiciones razonables y competitivas, sin que el oligopolio que suele observarse en la banca privada perjudique a los demandantes de las mismas.

Con el fin de que España cuente con una importante red de banca pública para llevar a cabo esas acciones, el Gobierno debe renegociar los términos del Memorando de Entendimiento firmado con la UE, para poner en marcha una potente y eficaz banca pública a partir de las entidades ya nacionalizadas (Bankia y Banco Mare Nostrum), que no deben ser privatizadas, y del ICO.

Lo ideal para el país es la coexistencia de banca pública y banca privada, en la que la pública invierta en lo que es necesario pero la privada no quiere invertir, y para romper el oligopolio de la banca privada que se manifiesta en condiciones similares en todos sus bancos, brillando la competencia por su ausencia.

Las Cajas de Ahorro fueron un gran instrumento que algunos políticos y sindicalistas hundieron. La solución no debió ser eliminar las Cajas de Ahorro, sino eliminar de sus Consejos de Administración y Dirección a políticos y sindicalistas profesionales, aunque obviamente sometiéndolas a todos los controles que el BCE y el Banco de España consideren necesarios.

El Gobierno de Rajoy dió orden el 11Dic17 de vender el 7% de las acciones de Bankia. Nos pareció un gran error, puesto que si la mayoría del capital de este gran banco es público, debe conservarse así, y emprender desde esta situación la financiación mencionada anteriormente, a la que la banca privada no quiere atender, o pone condiciones inaceptables. Antes de vender ese 7% el Estado poseía el 67,63% de Bankia. Y puesto que al día de hoy mantiene la mayoría, así debe seguir.

En cuanto se reimplante la banca pública en todo el territorio español, empezará a ir hacia ella una gran cantidad de ahorro de los españoles, debido a que no es aventurado decir que más del 50% de estos prefieren tener sus cuentas en cajas y bancos públicos que en bancos privados. Con lo que pronto se llegaría al 50%-50% de fondos en la banca privada y la banca pública, como sucedía antes de que los políticos, principalmente del PP, pero también del PSOE, liquidasen la banca pública en España. Utilizando para ello el pretexto de que la banca privada es muy superior en capacidad de gestión, cuando la realidad es que los tremendos agujeros financieros que se crearon fueron debidos a la corrupción ejercida por políticos y sindicalistas desde los Consejos de Administración de la pública, y a poner al frente de esta a personas sin la experiencia bancaria necesaria, solo elegidas por el amiguismo con los políticos sentados en cada momento en la poltrona política.

Es obvio que la banca privada, y todos los grupos de presión alrededor de ella, lucharán con uñas y dientes para evitar que vuelva a resurgir la banca pública, y para que de una vez se privatice lo que hasta ahora está pendiente. La razón es evidente. El ahorro español es el que es (crece despacio), por lo que si se vuelve a reimplantar la banca pública, la privada perdería en pocos años el 50% de sus imposiciones actuales.

Los líderes actuales de la UE (que son principalmente los de Francia y Alemania) no son partidarios de la banca pública, porque son parte o están condicionados por los grupos económicos de presión que dominan actualmente la UE.

Ello tendrá la consecuencia de que si un Gobierno de España de izquierdas (que es probable que salga de las elecciones generales de 28Abril19) quisiese llevar a cabo lo expuesto en este punto, se encontrará con todo tipo de obstáculos que le pondrán los citados líderes de la UE.

La existencia de la banca pública en España es tan importante, que si los líderes de la UE impidiesen que se crease, España debería abandonar la UE. En otros sitios de este libro ya hemos dicho que la UE funciona inadecuadamente para los países del sur de Europa, y que por ello debe ser reformada. Si a ello se suma su oposición a la banca pública en España ello sería la última razón necesaria para que nuestro país siguiese los pasos del Brexit del Reino Unido, y pusiese en marcha el Spexit.

Debe realizarse un referendo de obligado cumplimiento para someter a aprobación de la ciudadanía un texto que defina como debe ser y funcionar la banca pública en España y como debe ser dotada de medios y de personal directivo y de control, y en caso de aprobación debe ser incorporado ese texto a la Constitución.

18.30- Monarquía o República

Allá por el año 2030 quizá sea un buen momento para someter a referendo de obligado cumplimiento si los españoles desean seguir con Monarquía o inaugurar la Tercera República.

Bueno será aprovechar desde hoy hasta el 2030 para que los ciudadanos españoles vayan adquiriendo conciencia de las ventajas e inconvenientes de cada uno de los dos sistemas, Monarquía y República.

Ya sabemos que hace tiempo que los políticos profesionales y sus partidos están posicionados al respecto. Sabemos que el PP siempre ha sido monárquico, que el PSOE siempre ha preferido la república, y que los comunistas son sin duda republicanos. Y de los demás partidos, no está claro.

Pero son los ciudadanos los que deben recibir abundante información y llegar cada uno de ellos a su propia conclusión. Y eso requiere tiempo. Si se empieza hoy ese trabajo, allá por 2030 el país estará maduro para tomar una sabia decisión al respecto, por medio de un referendo de obligado cumplimiento,

Sería un engaño de la clase política a la ciudadanía española el retrasar indefinidamente ese referendo alegando en cada nueva legislatura que los problemas existentes en ella no aconsejan meterse con uno más, y muy importante, como es este.

Desde que murió el General Franco, España ha adoptado la Monarquía como sistema para cubrir la Jefatura del Estado. A Juan Carlos I lo nombró el General Franco para sucederle a su muerte en Noviembre 1975. Fue Rey con grandes poderes desde esa fecha hasta que el 29 Diciembre 1978 se publicó la Constitución Española en el Boletín Oficial del Estado, y con ello obtuvo plena vigencia. En la Constitución quedaban muy mermados los poderes del Rey, respecto a los heredados del anterior Jefe del Estado.

Supongo que para un extranjero es sumamente curioso (no para los españoles que sabemos lo que hubo detrás de las bambalinas) el que el General Franco decretase que su sucesor a título de Rey sería D. Juan Carlos, y que después los políticos de derechas, de izquierdas, y nacionalistas, negociasen y acordasen una Constitución, en la que diesen por bueno el sistema que el Dictador había creído que sería el mejor para España y para sus partidarios, y encargasen a la misma persona ese puesto.

¿Qué es objetivamente mejor, Monarquía o República?. Cada país tiene lo que su historia le ha traído. Y solo grandes convulsiones han llevado al cambio de uno por otro sistema. Aunque la realidad es que los cambios siempre han sido de Monarquía a República. No recuerdo ninguno en que fuese al revés.
Y es un hecho que, en el Primer Mundo, la inmensa mayoría de países son Repúblicas.
Y es una realidad hoy en día que entre los países democráticos la República es la que está establecida en la inmensa mayoría de ellos. Y también que la Monarquía de esa minoría de países es una "Monarquía Parlamentaria", esto es, con un Rey (Jefe del Estado) que en la práctica tiene muy pocos poderes.
Y esto suele significar que se le atribuye exclusivamente el papel de Árbitro en las situaciones difíciles, aunque la ley no le permite que sus arbitrajes sean de "obligado cumplimiento". Lo que en la práctica significa que los políticos disconformes se pasen por el forro las "recomendaciones" del Monarca que no les gusten.

Eso contrasta con los Presidentes de República. No conozco ninguna República en que su Presidente tenga atribuidas por ley unas funciones tan escasas como las que tiene el Rey de España.

Entonces, ¿en España, qué? . ¿Seguimos con Monarquía, o pasamos a República?.

En España se ha derramado mucha sangre en los Siglos XIX y XX por parte de los que defendieron uno u otro sistema. Por tanto, no es un asunto para tomárselo a broma.
Con la perspectiva existente en 2019 es muy difícil que ningún Presidente de Gobierno (ni de derechas ni de izquierdas), o Alto Jefe Militar, vaya a sacar el Ejército a la calle para mantener la Monarquía o para instaurar la República. Y si lo sacasen, ya veríamos si los soldados dispararían contra sus conciudadanos, o contra sus mandos.
Pero lucha legal, toda. Y meter dinero a espuertas (procedente de fuentes españolas y/o extranjeras) para conseguir los fines de cada grupo, también. Y manifestaciones con activistas violentos, seguro que algún día empezará a haberlas. Y algún asesinato político, más adelante quizá.

En los últimos años se han visto en España ataques serios a la Monarquía Española, realizados en forma sutil. Es evidente que esos ataques los diseñan y dirijen los que quieren desacreditar a la Monarquía, para provocar que salga a la palestra pública la discusión de Monarquía o República.

Lo que, por cierto, los españoles no pudieron elegir en 1978 puesto que el texto constitucional no se votó por la ciudadanía Artículo por Artículo (o al menos por temas monográficos) como hubiese sido deseable, sino que aquello fue un paquete que contenía el pacto alcanzado entre los líderes de las diversas grandes fuerzas políticas, en el que la izquierda consiguió la posibilidad real de alcanzar algún día el poder, a cambio de dejar a los franquistas y a los derechistas que colasen en el texto la forma monárquica, y otros temas que consideraban importantes para ellos.
Y todos ellos se perdonaron mutuamente sus delitos del pasado.

¡Qué habilidosos fueron, y como convencieron a los españoles que votaron a favor, en porcentaje mínimamente suficiente para aprobarla, de que esa Constitución era la mejor del mundo mundial!.

Es verdad que el Rey Juan Carlos ha cometido errores que hubiesen obligado a dimitir al Presidente de la República de cualquiera de los países con un avanzado Estado de Derecho. Pero eso tiene solución monárquica, como se ha visto en 2014, abdicando y permitiendo así que su hijo fuese nombrado Rey de España.

En España hoy la sociedad está profundamente dividida. O mejor dicho, los políticos de izquierdas, de derechas, y nacionalistas independentistas, no han hecho nada porque los ciudadanos convivan políticamente en paz, sino que más bien por el contrario han echado y echan toda la gasolina que pueden al fuego de dividir a la ciudadanía.
Por ello en España hoy hay riesgo de que cualquier intento de cambio importante lleve a intensa lucha, que podría incluir violencia de activistas y terroristas. Para esta situación recuerdo un slogan de una consultora de organización que hace años adoptó el lema de *"cuando el problema es el cambio, la solución es cambiar"*

Hay bastante gente que opina que lo mejor es que sigamos por ahora con Monarquía, y logremos que esta pronto restañe las heridas que ella misma se ha causado.
Esta consideración es correcta durante algún tiempo. Pero diez años es un período suficiente para que al final del mismo los españoles decidan en referendo de obligado cumplimiento si desean seguir con Monarquía o inaugurar la Tercera República.

El que sea Rey de España o sea Presidente de la República Española es lo mismo a efectos de las funciones constitucionales que debe tener y ejercer la máxima figura política del Estado.
Un Jefe de Estado que no pinte nada políticamente (como es la situación actual) es un lujo innecesario y sumamente costoso.

Muchos españoles piensan que es esencial para España que dos funciones anteriormente citadas (convocatoria de elecciones anticipadas y arbitraje de obligado cumplimiento) sean potestad exclusiva del Jefe de Estado.

Y también piensan que los contrarios a que las detente argumentarán que ello conduciría a que en menos de una decena de años el Jefe del Estado se habría quemado, al haber tomado unas decisiones que no le gustaron a la derecha, otras que no le gustaron a la izquierda, y casi todas que no les gustaron a los nacionalistas independentistas.

Ese es el precio que se paga por ocupar un puesto importante. Que uno, si cumple con su deber, y no hace solo lo "políticamente correcto", se quema.

Si uno es el Presidente de la República no importa, porque es normal que su nombramiento no le permita ocupar ese puesto más de ocho años (dos legislaturas), de forma que cuando está quemado abandona el puesto, que lo ocupa otro que viene virgen de quemaduras.

Pero si uno es Rey, y quiere que su hijo y su nieta le sucedan en su día, ese problema claro que tiene importancia (para la Monarquía y los monárquicos, se entiende), porque al quemarse no solo se quema el titular, sino que salpica a su descendencia.

Aun así, muchos mantienen que esas dos funciones deben pasarse en exclusiva al Jefe del Estado. Y si el sistema monárquico no puede persistir si las desarrolla honestamente, habrá que pensar que ese sistema es inferior al sistema republicano, y actuar en consecuencia. O sea, cambiar de Monarquía a República.

Esa chorrada, que dicen los que quieren que a la Monarquía no le salpique ningún hecho negativo que se produzca en el país, de que "el Rey reina pero no gobierna" (en la Constitución no se dice nada de esto) no justifica el alto coste de la Monarquía. En las cúpulas se necesita siempre a decisores, y nunca a hombres o mujeres de paja.

Sería inaudito que el Presidente del Gobierno de España, cada Presidente de Autonomía, el Presidente del Tribunal Supremo, el Gobernador del Banco de España, el Fiscal General del Estado, etc., etc., fuesen personas sin funciones ejecutivas del máximo nivel. Sería rechazado hasta por el ciudadano menos formado.

Pues lo mismo debe ser con el Jefe del Estado.

¿Y si eso no es exclusivo de España, y hay otros países democráticos que tienen Jefes de Estado meramente de adorno?. Pues emulando a Unamuno diría que peor para ellos. En España necesitamos lo que nos puede ir bien a nosotros, y copiar a otros no es necesariamente lo mejor. D. Miguel, que fué un hombre sabio, dijo aquello de "¡que inventen ellos!" cuando quiso rechazar la investigación científica que se quería imponer en España, para la que entonces nuestro país no estaba preparado para llegar a ser una de las grandes potencias científicas del mundo, haciendo esto en forma de abandonar otros campos en que España podía llegar a estar entre las primeras potencias mundiales.

Consecuentemente con lo anterior, antes de que termine 2030 debe someterse a referendo de obligado cumplimiento si los ciudadanos españoles desean Monarquía o República.

Puesto que el Artículo 1 punto 2 de la Constitución dice
"La soberanía nacional reside en el pueblo español, del que emanan los poderes del Estado",

los españoles deberemos ejercer nuestro derecho de elegir Monarquía o República por elección directa, y no dentro de un paquete, donde entren muchos otros temas, paquete fabricado por los políticos con arreglo a sus intereses personales y de sus partidos.

Y desde luego el Rey o el Presidente de la República que salga de ese referendo deberá tener más poderes que los actuales del Rey de España. Para ello debe simultáneamente someterse a referendo el que el Jefe del Estado tenga un poder real de Arbitraje y el que tenga el poder exclusivo de Convocar Elecciones Anticipadas en el Estado, en cada una de las Autonomías, y en cada uno de los Municipios.

Los radicales defensores de uno u otro sistema han sido los culpables de que en España se haya derramado mucha sangre en los tiempos pasados. Esperemos que cuando se elija entre uno u otro sistema se haga por los cauces pacíficos y democráticos que la actual Constitución Española establece.

18.31- Legítima defensa y Armas
18.31.1- Legítima defensa

La legítima defensa debe incluirse en la Constitución por medio de referendo de obligado cumplimiento, logrando así que los sucesivos políticos que tomen el poder en el futuro no puedan cambiar el texto fácilmente, en función de sus filias y fobias.

Es inaudito el caso que se ha dado recientemente. Unos delincuentes, armados con armas blancas entran en un domicilio en el que están padre, madre, e hijos, y amenazan con llevarse lo que quieran o de lo contrario emplear la violencia. Ello se traduce en miedo en la familia por el riesgo no solo de ser robados, sino peor de ser heridos o muertos.
El padre es un policía, que logra coger su pistola, disparar sobre los delincuentes, con el resultado de que uno resulta muerto y los otros huyen.
El Tribunal correspondiente (suponemos que en primera instancia) ha emitido la sentencia de condenar a tres años de prisión a los delincuentes, y condenar a veinte años de prisión al padre no aceptando la legítima defensa.

El caso anterior no merece comentario. Hay que realizar un referendo de obligado cumplimiento que introduzca en la Constitución un artículo que defina la legítima defensa en forma concreta, de manera que los Fiscales y Jueces tengan ninguna capacidad de opinar diferente. Debe ser definida de forma que quien en su casa sea asaltado tenga presunción de inocencia, y deba ser en el asaltante en el que recaiga la carga de la prueba de que no intimidó, y no provocó miedo insuperable a los que estaban en la casa. Debe ser prueba circunstancial el que entren en la casa más de uno, que quien entre sea fornido y mal encarado, que los uno o varios lleven algún arma blanca de cualquier tipo, y que no pueda o no puedan probar que entraron en la casa en plan de visita social. También debe ser prueba circunstancial el que entren en la casa entre las 8 pm y las 10 am.

En caso de duda primará el conceder la legítima defensa plena a quien estaba en su casa y fue asaltado. Y como resultado ser exonerado de cualquier responsabilidad penal y civil.

En suma, debe modificarse la legislación actual, por medio de definir la legítima defensa en un artículo de la Constitución de forma que:
* Exista la presunción de inocencia para quien se defiende estando en su casa, y siendo atacado bien por un individuo con cualquier clase de arma, o bien con mayor corpulencia, fuerza, o juventud, o bien por más de un individuo aunque no lleven armas de ningún tipo.
* En el caso de que el Tribunal aprecie que el atacado no actuó en legítima defensa, por haber usado algún subterfugio para atraer al o a los asaltantes a su casa, y habiendo herido o matado a uno o varios de los asaltantes, la pena de cárcel del asaltado deberá ser siempre notablemente menor que para cualquiera del o de los atacantes.

18.31.2- Armas

Las armas están muy reguladas en España.
Las navajas de más de 11 centímetros de hoja están prohibidas. Y el resto de armas blancas también está prohibido portarlas y usarlas como elemento de defensa, salvo que el que se defiende demuestre que lo hizo en legítima defensa. Lo cual, no le va a librar de ser procesado por llevar ilegalmente un arma blanca.
Paradójicamente los cuchillos y hachas de cocina, que a veces tienen dimensiones enormes, se pueden comprar legalmente en cualquier ferretería o hipermercado, y tenerlos legalmente en casa en cualquier lugar fácilmente accesible. Lo cual en teoría dota al ocupante de la casa de un poderoso elemento de defensa. Aunque en la práctica la gente honrada, en su 90%, no los utilizaría en ningún caso, y el restante 10% dudaría el tiempo suficiente para que el o los asaltantes le acuchillasen o baleasen antes de decidirse a utilizarlos.

Las armas de fuego son de tres tipos:
* Armas para tiro deportivo, que normalmente son pistolas de un solo tiro, con balas de pequeño calibre y poca potencia. Es fácil obtener licencia, si se prueba que realmente se está inscrito en un club de este tipo, y regularmente se va allí a practicar.
* Armas de caza:
        * Escopetas de cartuchos para cazar perdices y conejos, que tienen normalmente dos cartuchos, y que en el calibre 12 matan a un ser humano a quince metros si le dan en el corazón o en la cabeza. Y más peligrosas aún si el presunto cazador mete postas (bolitas de acero) en los cartuchos. Son fáciles de obtener licencia, y en España hay millones de estas escopetas (muchas más que perdices y conejos).
        * Fusiles de balas para caza mayor. Es fácil obtener licencia si se prueba que se es socio de un coto, y que se va a cazar al mismo. La licencia suele concederse para cinco fusiles. Con mira telescópica un buen tirador mata un jabalí a 1.000 metros. Y a un ser humano que anduviese por allí disfrazado de jabalí. Seguramente hay en España muchos más fusiles de caza que jabalíes y ciervos en cotos.

* Armas cortas (pistolas y revólveres). Es casi imposible obtener licencia, salvo que se sea vigilante profesional con empleo fijo en una entidad conocida, o se transporten documentos, dinero, joyas, o valores en cantidades importantes. Para protección personal es casi imposible obtener licencia, salvo que se sea policía o militar retirado, o político o magnate supuestamente amenazado.

En España hay unos tres millones de escopetas, fusiles, pistolas de tiro deportivo, y armas cortas en poder de particulares, lo que quiere decir que hay muchísimos hogares armados. Aunque no tienen facilidad de usar esas armas en caso de ser asaltados en su casa por delincuentes, porque la ley ordena como tienen que estar guardadas (en armarios cerrados y con la munición aparte), con lo que el asaltado será acuchillado o disparado por el delincuente mucho antes de que pueda usar su arma.

La realidad actual es que cualquier hombre o mujer que se sienta intimidado (por vivir en determinada zona, por andar por la noche por sitios solitarios, por estar amenazada de muerte por novio, marido, o ex marido, tendrá que tragarse su miedo e intentar sobrevivir. Y si en caso de agresión pide socorro tendrá suerte si la policía llega a tiempo para llevarle al hospital antes de fallecer.
Los políticos que han decidido y que mantienen esta legislación no tienen problema. Ellos están protegido por policías las 24 horas del día 7 días a la semana.

En cuanto a armas cortas ilegales la situación es totalmente diferente:
* En España se puede conseguir una de estas armas sin excesiva dificultad y a coste aceptable para el que la necesita o quiere. Tiene el problema de que como no se conoce a quien vende, el arma o la munición pueden estar defectuosos, el vendedor puede delatarle a la Policía, o incluso puede intentar comprar el arma a un policía disfrazado de vendedor (con lo que va directamente al trullo).
* La libertad de movimiento de personas, hace que con coche sea fácil y legal moverse por 28 países de la UE, y en los países en que hay muchas armas incontroladas por haber estado recientemente en guerra sea fácil entrar y salir sin que le registren a fondo el coche. Con ello hacerse fuera de España con una o varias armas cortas, y con su munición, es relativamente fácil y no muy costoso.
* Quien sea buen mecánico y pueda usar un taller con un buen torno, puede comprar una pistola o revolver inutilizado, y repararlo, lo cual la mayoría de las veces consiste en reponer el percutor que le han quitado. Son fáciles de comprar por coleccionistas y no necesitan licencia. Y un buen mecánico no tiene gran dificultad en volver a ponerlo en uso. Su mayor problema será conseguir munición.
* Otra cosa es que poseer un arma corta sin licencia en España es un delito, que lleva con seguridad a la cárcel, por lo que cualquier persona con dos dedos de frente tendrá que medir muy bien la necesidad de estar protegido frente al riesgo de ir a la cárcel por poseer el arma, y por dispararla en caso de legítima defensa en que el fiscal no opine lo mismo.

Cuando en los medios de comunicación se habla de ayudar a resolver el terrible problema de las mujeres amenazadas se habla de que hay que aumentar el presupuesto dedicado a este fin, dando por hecho que más dinero es una parte muy importante de la resolución del problema.

Las mujeres amenazadas en España no necesitan más dinero:

* Necesitan que se modifiquen las leyes para que se meta en la cárcel por mucho tiempo a los que las amenazan y que al salir de la cárcel se pongan muchos kilómetros de distancia entre ellos, con la obligación de personarse dos veces por día en una Comisaría de Policía.

* Necesitan mucha más Policía en las calles (Policía de Barrio) con medios que les permitan acudir a donde esté la amenzada en pocos minutos.

* Y necesitan que a la que lo requiera se le conceda un permiso de arma corta de fuego, de la misma forma que se le concede a muchos que solo guardan dinero, y que no tienen que defender su vida.

Ya sabemos que muchos hipócritas se echarán las manos a la cabeza por lo de defender dar licencia de arma corta a la amenazada que la solicite. Muchos de esos hipócritas están ahora protegidos por policías porque son políticos, y otros lo están porque tienen dinero para pagarse la protección.

Reto desde aquí a todos esos hipócritas para que renuncien a su protección personal a cambio de que nadie reciba permiso de armas.

Y cuando digo nadie, digo nadie. O sea, fuera licencias de todo tipo de escopetas de caza (que también se pueden usar para matar), y a las cinco armas largas, de balas, que muchos cazadores de caza mayor tienen en sus casas, muchos de los cuales hace mucho tiempo que no participan en ninguna cacería.

Y a esos "buenistas" que aborrecen las armas, y que luchan con todas sus fuerzas para que el ciudadano amenazado no pueda conseguirlas legalmente, hay que decirles que solo tendrán razón si consiguen que el Estado emprenda una lucha intensiva y eficiente para retirar todas las armas (blancas y de fuego) que tienen los delincuentes, dedicando a ello, en toda España, todos los recursos necesarios en medios y en funcionarios policiales.

No debe olvidarse una famosa frase que dice: *Cuando en un país las armas de fuego son ilegales, los ilegales no tienen problemas para conseguirlas.* Pero no es el mismo el riesgo para una persona honrada que busca poder defenderse (riesgo inaceptable de ir a la cárcel), que para alguien que vive al filo de la ley, o al otro lado de esta, en que el riesgo es aceptable por el beneficio que obtiene de poseer y portar un arma corta.

Este autor no es partidario de que se instaure en España una legislación que permita obtener legalmente armas en la misma forma que en USA. Si lo sería en el caso de que se haga de la misma forma que en Finlandia o Suiza. Y por supuesto con una legislación sobre legítima defensa en que sea el Fiscal el que tenga que probar que mató o hirió al asaltante al provocar a este una encerrona para que fuese a su casa y matarlo allí. En cualquier otra circunstancia se presumirá la legítima defensa plena, sin ser encausado ni detenido ni un minuto el homicida.

En suma:

* La legítima defensa en España requiere una importante revisión a favor del asaltado.

* Se necesita mucha más policía en las calles. La cual se puede sacar de la inmensa cantidad de policías dando protección 24 horas 7 días a políticos y personalidades importantes. Y a eventos deportivos, utilizando en ellos todas las semanas y en

muchos puntos de España a miles de policías para proteger a unos hinchas que quieren pegar a otros hinchas, o a extranjeros con la barriga llena de cerveza barata que quieren divertirse en forma bestial.

* Debe formarse la Policía de Barrio que opere con los efectivos y medios necesarios, con la norma legal que establezca que los mismos no puedan ser usados para otros servicios.

* Debe concederse permiso de arma corta a todo hombre o mujer que demuestre que está amenazado, siendo esa demostración lógica y admisible por cualquiera que tenga sentido común. Por ejemplo, a la mujer cuya pareja la ha amenazado y a quien un Tribunal haya condenado por pegar, herir, o amenazar a esa mujer.

* Tres millones de armas de caza son demasiadas. Realmente con 200.000 serían suficientes para los que son verdaderos cazadores. E incluso debe someterse a referendo de obligado cumplimiento si debe eliminarse la caza (y todas las licencias de caza) en una España tan pequeña, con tan pocos cotos de caza, y con tal escasez de conejos, liebres, perdices, jabalíes, y ciervos.

* Y de paso eliminar la locura de dejar sueltos en los Picos de Europa a osos (afirmar que los osos no atacan a los humanos merece que se lleve inmediatamente a quien lo afirma a un psiquiátrico), y en muchos otros lugares a lobos (que siempre atacan en manada). Cualquier persona con dos dedos de frente sabe que los osos y lobos están muy bien en los zoos, y no libres.

Puesto que los políticos que deciden sobre legítima defensa y armas van siempre bien protegidos por sus escoltas, y por ello no sienten el miedo y riesgo que padecen los ciudadanos, no se les puede dejar a ellos que decidan. Debe convocarse un referendo de obligado cumplimiento de forma que el texto que sea aprobado se incluya en la Constitución.

18.32- Formación política de la ciudadanía española

El autor no se ha caído de un guindo el día antes de comenzar a escribir este libro. Sabe que si una gran mayoría de la ciudadanía española no conoce nada de política y a muchos de ellos ni siquiera les importa la misma, los resultados de los referendos que en este libro se proponen pueden ser como mínimo sorprendentes. Y desde luego durante la campaña de cada uno de esos referendos será muy probable que los políticos intenten manipular a esos ciudadanos a través de los medios de comunicación, incluso mintiendo como bellacos.

El censo electoral para las Elecciones al Parlamento Europeo, efectuadas el 25 Mayo 2014 fijaba en 36,2 millones los ciudadanos españoles con derecho a voto. O sea, en España a esa fecha había 36,2 millones de ciudadanos españoles adultos (mayores de 18 años).

De esos 36,2 millones posiblemente más del 80% (más de 29.000.000) no tienen formación política ni jurídica suficiente para formarse por sí mismos la opinión de que ellos son parte del poder soberano, por encima de los políticos, que son sus empleados, y que la única forma efectiva de ejercer esa soberanía es que todos y cada uno de los asuntos importantes se aprueben por refererendo de obligado cumplimiento.

Y seguramente no tienen formación ni experiencia suficientes para poder votar con pleno conocimiento lo que mejor les interesa en cada uno de esos referendos.

Eso se cura con formación. Y esta necesita tiempo. Y como los españoles tienen muchas cosas que hacer, hay que facilitarles el aprendizaje.

Seguramente la forma más efectiva sea que el Estado cree la Tercera Emisora Pública de Televisión del Ente Radio Televisión Española, cubriendo todo el territorio español (incluso Cataluña y el País Vasco, en que sus partidos nacionalistas independentistas en el poder no verán con buenos ojos esas emisiones), que emita 24 horas al día los 7 días de la semana, en donde se expliquen en español, en forma clara y amena, todos y cada uno de los artículos de la Constitución, los trucos que aplican los políticos para zafarse de que los ciudadanos les controlen, y qué debe reformarse para hacer este país más justo y eficiente. Y ello explicado en forma práctica, huyendo de farragosas disquisiciones jurídicas, exponiendo claros ejemplos (reales o supuestos) que desarrollen en la vida real lo que se especifica en la Constitución.

Como poquísimos españoles son tontos (solo lo son los que tuvieron la desgracia al nacer de tener un cerebro dañado, o los que han sufrido un accidente o enfermedad que les ha afectado gravemente a su discernimiento o memoria) con el tiempo los españoles adultos (y los que todavía no lo son) irán aprendiendo, de forma que en no mucho tiempo la ciudadanía española estará en condiciones perfectas para votar responsablemente en todos y cada uno de los referendos.

Y además estará en condiciones de exigir a los políticos que no les chuleen. Que no les den gato por liebre. Que no les hurten lo que el Artículo 1.2 de la actual Constitución les reconoce.

Lo anterior debe ser sometido a referendo de obligado cumplimiento lo antes posible.

No obstante no debe esperarse a que la inmensa mayoría de los españoles sean doctores en política. Tienen sentido común, conocen sus intereses, y querrán votar si saben que el resultado es de obligado cumplimiento. Por ello no hay que demorar los cambios que en este libro se proponen (por medio de referendo de obligado cumplimiento) con la excusa de que los ciudadanos están "en cursillo de formación política".

18.33- Aborto, Eutanasia, Suicidio asistido, Matrimonio, Adopciones, etc.

Los temas que se enuncian en este punto son muy importantes en la vida de los seres humanos. No obstante el autor ha decidido no introducirlos en este libro.

El autor piensa al respecto lo siguiente:
* Todos y cada uno de esos temas inciden sobremanera en la libertad individual, y por ello cada ciudadano tiene derecho a que se tenga en cuenta su propia opinión. Sin embargo los políticos, por sí mismos y presionados por los poderes fácticos, actúan sin tener en cuenta la opinión de los ciudadanos. Y ni piensan, ni se espera, someterlos a referendo de obligado cumplimiento.

* En cada uno de esos temas la opinión de la ciudadanía está muy dividida. Por lo que un referendo que se apruebe por mayoría (por ejemplo de 51% a 49%) no es la mejor solución. Y menos porque cada uno de esos temas tiene como solución infinidad de enfoques diferentes.

* No obstante lo anterior, cada uno de esos temas debe tratarse públicamente, de forma que la ciudadanía pueda formarse su propia opinión. Y no deben aprobar los políticos, ni siquiera aunque alguna propuesta alcance en el Parlamento mayoría absoluta, ninguna norma legal nueva sin que la ciudadanía haya asimilado la complejidad de cada tema, y haya llegado a la conclusión de que no hay ningún enfoque que sea válido para la inmensa mayoría de los españoles. Y lo mismo para el cambio de la legislación actualmente existente sobre el aborto, el suicidio, el suicidio asistido, el matrimonio homosexual, las adopciones por padres del mismo género, etc.

* El autor piensa que aunque son temas difíciles y muy controvertidos, deben los políticos meterles el diente, y no dejarlos que se pudran sin darles una solución. Y hacerlo con buena voluntad, sin más ruido que el imprescindible, y pensando que además de la ideología, creencias y valores propios de cada político hay otros que piensan diferente o muy diferente.

* Finalmente, el autor piensa que sería un error mayúsculo el que la derecha con más de 175 Diputados, o la izquierda en las mismas circunstancias, aprueben textos legales para esos temas sin haberlos consensuado. Por la sencilla razón de que esos textos durarían el tiempo que los contrarios necesitasen para alcanzar los 176.

19- Cómo empezar

En el anterior macro-punto 18 se han descrito, y razonado, las modificaciones que deben realizarse en la Constitución lo antes posible, cada una de ellas por medio de referendo de obligado cumplimiento.

Muchos políticos, partidos, y grupos de presión, de todas las tendencias, pondrán los pies contra la pared para evitar que se hagan esta, aquella, o todas las modificaciones que se recomiendan en el punto 18, como medio no para resolver los problemas que se han detallado, sino como forma de evitar perder parte del poder excesivo que hoy detentan. Pero ya sabemos que los cambios son imposibles de parar cuando son razonables, la ciudadanía está convencida de ello, y está dispuesta a luchar por conseguirlos.

No obstante, siendo realistas no se pueden realizar tantas modificaciones en menos de dos o tres años, incluso aunque los políticos de los principales partidos estuviesen convencidos de ello.

Pero algunas modificaciones son urgentes de realizar a corto plazo, esto es en un plazo máximo de doce meses. Son modificaciones muy importantes, que realizadas marcarán un hito prominente entre el antes y el después. Además de que tendrán dos características de importancia superlativa:

* Una, demostrarán a la ciudadanía que el cambio es posible y que se ha puesto en marcha.

* Dos, que una vez realizadas cambiará fundamentalmente el panorama político español, logrando por si solas un extraordinario avance en el estado de derecho, y por

tanto dando un paso de gigante en la conversión de España en una verdadera democracia.

Las modificaciones de la Constitución a las que nos acabamos de referir (que deben hacerse en los próximos doce meses) son las siguientes:
- **Reforma de la Constitución (ver punto 18.1)**
- **Circunscripción Electoral (ver punto 18.2)**
- **Asignación en exclusiva al Jefe del Estado del poder de convocar Elecciones Anticipadas en Municipios, Autonomías, y Estado (ver punto 18.3)**
- **Intervención por el Estado de una Autonomía rebelde (ver punto 18.4)**
- **Disolución de los Mossos, de la Ertzainza, y de la Policía Foral, y redespliegue de la Policía Nacional y de la Guardia Civil en todo el territorio nacional (ver punto 18.5)**
- **Derecho de Gracia, de Indulto, y de Amnistía (ver punto 18.6)**

20- Terminando este libro
20.1- El problema

En lo anteriormente expuesto se han razonado una serie de cambios importantes que el texto constitucional actual precisa para que en España sea factible lograr una mayor justicia, una mejor democracia, una mayor eficiencia de los entes públicos, un mayor número de empleos, una subida de salarios, y una garantía de pago y de revalorización de las pensiones.

Se ha mantenido que los políticos en España tienen excesivo poder respecto a los ciudadanos, gracias a una serie de leyes que les permiten tomar decisiones sin consultarlos.

En España lo que la Constitución mandata en su Artículo 1.2 (que dice "La soberanía nacional reside en el pueblo español, del que emanan los poderes del Estado".) no se cumple. Los políticos llevan 41 años (desde que se aprobó la misma) tomando decisiones importantes sin someterlas a referendos de obligado cumplimiento.
Como muestra presentamos un caso. El asunto catalán, en que los nacionalistas de esa autonomía exigen poder realizar legalmente un referendo en el que exclusivamente voten los residentes en esa región, se ha emponzoñado, alargado, costado ingentes cantidades de dinero al Estado, y ocupado gran parte del tiempo del Gobierno de España (que podía y debía haberlo dedicado a asuntos de mayor interés para la ciudadanía española) porque el Gobierno de España no ha convocado a un referendo a todos los españoles para que decidan sobre esa pretensión, y sobre otras varias que han llevado a que en Cataluña en las últimas décadas haya habido un clima permanente de enfrentamiento entre los Gobiernos nacionalistas catalanes y los Gobiernos de España. Para la mayoría de los españoles los nacionalismos catalán y vasco, y los incipientes en Baleares, Valencia, y Galicia, se habrían desinflado hace tiempo, de forma que ahora serían anecdóticos, si se hubiesen celebrado unos pocos referendos de obligado cumplimiento entre todos los ciudadanos españoles.

20.2- La solución

La solución al problema es evidente que está en reformar todo lo mal hecho en la Constitución vigente y en modificar todo el aparato legislativo aprobado desde 1978 que deriva de tales preceptos. Y sustituir todo ello, por lo que se ha razonado en lo anteriormente expuesto en este libro.

Si ello no se hace España seguirá la cuesta abajo que viene recorriendo desde hace décadas. No hay posibilidad de que las cosas vayan a mejor si no se producen los cambios constitucionales que se han expuesto anteriormente, y los correspondientes cambios en todo el aparato legislativo nacional, autonómico, y municipal.

Por ejemplo, ¿qué se puede esperar de las policías autonómicas integrales catalana (Mossos) y vasca (Ertzainza) si son mandadas por Gobiernos nacionalistas independentistas autonómicos?. Cualquier ciudadano de mente independiente y con un normal sentido común sabe que no puede esperarse más que confrontación y falta de verdadera colaboración con las policías integrales del Estado (Policía Nacional y Guardia Civil).

20.3- Como llegar a aplicar la solución

Ese ciudadano sensato también sabe que la realidad actual está mantenida por fuertes intereses que pelearán con todo su poder y fuerza contra quien intente cambiar ese estado de cosas.

Cuando actualmente los políticos hablan de que hay que cambiar determinados aspectos que funcionan mal, realmente no hablan de los cambios que interesan a la mayoría de los ciudadanos españoles. Hablan de los cambios en que personalmente o sus partidos están interesados.

Por ejemplo, es evidente para ese ciudadano sensato e independiente que "un ciudadano, un voto" es democrático y justo, y por ello hay que cambiar la circunscripción electoral (en los asuntos referentes a todo el Estado) a la de la totalidad del territorio nacional, en lugar de la vigente demarcación provincial. ¿Por qué no se cambia?. Pues es evidente. Los partidos nacionalistas independentistas reducirían notablemente su número de Diputados en el Congreso de España. Y el Partido Popular perdería un buen número de Diputados que ganarían Ciudadanos o PSOE.

Entonces, ¿cómo se le pone el cascabel al gato?, ¿cómo se acomete la aplicación en la práctica de la solución mencionada?.

Repasemos algo de historia:
* Al régimen nazi fue imposible eliminarlo desde dentro. Los nazis se dotaron de eficientes y bien dotadas Gestapo y SS con las que cualquier disidente era eliminado por la noche. Solo pudo echarse del poder a los nazis y a su jefe a cañonazos, por una coalición de países extranjeros en una guerra larga, costosa, sangrienta, y dolorosa.
* Los comunistas tomaron el control de Rusia y sus países adyacentes, y lo retuvieron durante 70 años en base a la KGB y a una salvaje represión. Sin Gorbachov como

Presidente de la Unión Soviética seguramente continuaría al día de hoy ese régimen dictatorial.

* Al morir Franco en España "todo estaba atado y bien atado", según la famosa frase que vendían los franquistas en los medios de comunicación oficiales. Gracias a Juan Carlos I y a Adolfo Suarez pudo pasarse de una férrea dictadura a una incipiente democracia sin disparar un tiro.

Este autor no tiene ninguna duda de que son necesarios los cambios expuestos en este libro, y que deben hacerse con mucha tensión humana pero sin grandes disturbios ni derramamiento de sangre. Y teniendo en cuenta que los partidos y políticos que actualmente se benefician de la situación existente pondrán los pies contra la pared para evitar que se cambie en un milímetro, seguramente el cambio solo vendrá a través de uno de los dos caminos siguientes:

* Que lleguen a la cima de los tres grandes partidos estatales (PP, PSOE, Ciudadanos) personas que sean verdaderos estadistas, con gran valor personal, que estén dispuestos a realizar los cambios precisos, incluso aunque los mismos no sean los más beneficiosos para ellos personalmente ni para sus partidos. De los partidos comunistas integrados en el conglomerado Podemos no hay que esperar mucho. Y sobre VOX no nos pronunciamos porque está por ver qué tamaño conseguirá en las elecciones generales de 28Abr19.

* Que se vaya formando una reacción ciudadana que vaya reclamando esos cambios, por medio de manifestaciones más numerosas y frecuentes, que obliguen a los políticos a llevar a cabo los cambios precisos a través de referendos de obligado cumplimiento. Esto puede parecer utópico, pero también parecía imposible que los jubilados, que votan a todos los partidos del arco parlamentario, saliesen insistentemente a la calle a exigir la actualización de sus pensiones.

La realidad es que hoy las redes sociales e internet permiten a grupos de ciudadanos el meter mucho ruido sin gastar apenas dinero, lo que hasta hace poco era imposible porque los políticos y sus partidos dominaban los medios de comunicación públicos y privados, con los que manipulaban las mentes de los ciudadanos, por medio de ocultar hechos, exponer modificados los que les convenían, y en vender su producto como si fuesen verdades demostradas, sin que el ciudadano medio tuviese capacidad de discernir si le daban liebre o si en su lugar le presentaban gato en el plato.

FIN

www.ingramcontent.com/pod-product-compliance
Lightning Source LLC
Chambersburg PA
CBHW081551280526
45788CB00011B/3435